教学关键问题解析丛书

# 基于核心素养的高中物理教学关键问题解析

Jiyu Hexin Suyang de Gaozhong Wuli Jiaoxue Guanjian Wenti Jiexi

主　编　桑　嫣
副主编　马朝华　崔　琰　沈　兰

高等教育出版社·北京

**内容提要**

本书依据《普通高中物理课程标准（2017年版2020年修订）》，紧密围绕学生核心素养培养，分为六个单元，梳理出23个高中物理教学关键问题，对这些问题进行分析，提出一些具有可操作性的解决途径，并提供丰富的教学案例。每个教学关键问题都配有相应的数字资源，读者可以扫描二维码观看。本书和配套的数字资源全方位地呈现了基于核心素养的高中物理教学关键问题的课堂实践和教学指导，有助于教师提升教学能力，发展教师专业素养，从而促进学生物理学科核心素养的培养。

本书可作为高中物理教师的培训教材和教学研修资源，可作为高中物理教师资格考试参考书，也可作为高等院校相关专业师范生的学习参考书，还可供物理教学研究者参考使用。

**图书在版编目（CIP）数据**

基于核心素养的高中物理教学关键问题解析／桑嫣主编．--北京：高等教育出版社，2022.8（2024.8重印）

ISBN 978-7-04-057246-9

Ⅰ.①基… Ⅱ.①桑… Ⅲ.①中学物理课-教学研究-高中 Ⅳ.①G633.72

中国版本图书馆 CIP 数据核字（2021）第 220825 号

| | | | | | | | | | |
|---|---|---|---|---|---|---|---|---|---|
| 策划编辑 | 王文颖 | 责任编辑 | 王文颖 | 封面设计 | 王 鹏 | 版式设计 | 徐艳妮 |
| 插图绘制 | 邓 超 | 责任校对 | 吕红颖 | 责任印制 | 存 怡 | | |

| | | | | |
|---|---|---|---|---|
| 出版发行 | 高等教育出版社 | 网　　址 | http://www.hep.edu.cn |
| 社　　址 | 北京市西城区德外大街4号 | | http://www.hep.com.cn |
| 邮政编码 | 100120 | 网上订购 | http://www.hepmall.com.cn |
| 印　　刷 | 肥城新华印刷有限公司 | | http://www.hepmall.com |
| 开　　本 | 787 mm×1092 mm　1/16 | | http://www.hepmall.cn |
| 印　　张 | 16.75 | | |
| 字　　数 | 360 千字 | 版　　次 | 2022年8月第1版 |
| 购书热线 | 010-58581118 | 印　　次 | 2024年8月第2次印刷 |
| 咨询电话 | 400-810-0598 | 定　　价 | 45.00元 |

本书如有缺页、倒页、脱页等质量问题，请到所购图书销售部门联系调换

版权所有　侵权必究

物　料　号　57246-00

# 序

构建高质量育人体系，培育优秀人才，是国家落实立德树人根本任务的要求，是每个学生生命成长的需求，也是每位教师的责任。在这个日新月异、不断变化的时代，跨界和创新无处不在。教师要在传道、授业和解惑的基础上，主动提升自己的育人能力，做学生成长的引导者、支持者和陪伴者。教师要让学科教学承载更多的素养功能，在学科知识和技能的基础上，促进学生在学习中获得价值观念、沟通能力、合作能力、共情能力、坚毅品质和多角度思维等的发展；要重视学生创新能力的形成，用具有挑战性的学习任务、担当责任的社会活动，激发学生的好奇心、想象力和创新思维，鼓励学生勤于实践，善于合作，敢于质疑，勇于创新，帮助学生形成未来发展需要的正确价值观、必备品格和关键能力。

进入21世纪后，本轮基础教育课程改革已经走过二十余年。随着高中课程改革的深入推进，育人为本的理念深入人心，教师的教学理念发生了显著变化，理论水平和教学实践能力均获提升，教师在教学中积累了丰富的经验，取得了丰硕的成果。2017年底新版普通高中课程标准颁布，2019年启用新教材，面对促进学科核心素养发展的新要求，从学生全面而有个性地发展来观察课堂教学现状，还普遍存在一些困难。教师还难以很好地解决"为什么教""教什么""怎样教""教得怎么样"等教学基本问题，具体表现为：一是难以把握本学科的育人价值，对学科本质和核心素养理解不深；二是在进行教学设计时，难以精准确定教学目标，难以合理选择情境素材，将素材加工成挑战性任务的能力不足；三是在教学组织过程中，引导学生思考的深度不够，教学结构化水平不高，难以设计出高水平、结构合理的作业，难以命制核心素养导向的试题，等等。此外，部分教师还存在教学实施与设计思路相脱离、教学理念和行为相脱节的情况，还存在部分教学改革实践仍停留在理念层面，课堂教学主要凭经验而行之的现象。

为了有效解决上述问题，帮助教师有能力、有信心迎接挑战，开展基于课程标准的教学。2018年，在"初中学科教学关键问题实践研究"项目的基础上，教师教育资源联盟（以下简称"联盟"）各成员单位相继开展了核心素养导向的高中新课程、新教材实施的研究及实践，启动了"高中学科教学关键问题提炼与解决"项目。围绕着新课程标准、新教材、新高考方案的要求，教研团队聚焦学生核心素养的发展，遵循高中教师日常教学工作的逻辑，找到影响教学设计与实施质量的关键因素，开展了系统的理论研究和实践探索。特别是开展了一系列案例研究和教学实践，探寻解决问题的思路和策略，并对成果进行了系统梳理，将其转化为教师教育资源建设。

在过去的四年里，教师教育资源联盟的部分成员单位组建了高中语文、数学、英语、物理、化学、生物学、政治、历史和地理共九个学科团队。在各成员单位的组织和支持下，每个学科团队都由本区域学科教研员牵头形成核心团队，成员为当地学科骨干教师和学科专家。本着坚持课标导向、素养导向、问题导向、实践导向、需求导向的原则，各个团队在研究的基础上，走进学校、深入课堂，以具体的课例研究为载体推进项目。联盟秘书处定期组织学科团队开展专题研讨，分享地区和学科经验，解决实际问题，并邀请专家以专题讲座的方式进行高位引领，以保障统筹协调各学科团队按照项目计划有序推进各项工作。

促进核心素养发展的学科教学关键问题是决定课程实施质量的核心问题。本着努力为一线教师提供教学改革方向引领、提供教学改革专业指导、提供教学资源支持的出发点，针对教师学科教学能力发展的障碍点、关键点和生长点，涵盖教学设计与实施的重要环节，指向教师专业能力提升，各团队从三个维度提炼核心素养导向的教学关键问题：一是课程标准，包括学科核心素养、课程结构、内容要求、学业要求、学业质量等；二是单元教学设计与实施的核心要素，包括确定素养导向的学习目标、凝练引领性学习主题、设计挑战性学习任务和持续性学习评价；三是教师教学专业知识，包括课程知识、教学知识、学科知识、学生知识和评价知识。

为进一步总结和推广基于核心素养的高中学科教学关键问题项目的成果，促进资源内容更具科学性、系统性和适用性，让资源利用价值实现最大化，在联盟成员单位和高等教育出版社的大力支持下，各学科团队开始进行书稿撰写及配套视频资源整理。

"教学关键问题解析丛书"依据普通高中学科课程标准（2017年版2020年修订），聚焦学生核心素养发展，呈现高中学科教学关键问题及解决方案。各册书对每一个教学关键问题进行问题表现及成因的深入分析，引导教师从现象思考本质。结合典型教学案例呈现教学关键问题的解决过程，提炼教学设计与实施的要点与策略，为教师提供具有可操作性的教学途径。

教育大计，教师为本。教师提升学科教学能力的关键在于学习，向专家和学者学习，向经验丰富的教师学习，向本校和其他学校的优秀教师学习。此外，基于自己和同伴教学实践的反思，有针对性地进行教学改进，也是一条重要且有效的道路。本套丛书的出版回应了高中新课程新教材实施过程中教师的实践需求，丛书及配套资源全方位呈现了基于核心素养的高中学科教学关键问题的课堂实践和教学指导，为教师提供教学改进的专业支撑，为各地区教研、培训提供资源支持。本套丛书可用作高中教师的培训教材，供相关教研部门使用，也可作为高中教师资格考试的参考书和高等院校相关专业师范生的学习参考用书，还可供学科教学研究者参考使用。

我相信，这套丛书是一套具有"开放空间"的丛书，一定能帮助各地各学科一线教师打开一扇学生核心素养培养与发展的"门"，探索出一套学科核心素养培养的方法和策略，最终收获更加美好的未来！

让我们共同期待！

北京市海淀区教师进修学校校长 罗滨

2022年4月23日

# 前言

为了全面深化课程改革落实立德树人根本任务，教育部于2014年启动了《普通高中物理课程标准（实验）》（以下简称实验版课程标准）的修订工作。随着《普通高中物理课程标准（2017年版）》和《普通高中物理课程标准（2017年版2020年修订）》（以下简称新版课程标准）的颁布，"物理学科核心素养"进入广大教师的视野。什么是核心素养？什么是物理学科核心素养？如何在教学实际中落实学科核心素养的教学目标？这些问题随之而来。

实验版课程标准提出了三维课程目标，即知识与技能、过程与方法、情感态度价值观。相对"双基"目标（基础知识、基本技能），"三维目标"对于课程功能的体现是一个较大的进步。经过了十几年的探索实践，物理课堂教学目标得到了很大丰富和拓展，从对知识的传授逐渐转变到对学生发展的关注。但"三维目标"指向比较明确的还是要求学生做什么，至于学生为什么要做这些，对学生成长有什么意义，实验版课程标准对此尚缺乏提炼和描述。此外，由于实验版课程标准中的学习要求是针对某一具体知识给出的，也即主要围绕"知识与技能"，并未对"过程与方法""情感态度价值观"提出清晰确切的目标要求。因此教师在实施课程标准时，即使会注重引导学生开展自主合作探究的学习，但是这样的学习方式能产生何种学习效果，教师并不明确，也缺乏相应的评价方式予以检验。久而久之，就会形成展示课上探究学习很热闹，但日常课上机械训练、死记硬背的学习方式还普遍存在。

新版课程标准不仅提出了"物理学科核心素养"，给出了清晰的界定和内涵说明；还提出了"学业质量水平"，给出了具体描述。这些描述不再围绕具体的物理知识展开，而是针对学科核心素养四个方面的不同水平特征给出的描述，真正使得学习目标和评价要求转向了学生发展本身。这些变化有利于促进教师思考：物理学是什么？物理课程的功能是什么？为什么要学这些内容？为什么要了解科学探索的过程与方法？这些思考有助于引领教师将物理学与学生的发展真正产生交融。

由此可见，新版课程标准更加凸显物理课程的育人功能，更能体现三维课程目标的内涵。物理学科核心素养的四个方面是物理学科本质和教育功能的集中体现，它们既有侧重，又有相互联系、相互渗透。教师在教学时需要关注的是如何从提升学生物理学科核心素养的视角进行物理教学设计，改进教学方式，提高教学效果。

面对落实学科核心素养的教学新要求，教师遇到的困难是不言而喻的。为了研究解决课堂教学面临的诸多问题和困难，教师教育资源联盟于2018年初正式启动了"高中教学关键问题实践研究"项目。高中物理学科项目组以上海市徐汇区和北京市海淀区的教研员及优秀教师组成核心团队，以学科教学关键问题的梳理、提炼与解决为突破口，遵循"自上而下"与"自下而上"相结合的研究理念，既充分发挥项目核心成员的研究力量,也广泛收集来自教学一线的优秀实践案例,充分凝聚来自教学一线的实践智慧,协同攻关、着力解决。由教研员和教师共同组成的合作团队,通过对新版课程标准的共同研读、研讨、研究,将新版课程标准的理念融入教学实际。此外,在研究过程中,项目团队成员还深入学习了"单元教学""深度学习"等最新的教育教学理论与实践经验;与此同时,上海团队开展了"促进物理科学思维发展的教学设计与实践研究",北京团队开展了"绿色成长学科德育研究",这些学习与研究从不同角度极大补充并提升了本项目的研究广度和深度。

  本项目研究中,对"教学关键问题"的梳理提炼至关重要。在实践的基础上,项目组一致认为,基于新版课程标准,站在立德树人的高度,教学关键问题并不是针对某个具体章节、具体物理知识的教学问题,而是对培养物理学科核心素养有着重要影响或作用的教学方法、教学技能或教学思考。单元1着重探讨了新版课程标准对物理教学提出的教学新要求,在此背景下教师教学遇到的从教学目标到教学实施的新挑战,从而产生了核心素养培育背景下教学中的难点问题,此为当下教学实际中教学关键问题的由来。基于这样的分析,教学关键问题不再是围绕教学内容的难点,而是落脚在核心素养的培养方面。单元2至单元5分别从物理观念、科学思维、科学探究、科学态度与责任四个方面,围绕教学设计和教学实施的关键点、难点,提出可解决的有效路径和方法。通过将学科核心素养与教学中的情境、问题、活动等要素相结合,结合大量行之有效的教学案例,提炼出教学关键问题的解决路径。单元6针对评价这一难点问题,从作业、课堂活动、测试等不同方面提出如何实施导向核心素养评价的策略。

  在经历了最初对新版课程标准的研读、聆听专家解读之后,广大教师逐渐步入对课程标准的实践阶段。本项目对教学关键问题的梳理正是从大量实践研究中提炼的,对教学关键问题的解决策略仍然来自对实践的经验总结,这些实践案例以微视频的形式随书呈现,读者可以通过扫描书中二维码直接访问观看,增加阅读的直观感受。我们希望借此消除理论与实践之间的"两张皮"现象,促成理论与实践的深度融合,从而探寻解决教学关键问题的科学、管用、普遍之道。

  本项目团队核心成员包括8位教研员和7位教师,不仅开展小组合作研究,还开展异地交流研讨。上海团队共有7位教师完成了单元2、单元3、单元6的撰写,其中:桑嫣(2-2、3-2),沈兰(2-1、2-3)、陈浔颖(3-3、3-5)、熊艺(2-4、3-1)、周靖毅(3-4)、袁晓芬(6-1、6-2)、张艳(6-3)。北京团队共有8位教师完成了单元1、单元4、单元5的撰写,其中马朝华(1-1)、崔琰(1-3)、琚鑫(1-2、1-4)、王春梅(4-1、4-2)、张晓(4-3)、朱宁宁(4-4)、李俊鹏(5-1、5-2)、李志刚(5-3)。

  梳理提炼、研究解决在新版课程标准实施中的教学关键问题,无疑是一项专业性极强、难度颇高、任务艰巨的研究工作,不是一个团队、一两个单位就能高质量完成的。本书中对教学关键问题的提炼和解决,仅代表本项目团队的实践与思考,难免存在片面或疏漏之处,欢迎读者提出宝贵的意见和建议,希望通过广大教师的共同努力来推进教学方式变革,促进学生素养发展。

桑 嫣<br>
2022年3月

# 目录

单元 1 　关于高中物理教学的关键问题 　/ **1**
　　1-1 　新版课程标准给高中物理教学带来了哪些变化？ 　/ **3**
　　1-2 　如何理解物理学科核心素养的内涵及相互关系？ 　/ **20**
　　1-3 　如何理解单元教学对落实核心素养的关键作用？ 　/ **30**
　　1-4 　如何理解评价改革与课堂教学之间的关系？ 　/ **42**

单元 2 　关于"物理观念"的教学关键问题 　/ **51**
　　2-1 　"物质观念"在教学中的具体体现有哪些？ 　/ **53**
　　2-2 　如何在高中阶段形成"运动与相互作用观念"的学习进阶？ 　/ **62**
　　2-3 　"能量观念"相对以往的功能知识在教学要求上有何提升？ 　/ **72**
　　2-4 　教学中如何引导学生从知识学习上升为观念形成？ 　/ **80**

单元 3 　关于"科学思维"的教学关键问题 　/ **91**
　　3-1 　如何创设培养学生模型建构能力的适切情境？ 　/ **93**
　　3-2 　如何通过问题链的引导培养学生的科学推理能力？ 　/ **104**
　　3-3 　高中阶段应培养学生的哪些科学论证能力？ 　/ **113**
　　3-4 　如何设计导向学生质疑创新能力的单元学习活动？ 　/ **121**
　　3-5 　如何设计促进学生科学思维发展的学习活动？ 　/ **133**

单元 4 　关于"科学探究"的教学关键问题 　/ **141**
　　4-1 　如何引导学生从实际情境中提炼出有价值的研究问题？ 　/ **143**
　　4-2 　如何逐步提升学生获取与处理证据的能力？ 　/ **154**
　　4-3 　如何在有限的课堂时空中创设有利于学生解释与交流的活动任务？ 　/ **168**
　　4-4 　如何有效利用实验报告逐步提升学生科学探究素养？ 　/ **177**

单元 5 　关于"科学态度与责任"的教学关键问题 　/ **189**
　　5-1 　高中物理要求学生对科学本质的认识有哪些？ 　/ **191**
　　5-2 　培养学生科学态度与社会责任的载体有哪些？ 　/ **204**
　　5-3 　如何通过学期大活动培养学生科学态度与责任素养？ 　/ **213**

单元 6 　关于核心素养评价的关键问题 　/ **229**
　　6-1 　导向学科核心素养的作业设计策略有哪些？ 　/ **231**
　　6-2 　如何通过学习活动评价促进学生学科核心素养的形成？ 　/ **241**
　　6-3 　如何编制指向学科核心素养的评价试题？ 　/ **249**

目次

# 单元 1 关于高中物理教学的关键问题

## 1-1 新版课程标准给高中物理教学带来了哪些变化？

### 教学关键问题提出

中国学生发展核心素养是党的教育方针的具体化和细化。为建立核心素养与课程教学的内在联系，充分挖掘各学科课程教学对全面贯彻党的教育方针、落实立德树人根本任务、发展素质教育的独特育人价值，各学科基于学科本质凝练了本学科的核心素养，明确了学生学习该学科课程后应达成的正确价值观、必备品格和关键能力，对知识与技能、过程与方法、情感态度与价值观三维目标进行了整合，使学生发展核心素养具体地体现在学科课程标准之中。

高中物理课程标准是国家课程的基本纲领性文件，是对高中阶段物理学科教学以及学生学习质量评价的依据，也是教师教学行为的指南。新版课程标准提出物理学科核心素养，并基于促进学生学科核心素养的发展明确了课程目标，这些变化使教师们必须思考并解决这样几个问题：新版课程标准对高中物理教学提出了哪些新的要求？这些要求给高中物理教学带来了哪些变化？通过什么样的途径在教学中实现这些新要求？

### 教学关键问题分析

课程实施是实现预期教育结果的手段。新版课程标准以落实立德树人要求为总导向，以提升物理学科核心素养为总目标，课程实施过程直接决定课程目标能否落实。

#### 一、新版课程标准为高中物理教学指明了怎样的实施方向？

##### 1. 强化了课程的教育功能，将"立德树人"落实到物理教学中

"立德树人"是教育的根本任务，这一点是每个学科在教学中都应该落实的。在这一根本任务的导向下，教师要结合学科特点和教学内容，在教学中引导学生关注中华优秀传统文化、科学科技的发展历史与前沿、科学家的事迹，渗透爱国精神、弘扬传统文化，引导学生树立正确的世界观、人生观、价值观，形成科学精神、科学方法、科学态度等。例如，在讲"宇宙航行"时，介绍我国最新的航天成果，展现人类航天历史；在讲"天体运动和万有引力定律""经典力学的局限性""伽利略对自由落体运动研究"时，引导学生体会用辩证观点看待事物、处理问题的重要性；在讲"能源和可持续发展"时，联系生活实际，使学生认识到可持续发展的重大意义，增强环保意识和节能意识等，这些都凸显出了物理教学的育人功能。

### 2. 从三维目标转变为素养目标来设计教学活动

基于核心素养的教学目标，对学生知识与技能、过程与方法、情感态度与价值观三维目标进行了整合，物理教学更加注重让学生经历概念的构建过程，即让学生经历概括和抽象的过程，寻找事物的本质特征，形成概念；了解规律的来龙去脉，掌握运用规律的方法，获得从物理学视角形成关于物质、运动与相互作用、能量等的基本认识，形成物理观念。在观念形成的过程中，培养学生建构模型、分析综合、推理论证、质疑创新等能力，发展学生的科学思维。同时，课堂教学目标的变化，还体现在将科学探究能力、良好科学态度的培养渗透在物理教学的整个过程中。

### 3. 学习方式的转变和学习方式的多样化

教学方式是为了完成教学任务、实现教学目标所采取的方式方法，它既包含外显的行为，也包含相关的思维方式和态度。以教学方式的转变促成学生学习方式的转变，学习方式的转变与多样化是新课程高中物理教学的显著特征。新课程下的教学将以往单一、被动的学习方式，转变为学生在教师指导下多样化、个性化、主动的学习方式。物理教学更加注重情境创设，结合具体的实际情境问题的解决过程，将学生在学习中的发现、探究、研究等认识活动凸显出来，使学习过程更多地成为学生发现问题、提出问题、分析问题、解决问题的过程。可以说，发现学习、探究学习、研究性学习、合作学习、实验探究等多样化的学习方式是新课程高中物理教学的一个重要特征。

### 4. 更加凸显学生的主体地位

教与学的关系问题是教学过程的本质问题，新版课程标准指出"学科核心素养是学科育人价值的集中体现"，"高中物理课程应在义务教育的基础上，进一步促进学生物理学科核心素养的养成和发展"，这都表明了教育的目的是让学生得到发展，学生是教学活动的主体。教师要将新课程理念体现在教学设计与实施中。教学设计从"教学目标"转变为"学习目标"；课堂活动设计也从注重"教师活动"转变为注重"学生活动"。学生活动设计更多地以完成学习任务的方式展现学生的思考、学生之间或师生之间的相互交流、相互启发和相互分享。学生从中能够感受到自我成长和自我价值。

## 二、物理教学怎样落实立德树人根本任务？

立德树人的思想是党对新时期教育工作的基本理念和指导思想，立德树人就是要以育人为本、德育为先，实施素质教育，提高教育现代化水平，培养智体美劳全面发展的社会主义建设者和接班人。许多教师在实际教学中会有这样的困惑：物理学是自然科学领域的一门学科，研究对象是自然界的规律，在物理教学中应怎样承担这样的育人功能？怎样落实立德树人根本任务？

依据2017年教育部发布的《中小学德育工作指南》，在学科教学中要落实的德育内容主要表现在结合学科教学进行理想信念教育、社会主义核心价值观教育、中华优秀传统文化教育、生态文明教育和心理健康教育。

科学技术的发展是一把双刃剑，可以服务于国家和人类，但也可能给国家和人类带来灾难，因此，学习科学技术与从事科学技术事业不仅要有相应的知识与技能，还要有相应的科学精神、科学态度与责任，这就是从事科学技术事业的"德"。只有立德才能树人，立德树人是学科教学不可推卸的责任。学科核心素养就是"立德树人"在物理教学要求中的具体化，物理教学在立德树人方面具有的独特价值，一方面表现在结合其他学科提高学生的思想品德水平和综合素质水平；另一方面表现在提高学生科学素养，从物理观念、科学思维、科学探究、科学态度与责任四个方面，促进学生逐步形成正确价值观、必备品格和关键能力。

### 三、为什么教学目标的变化是新课程高中物理教学变化的核心表现？

教学目标是达成课程培养目标的重要载体，物理学科要培养具有物理学科核心素养的人，就是要发展学生的物理学科核心素养，课程目标决定了物理课堂教学的具体目标，教学目标是教学的出发点和归宿，是对学生达成学习目标的最终行为的明确阐述，教学目标指导着教学实践活动的设计和实施。新课程提出学科核心素养目标，是对三维目标的发展和深化，教学目标的变化决定了教学应该选择的教学内容和采用的教学方式，可以说教学目标是一节课的灵魂，教学目标的变化是教学变化的基础与核心。例如，对"电势能"这一概念的教学，不是从只建立这样一个概念展开，而是要考虑功能关系、势能的概念、能量转化和守恒定律等在能量观念建构和发展中的作用，教学目标中应该体现出通过类比重力做功和重力势能变化的关系建立电势能的概念，研究势能的普遍含义，明确通过电势能概念的学习促进学生对功能关系的进一步理解等。又如，对质点、点电荷、匀强电场等物理概念的教学，要明确培养学生建构模型的思维能力；对牛顿第三定律的教学，要明确通过实验培养学生的证据意识等。

## 问题解决路径与教学示例

### 一、通过学科德育，实现物理学科育人价值

在前面的分析中，已经明确了每个学科都蕴含着育人价值，学科核心素养就是立德树人教学根本任务在学科教学中的具体体现，学科教学是落实立德树人根本任务的主渠道。但在教学实践中，教师由于缺少方法、策略和具体的操作指南，普遍感到学科德育做到"有效"是很困难的。

学科德育就是教师根据学科特点和学生发展需求，充分挖掘学科学习中的德育要素，将具体学科内容联系生活实际，形成挑战性的学习任务，学生通过多种形式的实践性学习，提升核心素养、实现知行合一的有意义的教与学的过程。①

基于学科德育落实物理学科育人价值，要遵循这样几点：一是坚持社会主义核心

---

① 参见《海淀区德育指导手册》，北京市海淀区"绿色成长"学科德育项目组研制，2020.

价值观引领，二是坚持核心素养培育导向，三是坚持学科教学"明线"和德育"暗线"的有机交融。学科德育教学设计与实施流程可以参考图 1-1-1。

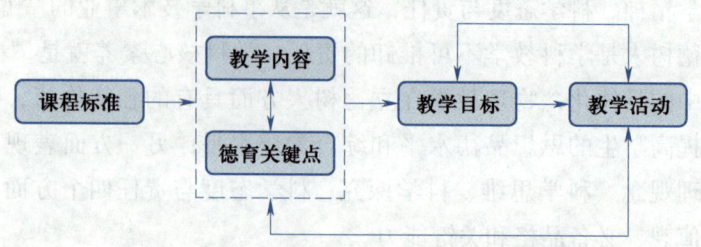

图 1-1-1　学科德育教学设计与实施流程

物理学科德育教学设计与实施流程的具体含义是：首先要依据课程标准中的要求，结合具体的教学内容，以物理知识为载体，深入挖掘物理知识中所蕴含的德育点，确立指向学科育人的教学目标，然后选择并整合与教学内容相关的德育关键点，设计教学活动，让学生在学习活动中实现智育和德育的共同发展，将德育有效地与学科教学结合起来并落实在教学实践中。

【案例】

### "电能的输送"教学过程设计

教材版本：人教版高中物理教科书选择性必修第二册第三章第4节。

**情境与问题**

创设情境：我们的生产、生活、交通、通信都离不开电能，试想一下，如果停电一周，所有用电设备都不能使用，那将是多么可怕的一件事情！我们这么依赖的电能是用什么样的装置产生的？发电站又是如何把发出的电能用输电线传给用户的？

学生活动1：初步建立输电模型。

演示：模拟近距离输电，并要求学生画出原理示意图（图 1-1-2）。

图 1-1-2　近距离输电原理示意图

学生活动2：初步修正输电模型。

资料：北京市2019年的总用电量为1166亿千瓦时，而北京市2019年总发电量为431亿千瓦时。

问题：北京的发电量只能满足北京市1/3的用电需求，怎么解决这个问题呢？

介绍：我国的煤炭资源主要集中在华北和西北地区。从地理位置上来看，山西省和内蒙古自治区两个产煤大省距离北京是比较近的，方便为北京提供电力支持。从距离上来看，这两个产煤大省到北京的输电距离大约都为500 km。

问题：如果这些发电站直接把发出的电能用输电线供给北京的用户，效果如何呢？

**建构输电模型**

演示：模拟远距离低压输电（用50 m的铜导线代替输电线）。

1. 你观察到了什么现象？这一现象说明了什么？

请根据实验画出电路图和输电原理示意图（图1-1-3）。

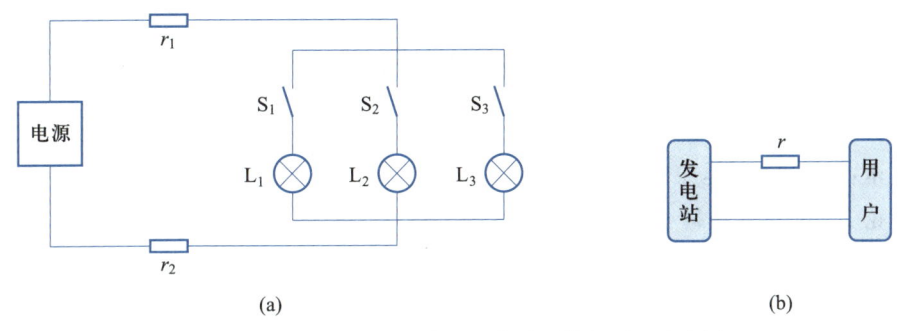

图1-1-3　远距离低压输电电路图和输电原理示意图

2. 输电线电阻所损耗的电能最终转化成哪种形式的能量？输电线上的电能损耗有多少？

**例1**　某个山西发电站给北京的用户供电，假设该发电站输出的电压为10 kV，输送功率为5000 kW，输电线电阻为10 Ω，求在输电线上损耗的电功率。(2500 kW)

依据计算结果分析可知，在现实情况中，输电线的损耗很大，要想提高输电效率，必须想办法减少输电线的电能损耗。本节课主要解决的是如何减少输电线的能量损耗。

3. 有什么方法可以减少输电线的能量损耗？

方案一：减小输电线电阻。

方案二：减小输电电流。

问题：在保持输送功率不变的情况下，减小电阻和减小电流两种方法中，哪种方法更有效？（提供教材中不同导体电阻率的数据支持学生思考）

学生活动3：再次修正输电模型。

阅读与思考：自主阅读教材"输送电能的基本要求"（正文前三个自然段的内容），从上面的讨论中选择最佳输电方式，并说明理由。

问题引导：由公式我们可以看出减小输电电流比减小输电电阻更为有效，用什么样的装置能够减小输电电流？（引出升压变压器）

如果采用高压输电，如何计算输电线上的功率损耗？

**例2**　若该发电站输出的电压仍为10 kV，输送功率仍为5000 kW，当用升压变压器将电压升到250 kV后，再进行输电，输电线电阻为10 Ω，求在输电线上损耗的电功率。(4 kW)

采用高压输电后，如何满足用户端电压需求？（引出降压变压器）

问题：请绘制出远距离输电原理示意图（图1-1-4）。

讨论1：按三个回路分别分析能量的转化过程。

质疑：上述为理论推导过程，高压输电在实际应用中是否真能减少电能损耗呢？

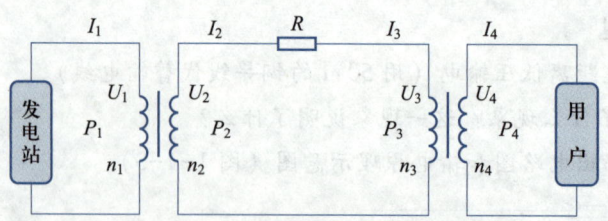

图 1-1-4 远距离输电原理示意图

下面用实验验证一下。

演示：模拟高压远距离输电。

讨论 2：采用高压输电是不是电压越高越好？

演示：高压电弧放电现象。

**拓展介绍**

(1) 高压输电

在真实的输电过程中要考虑很多现实因素，比如要使电压升得越高，变压器的成本也越高，输电线的架设高度也要提高，输电线路的绝缘性能也要增强，还要减少高压电弧放电等。

展示图片：220 kV 的高压输电（图 1-1-5）。

图 1-1-5 高压输电

其实电能的输送是一个理论性和技术性都很强的复杂的系统工程，属于电力工程的一个分支，仍是当今的科技前沿，世界各国都在寻找进一步减少输电损耗的方法。

(2) "西电东送"

"西电东送"是我国资源配置的重大工程。在高压输电过程中，线路上的电容、电感对交变电流的影响也不能忽略，有时引起的电能损耗甚至大于导线电阻引起的电能损耗，因此实际基本采用的是高压直流输电（HVDC）。"西电东送"模型如图 1-1-6 所示。

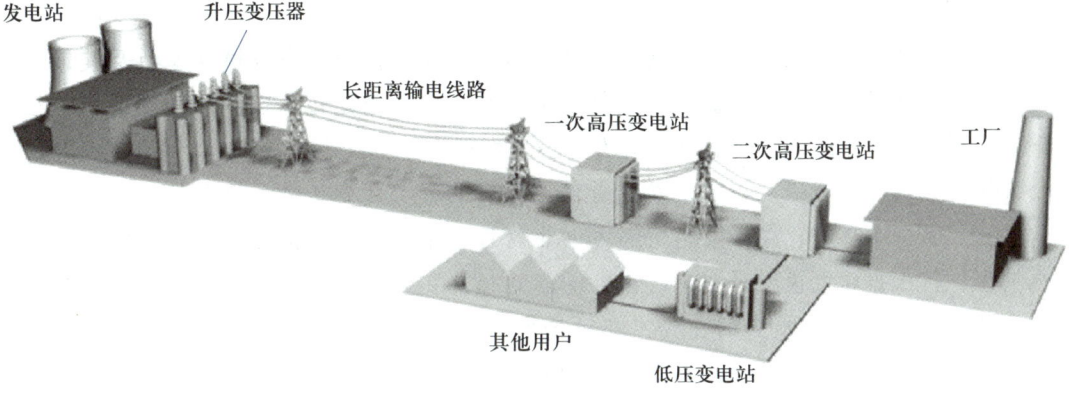

图 1-1-6 "西电东送"模型

（3）特高压直流输电

教师给学生展示我国特高压直流输电一览表，介绍我国已投运和在建的高压直流输电工程项目等。

说明：这些项目都是电压等级高、输送容量大、送电距离远、技术水平先进的直流输电工程，是我国能源领域取得的世界级创新成果，代表了当今世界高压直流输电技术的最高水平。

（4）电网供电

现在世界各国都采用电网供电技术，以此来实现资源的合理分配，其模型如图 1-1-7 所示。

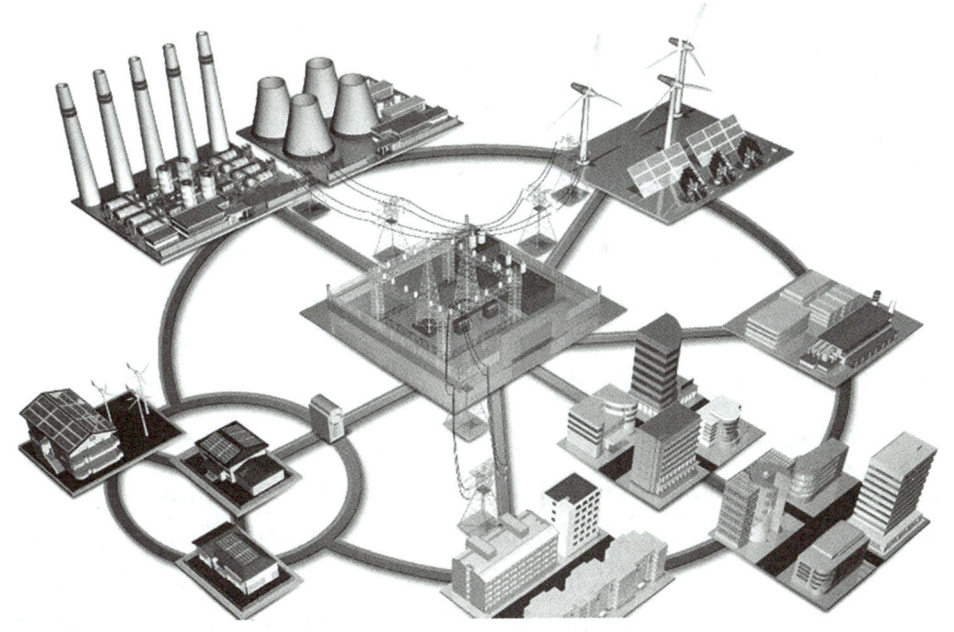

图 1-1-7 电网供电模型

（案例提供：赵永柱　北京市通州区潞河中学）

**案例分析**

在上述案例中，教师对远距离电能的输送，不是直接给出高压输电模型及其工作原理，将教学目标仅定位在高压输电模型的认识上，而是通过创设实际问题情境，在解决问题的过程中达成知识目标和育人目标。本节课分为三个主要环节：第一个环节，创设了北京实际电量需求与本地发电量供给不足的真实问题情境，提出如何实现输电的问题。第二个环节，在探索问题解决方法的过程中，通过讨论，首先建立初步的输电模型，再根据输电模型进一步讨论：电能的损耗在哪里？如何减小电能的损耗？让学生认识到降低电能损失的途径，在讨论电压、电流、功率的关系中逐渐完善和理解"发电—升压—输电—降压—用户"的输电模型。第三个环节是拓展介绍，首先回到真实的问题情境，说明实际的高压输电还有其他许多技术困难需要解决，然后介绍我国高压直流输电技术的应用等，不仅帮助学生初步了解现代输电技术，也从理论联系实际的角度，让学生体会科学、全面地认识实际问题的思路。本案例在实际问题背景中，使学生完整地经历了"实际问题—物理问题—解决物理问题—解决实际问题"的过程，提升了建构物理模型的科学思维能力；通过国家电网技术的发展，引导学生树立为国家建设而努力的信念和信心，也从能源利用的角度渗透了低碳环保的生态文明教育。

教师在设计这个实际问题情境时，将学生的知识认知目标和学科育人目标有机地融合在一起。

（1）通过探索了解提高输电电压是降低远距离输电损耗的有效途径，会用相关知识解释实际的输电问题，提升解决实际问题的能力。

（2）经历建构远距离输电模型的过程，体会建立理想模型的思维方法。

（3）通过了解实际复杂的供电系统，知道电网供电是远距离输电的重要发展形式，理解工程技术要兼顾科学、技术、经济等多种因素。

（4）通过了解我国电力系统的发展以及电力供需等实际问题，增强对国家的认同，树立低碳环保的意识，形成健康文明的生活方式。

在这个案例中，我们可以明显地看到，教学内容是落实物理学科育人目标的基本素材和重要载体，教师对教学内容的选择、教学活动的设计都与教师对育人目标的认识和预设紧密相关。教师必须有意识地预设更丰富的育人目标，才能有效地在学生物理观念的形成过程中实现学科育人功能。

### 问题解决建议

学科德育不是简单的"学科+德育"，也不是在学科教学中附加一个德育任务，更不是贴标签，而是结合学科教学内容和学生实际，通过具体的学习活动将二者有机融合在一起，真正实现教书与育人相统一。要有效开展学科德育，需要把握几个关键点：一是依据课程标准，结合教学内容和学情分析，充分挖掘学科学习中的德育要素，找准链接的关键内容，设计学习活动；二是将教学内容与学生生活、社会与科技发展相结合，创设真实的学习情境，引导学生在情境中学习，在学习中思考，在思考中进行价值判断，树立正确的价值观；三是物理教学要体现物理学科的特点和价值，也就是要让学生通过概念的形成过程、规律的总结归纳过程提升科学思维能力、探究能力。

◎ 教师对教学内容要有深刻的理解。
◎ 结合教学内容对德育目标有明确的认知和预设。
◎ 关注学生生活实际、中华优秀传统文化、学科前沿和科技发展。
◎ 遵循教学教育规律，使教学与德育相融共生。

## 二、通过单元教学设计，确立教学目标

课堂教学是以学生的学习目标为导向的，学生的学习活动要始终围绕课堂教学目标而展开，以达成学习目标。课堂中学生的学习活动、教师的教学行为以及学生学习的时空设置等要展现新课程下课堂教学的特点，基于学生学科核心素养发展确定教学目标尤为重要。

教学过程在形式上是以节为单位进行的，每节课都有相应的知识点。如果教师的备课是以一节为单位来进行的，就容易导致知识内容零散，缺少主线，在教学中也容易造成对学生物理观念、科学思维的培养缺乏整体性认识和系统性规划。在单元视域下进行教学设计，则可以跳出零散的知识点拼盘，在内容的统整下，系统规划基于学科核心素养发展的教学目标。

在单元教学设计中，确定发展学生物理学科核心素养的教学目标，可以参考如图 1-1-8 所示的设计思路。

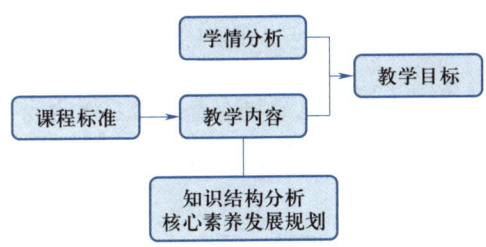

图 1-1-8　单元教学目标设计思路

【案例】

### "静电场中的能量"单元教学目标的确定

**教材版本：**人教版高中物理教科书必修第三册第十章"静电场中的能量"。

**课程标准**

3.1.5　知道静电场中的电荷具有电势能。了解电势能、电势和电势差的含义。知道匀强电场中电势差与电场强度的关系。能分析带电粒子在电场中的运动情况，能解释相关的物理现象。

3.6　观察常见电容器，了解电容器的电容，观察电容器的充、放电现象。能举例说明电容器的应用。

**单元教学内容**

教材将静电场分为"第九章　静电场及其应用"和"第十章　静电场中的能量"，

可依此作为教学的两个单元。"静电场及其应用"单元从力的视角来研究电场性质,本单元是从能的视角进一步研究电场的性质。本单元将在初中所学电能和电压的基础上,进一步从本质上了解电能的概念及电压的物理意义。本单元涉及三个内容主题:第一个主题是关于静电场中能量的讨论,建立静电力的功、电势能、电势差、电势等概念,以及研究这些概念之间的关系;第二个主题是电容器的电容,建立电容的概念,本主题的核心是应用静电场的有关知识研究电容器;第三个主题是带电粒子在磁场中的运动,是关于静电场两章的应用小结。三个主题之间对静电场的认识存在递进关系。

"静电场中的能量"单元知识结构如图 1-1-9 所示①。

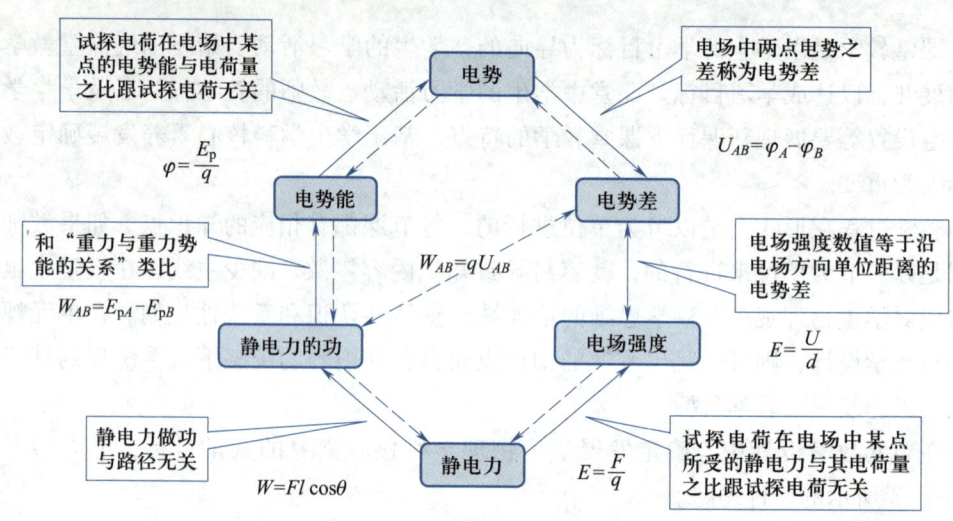

图 1-1-9 "静电场中的能量"单元知识结构

本单元根据静电力做功建立电势能的概念,然后引入电势描述电场赋予外来电荷电势能的本领,再由静电力、静电力做的功、电势差以及电荷量之间的关系,推出电势差与电场强度的关系。

本单元的物理学科核心素养发展规划如图 1-1-10 所示,列出了本单元中学生主要经历的学习活动,以这些活动为载体,可以分别侧重物理观念、科学思维、科学探究、科学态度与责任素养的培养。

**学情分析**

学生已经学习过采用物理量之比定义新物理量的方法,并且在力学部分由重力做功特点建立的重力势能的概念。这种定义新物理量的方法和建立重力势能概念的方法,都可以采用类比学习的方法迁移应用到本单元的学习中,这种迁移应用也降低了学生对知识的理解难度。

**单元学习目标**

1. 通过类比重力势能引入电势能,体会能量观点是分析物理问题的重要方法,进一步认识物理学的和谐统一性。

---

① 普通高中教科书教师教学用书 物理 必修第三册 [M]. 北京:人民教育出版社,2019:35.

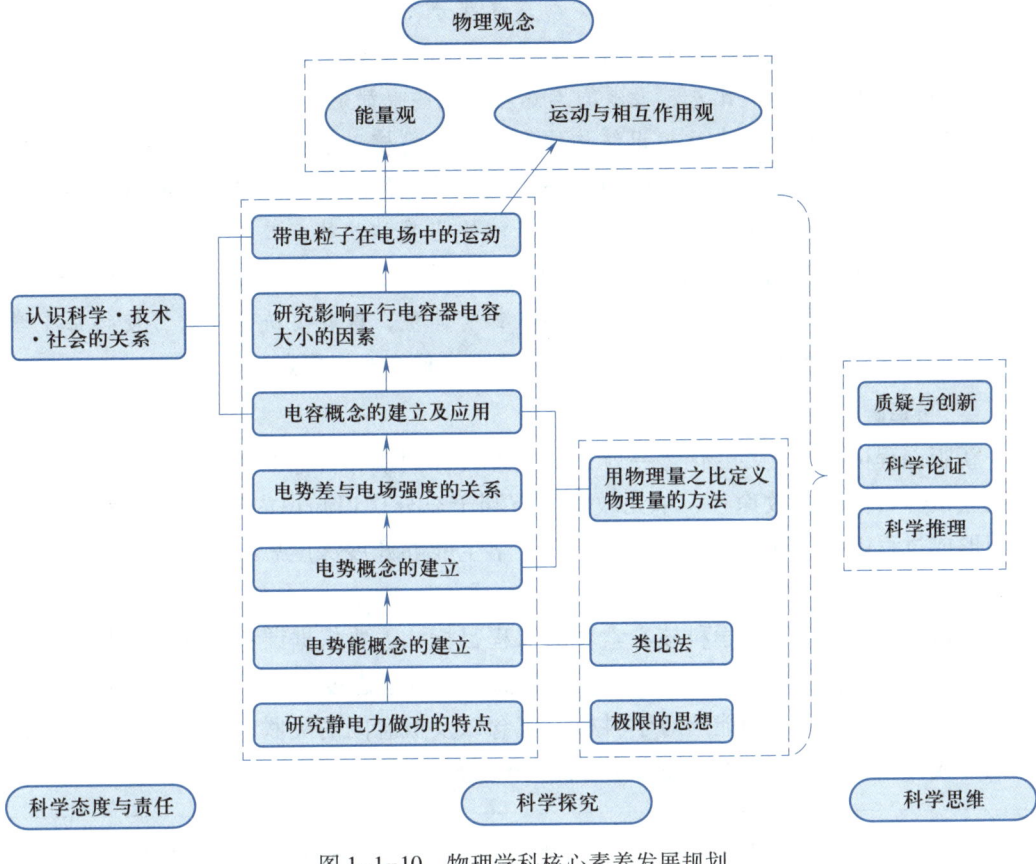

图 1-1-10 物理学科核心素养发展规划

2. 利用极限的思想研究匀强电场中移动电荷静电力做的功，认识静电力做功与路径无关的特点。

3. 通过类比的学习方法建立电势能的概念；通过利用物理量之比定义电势的过程，理解电势是从能的角度描述电场的物理量。

4. 通过探究电容器两极板间电势差与所带电荷量关系，以及用物理量之比定义电容的过程，理解电容的概念。

5. 会从运动和力的关系的角度、功和能量变化的关系的角度分析带电粒子在电场中的运动情况，能解释相关的物理现象，并加深对从牛顿运动定律和功能关系两个角度分析物体运动的认识。

6. 通过电容器的应用、示波管工作原理等，认识静电场知识对科学技术的影响。

**案例分析**

学生的物理观念是在物理概念、物理规律等内容的学习、运用及内化体验的基础上，逐步建构和发展起来的。因而确定物理概念、规律的教学目标时，要分析它们在物质观念、运动与相互作用观念及能量观念发展过程中的地位和作用，并落实在具体的教学目标中。如本案例中核心概念"静电力做功与路径无关""电势是从能的角度描述电场的物理量"等是构成能量观念的重要概念，对这些概念的建构过程和内涵理解过程就是促进学生能量观念发展的载体，因此，在教学目标中都有明确的表述。本单元需要从运动和力的视角研究带电粒子在电场中的运动,这部分内容也承担了发展学生运动和相互作用观念的作用。对教学内容的分析,明确了单元核心概念在形成过程中所展现的研究问题的思想方法,如类比法、极限的思想等,这些也都是重要的教学目标。

在单元教学设计中,进行知识结构的分析和学科核心素养发展的分析,一要理解知识之间的关联,明确知识间的逻辑关系、教学过程的逻辑关系,同时将教学活动和核心素养进行关联,明确培养学科核心素养的恰当教学载体;二要统筹安排,这是因为每个物理概念的建构与深度理解的教学过程,都能够承担多方面素养的培育功能,同时某种思想方法可能在不同的概念建构中都有体现,这就要统筹安排,使得每个学习活动的素养目标既能体现出素养培养的价值,也能各有侧重点。

### 问题解决建议

新版课程标准的重要变化之一就是从三维目标到素养目标的变化,单元教学设计是确立素养目标的有效途径,单元教学更有利于充分认识知识内容之间的逻辑关系、知识形成过程中的思维表现,更有利于设计学生能够开展深度思维的学习活动,也就更利于学生素养目标的设计、实施与目标的达成。

要达成发展学生物理学科核心素养的课程目标,需要依据课程标准针对教学内容和学生情况,将物理观念、科学思维、科学探究、科学态度与责任等素养分解成具体的教学目标。这需要教师能够对学科核心概念以及概念间的关联有整体的认识,对概念的形成背景和其中蕴含的思想方法有深刻的理解。

**小提示**

◎ 教师对教学内容要有较为深刻和全面的理解,对物理观念要有整体性的认识。

◎ 基于单元设计教学目标,要有整体化建构的意识。

◎ 将知识内容、素养目标与相应的学习活动建立关联,明确素养目标培养的恰当载体。

◎ 教学目标的设定要以学生已有的知识、技能、能力为认知起点,遵从学生的认知规律。教学目标要可教、可评,具有发展性。

### 三、思维过程显性化,促进素养目标的落实

科学思维方法的培养离不开知识内容的学习,知识内容的学习和理解离不开思维方法的运用。在教学中,知识内容的学习是显性的,而思维方法的学习是隐性的。学生的一些行为反映了思维的过程,但学生并不一定能够清楚地认识到这些行为背后的思维过程。在教学中将思维过程显性化,可以让学生将学习过程中的偶然行为进行理性的再认识,也就是有一个反思内省的过程,由此逐渐形成思维习惯。以科学论证为例,我们可以把教学过程简化为如图 1-1-11 所示的流程。

在培养学生科学论证能力的教学中,可以采取将科学论证的结构要素融入教学语言,将观点、事实、证据(理论依据)、推理、反驳等作为引导,在促进学生思考的同时,加深学生对论证结构要素的认识和理解。

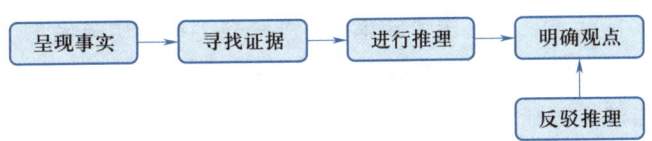

图 1-1-11 科学论证的教学流程

【案例】

### "超重和失重"教学活动设计

**教材版本**：人教版高中物理教科书必修第一册第四章"运动和力的关系"第6节。

**环节一：认识视重与实重，认识科学论证的要素**

情境1：生活中常见的指针式台秤。根据人站在上面静止不动时的指针示数就可获知体重大小。

论证活动1：请用你所学的知识论证为何人静止不动时，台秤的示数能体现体重大小。

教师点评学生的论证过程，整理概括为：人在台秤上处于静止状态时，对人受力分析，根据二力平衡可得，人所受重力与所受支持力大小相同；再根据牛顿第三定律，人所受支持力与人对台秤的压力大小相同；进而得出人所受重力与台秤所受压力大小相同，则台秤示数能体现体重大小。

教师：我们对这个问题的回答就是一个严谨的科学论证过程。科学论证是论证者运用证据，通过推理与判断，来表述、证明观点或反驳他人观点的过程，是一种重要的科学思维过程。怎样的过程算是严谨的论证过程呢？我们可以从科学论证的五个要素进行分析，即观点、事实证据、理论依据、推理过程、反驳。我们以这五个要素为出发点，来分析刚才我们对情境1的论证过程，如表1-1-1所示。

表 1-1-1 论证活动1的论证要素分析

| 科学论证的要素提取 | | | |
| --- | --- | --- | --- |
| 事实证据 | 理论依据 | 推理过程 | 观点 |
| 人站在台秤上静止不动时，台秤示数代表所受压力大小 | 力的平衡<br>牛顿第三定律 | 对人受力分析，由静止状态可知，重力与支持力大小相等；根据牛顿第三定律，人所受支持力与台秤所受压力的关系为大小相等、方向相反；所以推出人所受重力与台秤的压力大小相等 | 台秤的示数能体现静止在上面的人的体重大小 |

师生分析该论证过程中的要素体现。

教师：本问题的论证不涉及反驳，所以只有论证的前四个要素。我们今后沿着这样的思路进行问题的科学论证，就体现出思维逻辑的严谨性，有助于思维的发展，从而逐渐具备物理学科核心素养。

教师：刚才我们严谨地论证了为什么指针式台秤的示数可以反映人的体重，换句话说，就是论证了视重在这种情况下大小等于实重。

**环节二：认识超重与失重现象，尝试论证问题**

情境2：学生站在台秤上向下蹲，发现在下蹲的过程中，台秤的示数会发生变化，示数先小于人的实际体重,再大于实际体重,最后稳定等于实际体重。

论证活动2:请根据人下蹲时的运动状态变化,论证为何台秤的示数会出现先小于、再大于、最后稳定等于实际体重的情况。

引导学生根据刚才对论证过程的认识与学习,尝试寻找该情境中的事实证据与理论依据,尝试进行合理的推理过程,并表达观点。如表1-1-2所示。

表1-1-2 论证活动2的论证要素分析

| 科学论证的要素提取 | | | |
| --- | --- | --- | --- |
| 事实证据 | 理论依据 | 推理过程 | 观点 |
| 人下蹲时的运动状态变化:速度先向下增大,然后向下减小,最后为零 | 加速度的定义式<br><br>牛顿第二定律<br><br>牛顿第三定律 | 人的下蹲速度向下增大时,具有向下的加速度;人的下蹲速度向下减小时,具有向上的加速度。<br>利用牛顿第二定律可以推出各阶段人所受支持力大小的变化。<br>再根据牛顿第三定律可知台秤的示数变化。<br>最后,人静止在台秤上,根据受力平衡可知,台秤的示数最终稳定不变 | 台秤的示数变化:先小于人的实际体重,再大于实际体重,最后稳定等于实际体重 |

教师引导学生基于对科学论证过程的四要素进行分析,组织语言,形成科学论证的如下表述:

人下蹲速度向下增大时,先具有向下的加速度。

根据牛顿第二定律,$a=(mg-F)/m$,得$F=m(g-a)$,人所受支持力小于重力,根据牛顿第三定律,台秤所受压力小于人的重力,所以台秤的示数小于实际体重。

人下蹲速度最后减为零,即速度增加到某一值后会开始减小,所以后一阶段具有向上的加速度。

根据牛顿第二定律,$a'=(F-mg)/m$,得$F=m(g+a')$,人所受支持力大于重力,根据牛顿第三定律,台秤所受压力大于人的重力,所以台秤的示数大于实际体重。

最后,人静止在台秤上,受力平衡,台秤示数最终稳定等于人的重力大小。

教师点评学生的表现:下蹲过程,首先出现了视重小于实重的现象,然后出现视重大于实重的现象,最后二者相等。我们把视重小于实重的现象称为失重;把视重大于实重的现象称为超重。

师生总结:从受力特点上看,失重是$F_{视}<G_{实}$,超重是$F_{视}>G_{实}$;从运动特点上看,失重表明物体具有竖直向下的加速度,超重表明物体具有竖直向上的加速度。

"超重"与"失重"两种现象在受力特点上的本质区别如表1-1-3所示。

表1-1-3 超重和失重现象总结

| 现象 | 受力特点 | 运动特点 |
| --- | --- | --- |
| 超重 | 物体所受支持力(或拉力)大于重力 | 具有向上的加速度 |
| 失重 | 物体所受支持力(或拉力)小于重力 | 具有向下的加速度 |

**环节三：分析论证超重与失重现象**

情境3：人站在力传感器上完成"下蹲—起立"的动作，在采集与记录人完成"下蹲—起立"动作的过程中，力传感器的示数随时间的变化情况如图1-1-12所示。

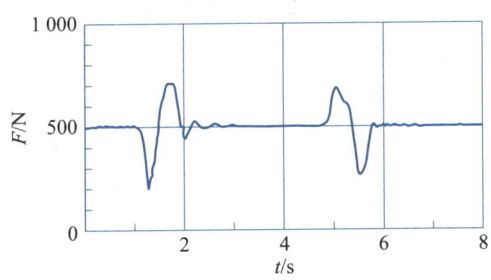

图1-1-12　力传感器示数随时间的变化

教师引导学生分析以下问题：
（1）图像纵轴的含义？
（2）横轴哪段对应超重现象？哪段对应失重现象？
（3）合力的变化情况？
（4）加速度的变化情况？
（5）速度的变化情况？

论证活动3：根据图1-1-12所示数据，请预测整个过程中速度的变化情况，并向同学解释论证你的观点。

给学生充足的时间进行论证表述，并引导与鼓励同学之间展开研讨与辩论，最终提取出该论证问题的相关要素，如表1-1-4所示。

表1-1-4　论证活动3的论证要素分析

| 科学论证的要素提取 | | | |
|---|---|---|---|
| 事实证据 | 理论依据 | 推理过程 | 观点 |
| 人在"下蹲—起立"的过程中，力传感器的示数变化图 | 超重与失重现象<br>牛顿第二定律<br>牛顿第三定律<br>加速度定义式 | 由牛顿第三定律可知，下蹲过程，人经历了先失重再超重的现象。<br>再结合牛顿第二定律，下蹲过程，人的加速度先向下增大、再向下减小（失重阶段）；然后向上增大、再向上减小（超重阶段）。<br>根据加速度定义式，可进一步推理判断，速度向下增大时，先是增大得越来越快，再越来越慢；达到某一最大值后速度开始向下减小，先是减小得越来越快，再越来越慢，直至最后速度为零。起立过程的分析类似 | 下蹲过程，速度先向下增大得越来越快，再越来越慢；达到某一最大值后开始向下减小，先减小得越来越快，再越来越慢，直至速度减为零。<br>起立过程，速度先向上增大得越来越快，再越来越慢；增大到某一值后开始减小，先减小得越来越快，再越来越慢，直至最后速度减小为零 |

**环节四：生活中超重和失重现象的体会**

情境4：生活中常见的有两种电梯。一种是居民楼和办公楼等常用到的直梯；另一种是商场中常见的斜梯：没有人站在上面时电梯运动速度很慢，当有人站上面时电梯就会先加速一段时间然后保持匀速。

论证活动4：在学习超重和失重现象后，有的同学认为，人从低层到高层，搭乘直梯时会出现超重和失重现象，但搭乘斜梯时不会，原因是超重和失重现象发生在竖直方向。你认同他的观点吗？请说明理由。

教师关注与考查学生反驳他人观点的论证能力，由学生寻找科学论证的要素，然后组织语言进行反驳或者表达观点。基于学生的尝试与讨论，分析出以下要素，如表1-1-5所示。

表1-1-5 论证活动4的论证要素分析

| 科学论证的要素提取 | | | |
| --- | --- | --- | --- |
| 事实证据 | 理论依据 | 推理过程与反驳 | 观点 |
| 人从低层到高层：<br>（1）搭乘直梯时，先加速竖直向上运动，然后匀速，最后减速竖直向上运动至停下来。<br>（2）搭乘斜梯时，先加速斜向上运动，然后匀速运动 | 超重与失重现象<br>牛顿第二定律<br>矢量的合成与分解 | （1）搭乘直梯时，由于先出现加速向上运动，故加速度竖直向上，为超重现象；然后表现为减速向上运动，故加速度竖直向下，为失重现象。<br>（2）搭乘斜梯时，人先做斜向上的匀加速直线运动，所以加速度斜向上。利用矢量的合成与分解，可将斜向上的加速度分解为水平方向和竖直向上两个分加速度，由于具有竖直向上的分加速度，所以该过程为超重现象。在匀速阶段受力平衡，为平衡状态 | 不完全认同该同学的观点。<br>无论直梯还是斜梯，在向上运行加速阶段，均是超重现象 |

教师播放在电梯中放置的台秤示数变化的视频，使学生观察完整的变化过程，并将超重与失重的概念与过程相关联。

（案例提供：朱宁宁 北京市第二十中学）

**案例分析**

在这个案例中，科学论证贯穿教学的各个环节，学生都切实地经历了这一论证过程。在此过程中，学生基于情境进行分析论证，表达观点，但用到的还是物理学科的语言，并不一定清晰地认识到自己的语言表达中哪些是事实，哪些是推理，哪些是证据，事实、推理、观点等词语也不一定呈现在学生的头脑中，也就是说，学生还没有提炼出进行科学论证的思路和方法。教师在这些教学活动之后又安排了一个方法提炼的活动，明示论证要素和思路，起到了升华的作用。

环节一对论证过程的剖析与论证要素的明示，帮助学生初步了解什么是科学论证过程，以及如何开展科学论证活动，从而使学生初步形成科学论证的意识。

环节二让学生再次经历对论证过程的剖析与论证要素的明示，加深了学生的科学论证意识，并且在引导学生主动寻找本论证问题的四要素中，树立敢于进行科学论证的信心，以及形成规范论证的认识。与此同时，学生又自然地区分了"视重"与"实重"两个概念，理解了"超重"与"失重"两种现象及其受力特点。

环节三让学生进一步深化了对开展科学论证活动的认识，以及如何进行正确论证。同时，再次体会了超重与失重现象，潜移默化地实现了关于力与运动的关系的进一步理解与应用。

环节四让学生最后一次经历梳理提炼的过程，既体会了如何反驳他人的错误观点，又深入认识了超重和失重现象的本质：在竖直方向有分加速度，即表现为超重或失重现象，从而深化了对概念规律的理解。

◆ 问题解决建议

素养目标落实在课堂教学中是需要一定的教学思路的，就如科学论证素养的培养，这个教学思路应该与科学论证的思维过程是一致的。要进行科学论证，起始于事实资料，教师就要给学生提供充分的事实资料，让学生能够依据事实来分析、寻找证据，科学论证中的重要环节是寻找证据和推理，教师就要设计相应的学生活动，让学生的思维围绕着证据和推理拓展，最后要求学生通过表述明确自己的观点，观点明确也就意味着学生不仅经历了论证过程，而且获得了相应的知识和研究问题的方法。

为了能够在教学中落实素养目标，教师首先应该对核心素养的内涵和形成过程有深刻的了解，再将其形成过程与教学过程相结合，优化教学过程，构建促进学生核心素养发展的教学思路。就如上述基于科学论证思维培养的教学流程，教师在课堂实施中明示概念、规律形成过程中的思维过程，将潜意识进行的思维活动，提取凝练成方法和策略，并以此优化学生的思维习惯，落实素养目标。

小提示

◎ 教师要研究并深刻理解学科核心素养的内涵及培养策略。
◎ 基于核心素养形成的途径优化教学过程。
◎ 在课堂教学中将思维过程显性化。

### 1-1 数字资源

1-1-1 模拟远距离输电实验资源

1-1-2 学科德育的内涵

1-1-3 从培养科学论证能力角度分析"超重和失重"的教学活动

1-1-4 对物理教学中科学论证的认识与实践

## 1-2 如何理解物理学科核心素养的内涵及相互关系？

### 教学关键问题提出

物理学科核心素养是学生在接受物理教育过程中逐步形成的适应个人终身发展和社会发展的正确价值观、必备品格和关键能力，使学生通过物理学习内化为带有物理学科特征的品质，是学生核心素养的关键成分。物理学科核心素养由物理观念、科学思维、科学探究、科学态度与责任四个方面的要素构成。

在实际教学中，如何理解上述物理学科核心素养四个要素的内涵？物理观念与物理知识的关系是什么？科学探究与科学思维有什么区别？科学态度与责任的培养怎样落到实处？在实际教学中，应当如何培养或者发展学生的学科核心素养？

### 教学关键问题分析

物理学科核心素养，无论是在目标和性质上，还是在内容和功能上，都是比较抽象的，因此教师需要抓住其核心本质，才能理解其内涵，并在理解内涵的基础上，转化为自己的教学行为，从而影响到学生，实现学生核心素养的发展。理解核心素养的内涵要牢牢抓住两点：第一，核心素养的发展是具有阶段性的，因此，从纵向上看，教师要关注不同学段的学生所应达到的要求；从横向上看，教师还要注意同一学段的学生在认知水平上的差异，明确适合学生年龄、心智、认知特点的核心素养培养目标与方法、策略。第二，因为核心素养在解决真实问题时才会表现出来，所以在培养时，要创设真实的情境，让学生积极思维、自主探究，实现真实的体验，在此基础上再进行自我反思与自我评价。

#### 一、物理观念和物理知识的关系是什么？

新版课程标准对"物理观念"的表述如下：

"物理观念"是从物理学视角形成的关于物质、运动与相互作用、能量等的基本认识；是物理概念和规律等在头脑中的提炼与升华；是从物理学视角解释自然现象和解决实际问题的基础。"物理观念"主要包括物质观念、运动与相互作用观念、能量观念等要素。

从逻辑上看，物理观念是其他物理学科核心素养形成和发展的基础，它实际上是原来三维目标中"知识与技能"的提炼与升华，物理观念强调人对物理知识（和技能）的内化。对于初中学生来说，物理学科知识点与技能点的学习，是零散的、分离的、缺少关联的，因此学生很难在头脑中形成对物理世界完整的认识，也就很难用物理学的知识与方法来解释自然现象、解决实际问题。而物理观念是超越具体的物理知识与技能的，是在物质、运动与相互作用、能量等物理学科核心概念的统领下，形成的一套有结构、有层次、有序、系统性的物理学科概念体系。

我们在此举两个例子来说明物理观念与物理知识的区别。在实际教学中，很多教师都会要求学生制作知识结构图，这是一种促进学生知识结构化的有效途径。下面以"机械能守恒定律"一章为例，来看知识结构图的生成过程，教师要求学生将这一章中的概念和规律进行梳理。

【案例】

### "机械能守恒定律"知识结构图的生成

学生1列出一些学过的概念：功、功率、牵引力、位移、夹角、动能、重力势能、弹性势能、功能关系、动能定理、机械能、守恒……

我们发现，在学生1的认知里，这一章就是一些概念的堆砌，这些概念之间的关系是不清楚的，因此可以说，学生1只是具备一些物理知识，而不具备物理观念。

学生2梳理出概念及相关内容：

一、功　　二、功率　　三、动能定理　　四、重力势能
1. 定义：　1. 定义：　1. 动能：　　　1. 重力做功特点：
2. 定义式：2. 定义式：2. 动能定理：　2. 重力势能：
3. 单位：　3. 单位：　3. 表达式：　　……

我们发现，相比于学生1，学生2将概念内涵进行总结归类，形成了一定的有序性，但还属于直接复制了教师的板书，其学习的知识仍然是没有结构的。

学生3绘制了如图1-2-1所示的知识结构图。

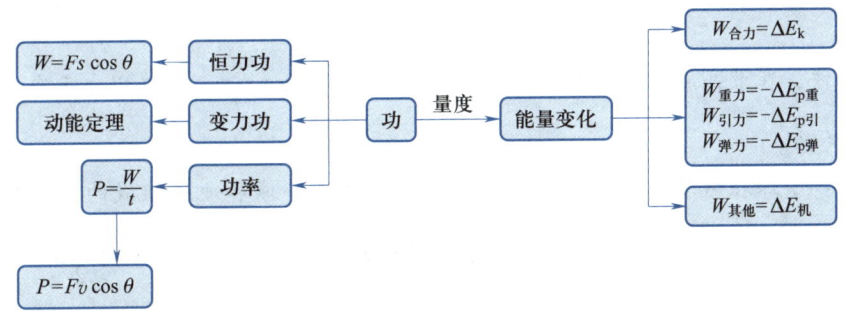

图1-2-1　知识结构图示例

我们发现，学生3已经具有将知识之间按照一定的逻辑关系进行梳理的意识，形成了结构图（虽然这未必是最佳的结构图），这一步标志着学生的知识初步实现了结构化。首先，每个框内的内容是正确的；其次，相邻框之间的关系是合理的。也就是说，学生3初步具备了物理观念，实现了将知识从有序到有结构的转化。如果学生3还能梳理出知识间的"层次性"，就能够表明他具备了物理观念。例如，当听到"如何求摩擦力的功？"这个问题后，能够在头脑中创建一个以摩擦力做的功为核心的知识结构图（图1-2-2）。而不是从功的定义出发，一步步地推导到动能定理、功能关系等，也不

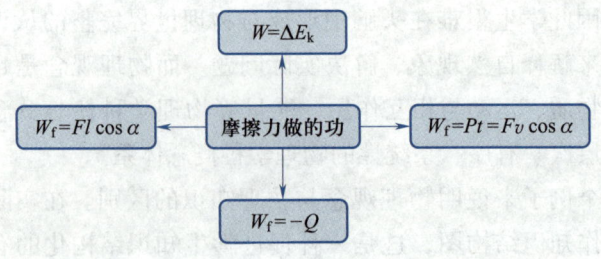

图 1-2-2 以摩擦力做的功为核心的知识结构图

是头脑中首先出现的是摩擦力的种种具体性质。也就是说,学生在头脑中形成了一个动态的、具有一定拓扑不变性的知识结构图,这就可以表明学生具备了物理观念(能量观)。

再来看一个例题。如图 1-2-3 所示,光滑弧形轨道与半径为 $r$ 的光滑圆轨道相连,固定在同一个竖直面内。将一只质量为 $m$ 的小物体(质点)由圆弧轨道上离水平面某一高度 $h$ 处无初速释放。为使小球能做完整的圆周运动,则释放时的高度 $h$ 的取值范围如何?

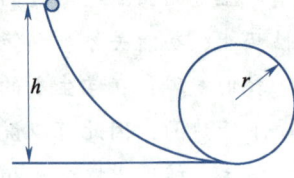

图 1-2-3 例题图

下面我们来对比一下新手与专家对这个问题分析思路的差异。

新手:小球静止释放后,将沿着倾斜曲面运动,运动过程中受到重力和支持力的作用,因此小球将做加速运动。因为是在曲面上,小球的加速度不好求,所以只能用动能定理。在这个过程中,支持力应该不做功,设小球到最低点时的速度为 $v_1$,根据动能定理有 $W_重 = mgh = \frac{1}{2}mv_1^2$;而后小球沿着圆弧向上运动,设小球到最高点处的速度为 $v_2$,根据机械能守恒定律,应当有 $\frac{1}{2}mv_1^2 = 2mgr + \frac{1}{2}mv_2^2$;又根据小球能做完整的圆周运动的条件,在最高点应当只有重力提供向心力,有 $mg = \frac{mv_2^2}{r}$,联立以上三个方程得到 $h$ 与 $r$ 的关系。

专家:小球在运动过程中,只有重力做功,因此小球和地球组成的系统机械能守恒,设小球质量为 $m$,通过圆轨道最高点处的速度为 $v$,则 $mg(h-2r) = \frac{1}{2}mv^2$。根据小球能做完整的圆周运动的条件,则在最高点应当只有重力提供向心力,即 $mg = \frac{mv^2}{r}$,联立以上两个方程得到 $h$ 与 $r$ 的关系。

**案例分析**

通过对比,我们不难发现,新手一上来就进行具体的受力分析并以此为依据判断其运动和做功,在分析过程中还有些概念不是很清楚,语言表述还有待更加严谨。专家一开始就立足于全局性的考虑,能够灵活地运用机械能守恒定律的相关知识处理问题。因此,这里的"专家"是具有物理观念素养的,他已经将"能量"上升为看待问题的第一视角,而不是一开始就埋头于烦琐、细致的计算或细节分析中。

从上述两个例子不难看出观念与知识的区别：观念是大量知识有序排列、按照一定逻辑形成的结构，并且是有层次的一个体系。其中，按照逻辑进行排列，按照层次进行架构，最终成为一个动态的、具有拓扑不变性的知识结构，也就标志着知识内化的完成。这里有两点需要强调：第一，物理观念也是不断发展的，从高中物理到普通物理，再到理论物理，物理观念越来越深刻。第二，物理观念不是孤立的，因为物理观念是面对问题时体现出来的看待问题的视角，而解决问题离不开科学思维和科学探究，在解决问题的过程中，也必然受到科学态度与责任等"非认知性因素"的影响。

## 二、怎样发展学生的科学思维素养？

课程标准对"科学思维"的表述如下：

"科学思维"是从物理学视角对客观事物的本质属性、内在规律及相互关系的认识方式；是基于经验事实建构物理模型的抽象概括过程；是分析综合、推理论证等方法在科学领域的具体运用；是基于事实证据和科学推理对不同观点和结论提出质疑和批判，进行检验和修正，进而提出创造性见解的能力与品格。"科学思维"主要包括模型建构、科学推理、科学论证、质疑创新等要素。

科学思维是具有意识的人脑对科学事物（包括科学对象、科学过程、科学现象、科学事实等）的本质属性、内在规律性及事物之间的联系和相互关系的间接和概括的反映。在核心素养体系中，科学思维被归为"关键能力"，在心理学中关于能力的定义有很多，我们比较欣赏关于能力的一种操作性定义，即如果能完成对应的操作，就说明具备了该项能力。因此，学生能够运用科学思维去解释自然现象、解决实际问题，就说明他具备了科学思维素养。但是在教学中一定要注意，思维是一种认知活动，不是具体的陈述性知识，它不是教师教会的，而是在教师创设的问题情境下，在一连串问题的引导下思考，并逐步形成的。切忌将某节课上成"分析与综合法课""抽象与概括法课"等。

在实际教学中，教师先要彻底搞明白科学思维所包括的主要形式，如分析与综合、抽象与概括、比较与分类、逻辑推理等。然后根据上述形式，有目的地设置问题、选取习题，改造不合适的习题，从而实现对学生科学思维的训练与发展。例如，月地检验、牛顿第一定律中伽利略斜面实验，都是训练学生逻辑推理能力的素材；又如，将振动图像和波动图像进行比较，将电场与磁场进行比较，对碰撞类型进行分类等，是训练学生比较与分类能力的素材；再如，将一些起点较高的高考题选为教学素材时，应当变换设问视角，适当增加台阶使得学生能力的训练更有针对性。

## 三、科学探究与实验相比突出了什么？

新版课程标准对"科学探究"的表述如下：

"科学探究"是指基于观察和实验提出物理问题、形成猜想和假设、设计实验与制订方案、获取和处理信息、基于证据得出结论并作出解释，以及对科学探究过程和结果进行交流、评估、反思的能力。"科学探究"主要包括问题、证据、解释、交流等要素。

通过上述表述，可以看到科学探究是"基于观察和实验"，而不是止步于观察和实验，因此科学探究并不是简单地做一个实验。科学探究是一种认知方式。从目前的研究成果来看，科学探究应当理解为"以科学思维为核心，包含若干关键要素（问题、证据、解释、交流等）的问题解决过程，在上述过程中，证据往往是依赖于实验的"。也就是说，科学探究是一种认知方式，而实验是这种认知方式下的一种手段。

以"问题"为例，要怎样基于观察和实验，培养学生提出可以探究的并且具有研究价值的问题。一般来说，可以探究且具有价值的问题，往往源自对情境所展示的"背景"的质疑。比如，对自由落体运动的研究源自伽利略对"重物落得快"的质疑；再如，笛卡儿对伽利略"惯性运动就是完美的圆周运动"的质疑；开普勒根据第谷的观测数据对托勒密圆周运动的质疑；马赫对牛顿绝对时空的质疑；卢瑟福对汤姆森"枣糕模型"的质疑；玻尔对卢瑟福核式结构模型的质疑；等等。科学家根据这些质疑提出有价值的问题，并在此基础上，经过进一步的思考，对这些问题的可能原因提出猜想，对问题的可能结果提出合理假设。猜想与假设不是胡猜、乱假设，而是要依据已有的知识和经验，将所观察到的现象的特征，与已有知识经验中的"特征"进行比较（求同或求异）。比如，通过类比重力，猜想静电场是否也具有势能；同样地，猜想感生电场是否也具有势能。

"证据"，是指由实验得到的现象或数据，要实事求是地记录这些现象，并能够运用现代信息技术收集相应的数据。

"解释"，一般来说是对所记录、收集的现象或数据进行分析（比如定性比较、定量分析、因果解释等），或者是根据数据对探究的结果进行描述，或者在描述的基础上进行归纳。例如，利用图像法确定两个物理量之间的关系，如滑动摩擦力的大小与接触面所受正压力成正比的实验，加速度与质量成反比的实验，单摆周期与摆长的平方根成正比的实验等。还有一些用图像法并非能归纳为简单的正比、反比关系，比如电容器充电过程中电流 $I$ 随时间 $t$ 变化的关系，则要通过对图像的面积、截距、斜率进一步分析与描述，并且运用所学的物理和数学知识对图像做进一步解释（如上述 $I$-$t$ 图像的斜率为什么随着时间的推移而变小）。又如，对物理量之间因果关系的解释，如力是产生加速度的原因，电势差是产生电流的原因，做功是能量转化的原因等。

"交流"指的是对探究过程和所得结果的表达，一方面要能组织内容形成提纲，另一方面要能用科学的术语来表述提纲中的具体内容。教师要有意识地培养学生撰写探究报告的能力，学生开始可能并不知道应该写什么，教师要逐步引导，从教师帮助他们设计框架、表格、绘制图像，到让学生尝试独立设计框架、表格、绘制图像。对现成的各种实验报告手册，要谨慎使用。

## 四、科学态度与责任包含什么内容？

新版课程标准对"科学态度与责任"的表述如下：

"科学态度与责任"是指在认识科学本质，认识科学·技术·社会·环境关系的基础上，逐渐形成的探索自然的内在动力，严谨认真、实事求是和持之以恒的科学态度，以及遵守道德规范，保护环境并推动可持续发展的责任感。"科学态度与责任"主要包括科学本质、科学态度、社会责任等要素。

其中，科学本质指的是对科学（物理学）本身的一种认识，并非一成不变，不同时期、不同的人对科学本质的认识并不完全相同。学生通过知识的学习和探究，逐步认识、理解科学本质。态度是一种个体对特定对象（人、观念、情感等）所持有的稳定的心理倾向，这种心理倾向蕴含着个体的主观评价，以及由此产生的行为倾向性。而社会责任主要包括科学伦理和STSE（科学、技术、社会、环境）理念。

从认知心理学看，科学态度与责任属于"非智力因素"，所谓非智力因素是指那些不直接参与认知过程的因素，如态度、责任、热情、情绪、兴趣、意志、品质、人性等。这些因素不是教师教会的，而在于学生不断地感悟与体会。教师在这些内容上的作用主要是"引导与强化"，引导学生向着积极、阳光、正面的方向发展，表扬积极、阳光、正面的行为，在遇到学生有消极、阴暗、负面的行为时，一定要搞清楚事情的来龙去脉，不能不分青红皂白地批评学生。例如，在教学中，可以让学生讨论：如何评价亚里士多德？在很多学生的眼里，亚里士多德就是"错误"的代名词，但这是不客观、不科学的，要引导学生站在特定历史背景下，去评价一个人的功过是非。教师要用古今中外众多优秀物理学家的故事去感染学生。所以，物理教师既要能讲得好物理，还要能讲得好故事，以及故事背后所蕴含的科学态度与责任。再如，问题情境的创设可以选择造福人类、服务社会的背景。又如，在实验探究活动中，特别是当学生遇到困难时，要鼓励学生坚持，教师一定要有耐心，不要把自己的不良情绪带进课堂。在学生分享数据时，要求数据的真实性，不能编数据、凑数据。

### 五、物理学科核心素养的四个要素间的关系是什么？

物理学科核心素养由物理观念、科学思维、科学探究、科学态度与责任四个方面的要素构成。在理解物理学科核心素养的内涵时，要结合学生发展核心素养的内涵，注意核心素养的整体性。在这四个要素中，物理观念代表知识的内化，是其他核心素养的基础，科学思维和科学探究是关键能力，科学态度和责任是必备品格，它们相互依赖，共同发展。教师要在知识教学、学生探究和知识应用的过程中，使学生形成物理观念，发展学生的思维能力和探究能力，培养学生的科学态度和社会责任。

在实际教学中，可以采用下面两种具体的呈现方式。

**方式一**：在构建物理学科核心素养的过程中，物理观念的形成是目的，在形成物理观念的过程中必须要用到科学思维和科学探究，同时要有意识地培养学生的科学态度与责任。这一过程大多对应新课教学。

**方式二**：在评价物理学科核心素养的过程中，物理观念是解决问题的基础，在解决问题的过程中要用到科学思维与科学探究，而科学态度与责任则会或显性或隐性地影响解决问题的路径。

**问题解决路径与教学示例**

从"双基",到"三维目标",再到"学科核心素养",并不是一个否定之否定的演化过程,而是一个一致的、稳定的、逐步递进的演化过程,是育人模式和标准不断与时代相匹配、不断趋于完备的过程。

下面从教学设计的角度,给出一些发展学生学科核心素养的路径。

### 一、设计教学结构图,明确教学环节与素养发展的关系

所谓教学结构图,是指根据所确定的教学目标和教学主题(课题),将所选择的教学素材,按照学科逻辑和人的认知关联起来,即先依靠学科的内在逻辑排布教学内容,再依靠认知规律将学科内容进行合理的表达,前者对应物理观念的发展,后者对应关键能力(科学思维、科学探究)的发展,而科学态度与责任则蕴含在上述两个过程中。

【案例】

#### "行星的运动"教学流程设计

人教版高中物理教科书必修第二册"行星的运动"教学流程图如图 1-2-4 所示。

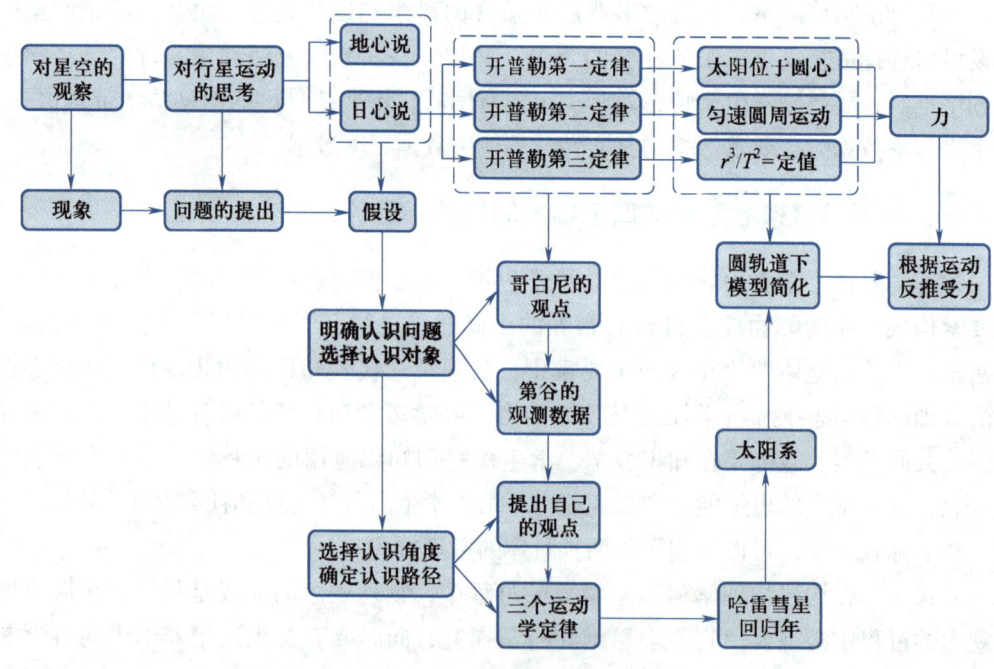

图 1-2-4 "行星的运动"教学流程图

(案例提供:王春梅 北京交通大学附属中学)

**案例分析**

"行星的运动"这一节,很容易被上成物理学史课,学生只是"听故事",虽然课堂氛围很好,但是思维效果一般,因此本节课的教学设计应当思考怎样把物理学史和思维过程结合起来,教学仍然是从历史上人类对星空的观察开始的,归纳出两种典型的宇宙

观"托勒密为代表的地心说"和"哥白尼为代表的日心说",但是他们归纳的依据是什么?开普勒则在此基础上,接受了哥白尼的思想,又通过对第谷数据的分析,发挥自己的数学才能(这其中也有与伽利略的交流),以及对原有旧思想的突破(古希腊对圆周运动是完美运动的理念),最终给出了以自己名字命名的三个运动定律。这些看似是历史,但实际上包含了"认知方式",既要明确认识问题和选择认识对象,又要选择认识角度和确定认识路径。通过对开普勒三定律内涵的解读,将思维与知识融合起来,比如分析哈雷彗星回归年,在太阳系内找证据等。上述过程,就是一个很好的"基于观察的科学探究活动"。再通过对太阳系内行星的数据特点,将椭圆改为圆,简化了运动模型,突出了重点,也是思维的突破,即要学生把开普勒三定律用在圆轨道上,并得出结论:

开普勒第一定律——行星的公转轨道是圆轨道、太阳在圆心。

开普勒第二定律——行星的绕日运动为匀速圆周运动。

开普勒第三定律——行星的公转半径的立方与公转周期的平方之比为一常数。

最后这条结论有什么深刻的内涵呢?反思开普勒定律的本质,其本质是运动学描述,那么背后的动力学原因是什么?这就为下一节课"万有引力定律"的提出,预留了伏笔,指明了方向。

### 💡 问题解决建议

本案例教师之所以这样设计教学流程,源于对两个问题的深入思考:一是这节内容在全章中的作用什么?二是内容偏重于物理学史的一节课,应当怎样上出"物理课"的感觉?

几乎所有的物理概念和规律都源于观察,或观察自然现象、实验现象,或来自生活经验、学史事实。一方面,对上述现象观察之后的概括归纳、比较,才能使学生从事实性内容的识记变成思维过程,才能有思维含量。另一方面,要明确上述概括归纳、比较的终点是什么,终点应当是模型的建立(对象模型、过程模型),进而在模型的基础上,引入新的概念,或者建立新的规律。

---

小提示

◎ 教师对物理概念(概念和规律)的形成过程要有准确的认识(自然现象、生活经验、典型实验、学史资料等)。

◎ 对学生的认知规律要有准确的把握。

---

## 二、将教学内容转化为学生的挑战性任务,再将任务变成一系列激发思考的问题

为了落实学科核心素养培养,教师要尽量避免一言堂,应当让学生在学习过程中有一定的"挑战性",激发学生的斗志,激发学生的思考,即把学生的非智力因素加入学生的认知过程中。

【案例】

"人造卫星"学习任务设计

在"人造卫星"的教学中,教师设置了两个学习任务,以落实学生科学思维的发

展。每个问题后括号中的内容对应着科学思维和科学探究要素的训练。

任务一：以多大的速度才能成功发射人造地球卫星？

问题1：按照牛顿的设想，在忽略空气阻力的情况下，在地面上以越来越高的水平速度抛出物体，物体还做平抛运动吗？（明确要研究的问题。运动过程模型的建构，要综合分析物体的受力情况和初始速度的情况）

问题2：物体如果不落地，它将怎样运动？（综合运用牛顿运动定律、圆周运动的知识进行科学推理。）

问题3：物体绕地球做圆周运动的向心力由什么力提供？是否需要考虑太阳对它的引力？（通过对卫星进行受力分析，在分析过程中既有对运动状态的把握，也有对数量级的估算，是对学生科学推理、科学论证的训练）

问题4：能否推算出物体绕行的速度？（科学推理）

问题5：地球表面有大气层，为什么月球表面没有大气层呢？（需要学生将大气中空气分子的运动与卫星的运动进行类比，再根据查阅相关资料进行推理、论证，通过对这个问题的回答，也从侧面印证了理论的正确性，综合考查了学生的科学推理素养）

任务二：人造卫星的发射与运行。

问题6：你所知道的人造卫星有哪些类型？（运动过程模型的建构）

问题7：对于在稳定轨道上做匀速圆周运动的人造卫星来说，它的轨道中心在何处？（与开普勒运动定律进行关联，属于科学推理）

问题8：如果人造卫星的发射速度大于第一宇宙速度，它可能做圆周运动吗？它的轨道有何特点？此时的运行速度如何求解？与第一宇宙速度相比，哪个更大？（新的运动过程模型的建构，要通过数学、逻辑进行科学推理）

问题9：为什么发射速度越大，运行速度反而更小呢？这是否违背了能量守恒定律？（从能量的角度进行质疑与创新）

问题10：高轨道运行的卫星与低轨道运行的卫星相比，角速度、周期和向心加速度更大吗？最小周期对应什么情况？（科学推理）

问题11：地球同步卫星的轨道和周期具有什么特点？（运动过程模型的建构）

问题12：发射人造卫星时，实际上是火箭把卫星送入轨道的，那么发射速度应当怎样理解呢？（质疑与创新）

（案例提供：岳凌月　北京师范大学附属中学）

**案例分析**

在上述教学活动中，将"人造卫星的发射和运行"分解为两个任务。任务一是先探讨人造卫星的可行性。虽然学生都知道天上有很多人造卫星，但是为什么能够有人造卫星，学生是不清楚的，因此任务一通过5个问题来探讨人造卫星的可行性，在问题的解决过程中，发展学生的学科核心素养（物理观念、科学思维、科学探究）。任务二探讨并明确卫星发射和运行的各种细节问题，问题的设置层层递进、螺旋上升，让学生不断经历"模型建构—科学推理—模型再建构"的过程，使学生的思维一直处于兴奋状态，每一个问题都有难度，但每一个问题都是基于学生已有的知识水平和认知水平,很好地促进了学生科学思维的发展。

### 问题解决建议

物理学科核心素养是一个非常上位的体系,在一线教学中,教师要通过一些路径和载体把它具体化。一种有效的具体化方式就是将学习内容任务化,根据学生的认知特点设计任务,然后再将任务拆解为一系列有层次、有进阶的问题群。

**小提示**

◎ 教师要为所讲授的物理概念创设情境,对概念的建构过程进行拆解。

◎ 对学生的思维难点以及迷思概念要有明确的认识。

### 1-2 数字资源

1-2-1 关于物理学科核心素养理解的补充

1-2-2 教学结构图的补充案例重力势能

1-2-3 关注科学思维分类与比较

## 1-3 如何理解单元教学对落实核心素养的关键作用？

### 教学关键问题提出

教材一般把存在较强内在联系和结构性的内容编写在一起，称为一个单元。在教学实践过程中，"单元"指的不仅仅是教材组元方式的"单元"。华东师范大学钟启泉将"单元"界定为"为使学生的思维活动有一个段落而将教材或学习经验构成一个个有机的单位"①，将"单元"的内涵融入了学生学习，拓展至学习经验单元。正是在这个意义上说，"单元"指一种学习单位，或微型课程。北京师范大学郑葳认为："在发展学生核心素养、促进学生深度学习的大背景下，'单元'就是指基于课程标准、教材知识结构和学生兴趣需求及认知路径，分析得出的核心概念以及理解这一核心概念所需的相关知识、技能、思想方法和态度等所组成的最小课程单位。"② 华东师范大学崔允漷认为："一个单元就是一个学习事件、一个完整的学习故事，一个单元就是一个微课程……教材编排的只是内容单位，而不是学习单位，这里所说的'单元'由素养目标、课时、情境、任务、知识点等组成，单元就是将这些要素按某种需求和规范组织起来，形成一个有结构的整体。"③

在素养导向的教学实践中，一个课程单元可以是教科书编排的单元，可以是学科大概念，也可以是学科典型任务。更具教学实践意义的"单元"是指课程实施的单元，即以主题为中心，对相关教学内容进行整合，形成一组彼此关联的系列教学活动，通常需要若干课时完成。"单元"不完全等于学科教科书编排的"单元"或"章节"，为了与教材中的"单元"相区别，我们称之为"学习单元"。在传统教学中，教师很少有单元设计的概念，对单元的理解还停留在教材单元。"课时主义"把教学内容碎片化，导致知识点的处理缺乏整体性。不论是"三维目标"还是"核心素养"都应该是跨课时的，甚至是跨学期、跨学年的。单元设计意味着打破了"课时主义"的束缚，单元教学设计可以理解为如何基于核心素养，整合不同的教学策略。要开展单元教学，教师不得不解决这样几个问题：提倡核心素养导向下的教学，为什么要强调单元教学？如何设计一个大单元的学习？在传统的教学过程中，我们往往以章节为单元，梳理知识结构框架，这与单元教学有怎样的关系？

### 教学关键问题分析

学习不是"知识的传递"，而是"知识的建构"。教师的作用不是给学生填满知识

---

① 钟启泉. 单元设计：撬动课堂转型的一个支点［J］. 教育发展研究，2015，35（24）：1-5.
② 郑葳. 单元学习设计的价值追求［J］. 江苏教育，2019（30）：23-26.
③ 崔允漷. 如何开展指向学科核心素养的大单元设计［J］. 北京教育（普教版），2019（2）：11-15.

的储罐，而是点燃智慧的灯火，学生是主体，教师是帮助者、引领者。美国学者威金斯认为，有人将传统的学习方法称为垒砖式学习，如果垒砖的人只是按照要求一块砖一块砖地操作，那么对房子的理解是盖好之后才发生的。与垒砖相比，学习更像盖房子或是构思观念，所以，整体—局部—整体的学习活动很重要。①

### 一、倡导单元教学就是否定了传统的课时教学吗？

通过上述分析，我们理解了单元教学的内涵及其对学生素养发展的重要意义，但教学的实施还是通过课时具体完成。处理好单元设计与课时教学间的关系，是顺利开展单元教学的前提和基础。长期以来，教师一般按照课时进行教学设计，形成了较为习惯的"课时设计思维"，忽视对单元的结构分析，对单元整体学习价值（核心素养培养）的认识。事实上，有结构的知识更接近学科本质，结构化的知识有助于理解和迁移。

单元教学着力核心知识的建构，而又超越具体知识内容，能够促进学生学习知识的结构化，有助于深层理解和能力进阶，最终实现核心知识的意义建构，发展学生的核心素养。离开了单元设计，课时计划就会停留于碎片化知识及技能训练上。

### 二、如何设计和实施单元教学设计？

学科核心素养的出台引领了教学设计的变革，教学设计要从设计一个知识点或课时转变为设计一个大单元。如何设计一个大单元的学习？崔允漷教授认为，单元学习方案要把六个问题说清楚：单元名称与课时、单元目标、评价任务、学习过程、作业与检测、学后反思。钟启泉教授认为，建构主义单元设计的六要素是情境、协同、支架、任务、展示、反思。综合文献中对单元教学设计要素的描述，在具体的教学实践中，我们认为单元教学设计一般主要包含六个基本要素：单元主题（教学任务）、单元学习目标、单元教学实施策略、教学活动、教学过程、教学评价。

下面以"机械能及其守恒定律"单元教学为例，阐释如何整合单元知识内容，开展单元教学设计。

【案例】

#### 建构单元概念发展进阶

高中阶段学生第一次建立与培养能量观念时，选取"功与功率""重力势能与弹性势能""动能与动能定理""机械能守恒定律"等几部分内容作为一个教学单元"机械能及其守恒定律"，整合单元概念进阶层级（表1-3-1），进而建构单元概念发展进阶图（图1-3-1）。

物理学科核心素养的培养，物理观念是基础，科学思维则是核心。只有深刻地发展与理解物理观念，才能促进深度的思维发展。在"机械能及其守恒定律"单元教学中，基于概念进阶层级框架，在发展能量观念时，引导学生经历一系列理论探究与相应的模型建构、推理论证过程；同时在研究过程中，引导学生发现与提出问题、基于

---

① 格兰特·威金斯，杰伊·麦克泰格. 追求理解的教学设计：第2版 [M]. 闫寒冰，宋雪莲，赖平，译. 上海：华东师范大学出版社，2016.

证据进行逻辑分析、对过程和结果进行表述与交流等;也有助于潜移默化地培养学生的问题意识、证据意识、解释与表述交流的能力。本单元学习中,学生思维发展的整合分析如图 1-3-2 所示。

表 1-3-1 单元概念进阶层级

| 概念层级 | 解释与说明 | "机械能及其守恒定律"单元 |
| --- | --- | --- |
| 层级 1:学科核心概念 | 组织、整合学科内容的少数关键概念 | 能量及其转化与守恒 |
| 层级 2:主题核心概念 | 组织、整合某个主题内容的少数关键概念 | 机械能,功能关系 |
| 层级 3:重要概念 | 构成科学理论体系的基石,是科学知识的主要组成部分 | 动能定理,机械能守恒定律 |
| 层级 4:基础概念 | 重要概念建构的知识要素,为了描述客观事物某一方面的特征而定义的科学概念 | 功,功率,重力势能,弹性势能,动能 |

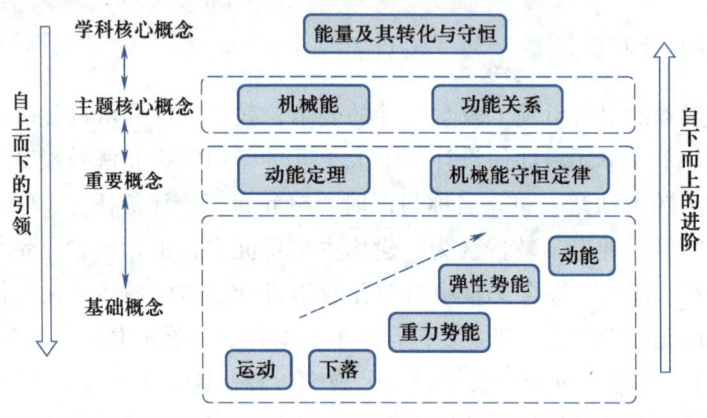

图 1-3-1 单元概念发展进阶图

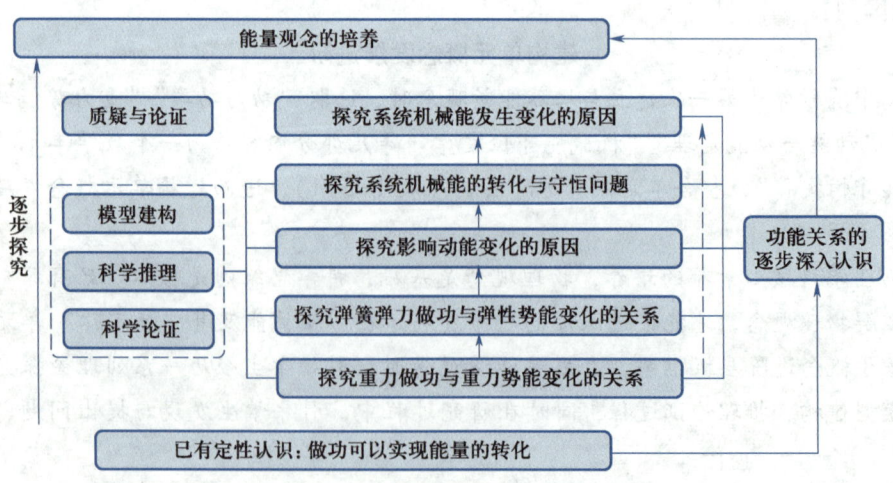

图 1-3-2 单元学习中学生思维能力发展图

### 三、单元教学是如何落实核心素养的?

上述案例较好地展现了单元教学对核心素养落实所起的关键作用。

单元教学更有助于核心知识的建构，促进学生学习知识的结构化，有助于深层理解和能力进阶，最终实现学生的核心素养发展。基于核心素养的视角，在高中物理教学中应以物理学科核心知识为载体，使学生在全面理解并掌握知识的过程中，发展物理学科能力，认识学科本质与思想方法，树立科学精神与创新意识，逐渐形成适应个人终身发展和社会发展需要的正确价值观、必备品格与关键能力。除此之外，物理是一门体系性很强的学科，其概念、规律、方法、思维等内容之间有着紧密的联系。如果教学只注重碎片化的知识，学生很难自主地建构起完整的知识结构，更难形成和掌握科学方法，发展科学思维、科学探究等素养。

新课程的中心理念是以学生为本，更加突出学生的学习主体地位，使学生得到全面发展。单元整体教学有利于凸显以学生为本，以综合能力培养为立意，激发学生的科学探究兴趣和学习热情，多途径培养学生的物理学科综合能力。通过单元任务或活动设计，促进学生的有效参与，这些任务或活动不仅可以提升学生的抽象、概括、归纳、演绎、推理等逻辑思维能力，还可以发展学生的观察、发现、提出问题的探究能力，搜集、获取和处理信息的能力，表达能力，实验能力，知识迁移和知识应用等多种能力。

单元教学设计是落实物理学科核心素养的重要方式，在教学实践中，教师应该关注统筹单元教学设计，围绕学科核心概念的建构整合内容与组织教学，从而实现学科育人目标。

 问题解决路径与教学示例

#### 一、梳理教学内容，确定引领性的学习主题和素养导向的学习目标

新课程标准从关注学生的学习出发，强调学生是学习的主体，因此，教学目标的主体首先是学生，其次是教师。教学目标应突出发展学生的核心素养，关注物理观念、科学思维、科学探究，特别要注意挖掘科学态度与责任要素，体现学科育人。在进行单元教学设计时，教师首先要梳理教学内容，提炼物理核心知识，促使知识结构化和功能化。通过对课标、教材、内容、学情的分析，明确单元引领性学习主题（教学任务），进而明确单元学习目标（教学目标），如图1-3-3所示。教学内容的选择、教学活动的设计，教学策略的运用，都要体现素养导向。

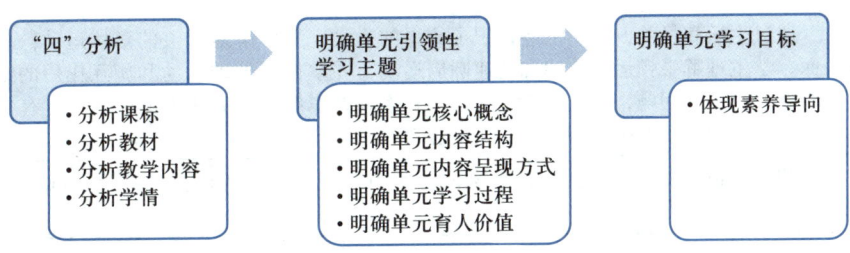

图1-3-3 单元学习主题和学习目标的确定

**【案例】**

### 引领性学习主题

| | |
|---|---|
| 主题名称 | 从万有引力和行星运动的视角来理解运动与相互作用 |
| 主题概述 | （一）核心概念：运动与相互作用。<br>（二）内容结构：如图所示。<br>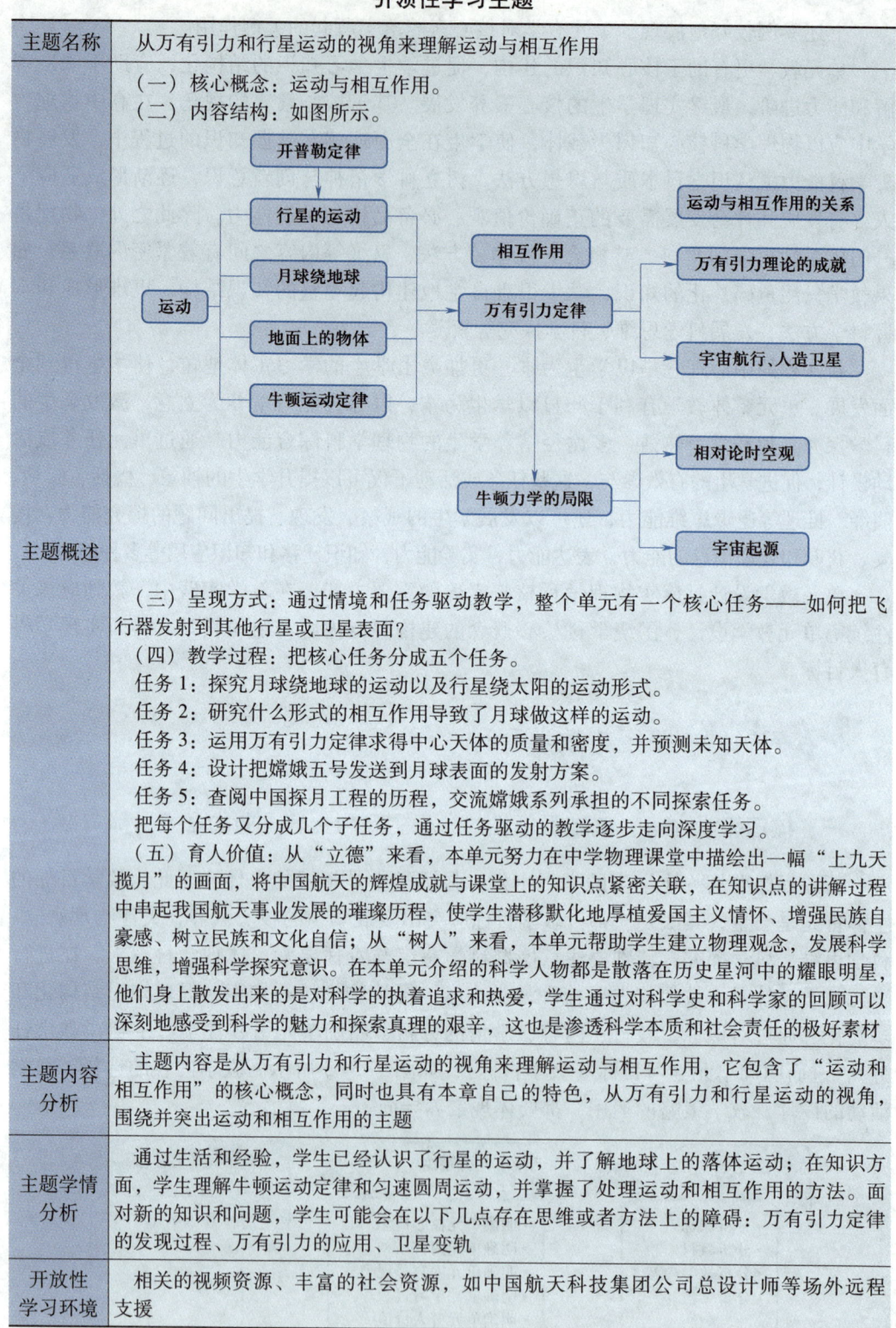<br>（三）呈现方式：通过情境和任务驱动教学，整个单元有一个核心任务——如何把飞行器发射到其他行星或卫星表面？<br>（四）教学过程：把核心任务分成五个任务。<br>任务1：探究月球绕地球的运动以及行星绕太阳的运动形式。<br>任务2：研究什么形式的相互作用导致了月球做这样的运动。<br>任务3：运用万有引力定律求得中心天体的质量和密度，并预测未知天体。<br>任务4：设计把嫦娥五号发送到月球表面的发射方案。<br>任务5：查阅中国探月工程的历程，交流嫦娥系列承担的不同探索任务。<br>把每个任务又分成几个子任务，通过任务驱动的教学逐步走向深度学习。<br>（五）育人价值：从"立德"来看，本单元努力在中学物理课堂中描绘出一幅"上九天揽月"的画面，将中国航天的辉煌成就与课堂上的知识点紧密关联，在知识点的讲解过程中串起我国航天事业发展的璀璨历程，使学生潜移默化地厚植爱国主义情怀、增强民族自豪感、树立民族和文化自信；从"树人"来看，本单元帮助学生建立物理观念，发展科学思维，增强科学探究意识。在本单元介绍的科学人物都是散落在历史星河中的耀眼明星，他们身上散发出来的是对科学的执着追求和热爱，学生通过对科学史和科学家的回顾可以深刻地感受到科学的魅力和探索真理的艰辛，这也是渗透科学本质和社会责任的极好素材 |
| 主题内容分析 | 主题内容是从万有引力和行星运动的视角来理解运动与相互作用，它包含了"运动和相互作用"的核心概念，同时也具有本章自己的特色，从万有引力和行星运动的视角，围绕并突出运动和相互作用的主题 |
| 主题学情分析 | 通过生活和经验，学生已经认识了行星的运动，并了解地球上的落体运动；在知识方面，学生理解牛顿运动定律和匀速圆周运动，并掌握了处理运动和相互作用的方法。面对新的知识和问题，学生可能会在以下几点存在思维或者方法上的障碍：万有引力定律的发现过程、万有引力的应用、卫星变轨 |
| 开放性学习环境 | 相关的视频资源、丰富的社会资源，如中国航天科技集团公司总设计师等场外远程支援 |

**素养导向的学习目标**

| 课标素养名称 | 学习目标（体现素养导向） |
| --- | --- |
| A 物理观念 | 目标1：通过对行星运动规律的总结和归纳，形成天体运动的观念，并能从运动观的视角正确描述月球的运动 |
| | 目标2：通过研究物体的作用形式，深化运动与相互作用观念，并能从运动与相互作用观念出发，综合应用物理知识解决实际问题 |
| B 科学思维 | 目标3：通过开普勒三定律的学习，建构规律与科学事实之间的联想，培养科学论证的能力，能够对所获得的数据资料进行解释说明，初步形成分析行星运动规律的思路方法，建立模型建构的意识，能把行星运动过程转换成物理模型 |
| | 目标4：通过了解万有引力定律的发现过程，了解演绎推理、归纳推理和类比推理等方法，能灵活地运用科学方法分析行星间的引力 |
| | 目标5：通过对万有引力定律的学习，了解科学思维的抽象性和概括性、逻辑性与系统性，养成利用科学思维分析问题的思维习惯 |
| | 目标6：通过对嫦娥五号登月故事的了解，培养科学思维，能将复杂的实际问题中的对象和过程转换成物理模型，能对新情境中的综合性物理问题进行分析和推理，获得正确结论并做出解释 |
| C 科学探究 | 目标7：通过对万有引力定律的学习，培养提出猜想、设计方案、获取证据、分析论证和解释交流的能力，建立对科学本质的初步认识，树立正确的科学态度和社会责任 |
| | 目标8：通过对天问一号发射过程的学习和了解，培养提出问题和寻求证据的能力 |
| D 科学态度与责任 | 目标9：通过对万有引力定律的学习，建立对科学本质的初步认识，树立正确的科学态度和社会责任 |
| | 目标10：通过对黑洞和牛顿力学的局限性的学习，建立对科学正确的认识，坚定科学态度 |

（案例提供：刘娜　中国人民大学附属中学）

**案例分析**

在上述案例中，教师通过对教学内容、课标、学情等的分析，明确了单元学习主题，并以发展学生学科核心素养为导向，设定了单元学习目标。通过梳理核心知识、大概念，整合单元学习内容，并确定单元核心知识学习的知识结构，呈现了知识的结构化，使学生学习知识、发展落实学科核心素养成为可能。基于结构化知识的梳理，设置任务情境，并设计逐层进阶的任务驱动。在此基础上，基于课标要求、学情分析和素养发展，设定了明确的素养导向的学习目标，每一个目标同时关注了素养发展的水平。教学过程充分体现了学生为主体，既突出了物理学科核心知识的学习，又充分落实学科核心素养的发展。

教师在设计这一环节活动时，应重点关注以下几点：

（1）如何梳理知识，实现知识的结构化？

（2）如何确定基于学情分析和教学内容分析的学习目标？

（3）关注单元目标的素养导向，以及目标达成的水平。

上述案例中单元学习主题和单元学习目标的确定，是发展学生核心素养的基础和前提，为设置具有挑战性、具体的学习任务、学习活动，以及所需采取的教学策略起到了十分重要的作用。

### 问题解决建议

单元教学的实施，要求教师对物理核心知识、大概念、核心概念、物理学科的思想方法及育人价值要有深刻的理解和把握。教师在关注单元整体的同时，还应关注概念间的层级和单元学习目标的递进关系，以及学生思维能力发展的路径。单元教学的实施，还要求教师能很好地挖掘物理知识中蕴含的育人价值和单元学习中的素养发展点。因此，单元教学的实施对教师提出了较高的要求。

尽管教师对单元教学的理解和认识各有不同，对单元教学的实施程度也各有差异，但上述几点建议都能较好地帮助教师开展单元教学。

小提示

◎ 教师对教学内容要有深刻的理解和清晰的知识结构体系。
◎ 准确把握核心知识、大概念，对物理学科的思想方法要有深刻理解。
◎ 对教学目标要有清晰的认知。
◎ 对学生的分析要准确到位。

## 二、设计具有挑战性的学习任务，创设开放性学习环境

学生获取知识、提升能力的关键环节，源于学生的学习过程。新版课程标准强调除了知识学习外，更重要的是使学生得到知识获取的方法，增强探究未知世界的能力，同时培养积极向上的世界观、人生观和价值观。单元整体教学有利于凸显以学生为本，以综合能力培养为立意，激发学生科学探究兴趣和学习热情，多途径全面培养学生的物理学科综合能力。通过单元任务或活动设计，促进学生的有效参与，这些任务或活动不仅可以提升学生的抽象、概括、归纳、演绎、推理等逻辑思维能力，还可以发展学生的观察、发现、提出问题的探究能力，搜集、获取和处理信息的能力，多种表达能力，实验能力，知识迁移和知识应用等多种能力。

基于单元引领性学习主题与素养导向的学习目标，可以设计指向单元的、挑战性学习任务，即设计具有进阶性的任务串，每一个任务对应具体的单元学习内容；为更好地调动学生学习积极主动性，每一个任务下可以设计出必要的子任务系列；为实现子任务的完成，可以设计更有针对性的问题串，引导学生的积极思维。单元任务设计流程如图1-3-4所示。

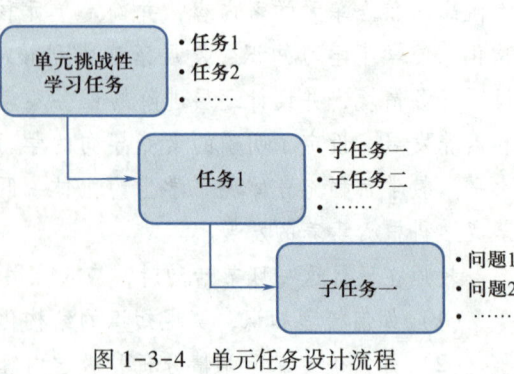

图1-3-4 单元任务设计流程

【案例】

**挑战性学习任务（进阶性学习活动）**

| 学习任务 | 时长 | 教学过程（按照任务或活动要素描述） |
| --- | --- | --- |
| 任务1：探究月球绕地球的运动以及行星绕太阳的运动形式 | 40分钟 | 子任务一：研究地球的运动<br>问题1：前人的观点有哪些？<br>问题2：地心说是绝对错误的吗？<br>子任务二：研究太阳系中行星的运动<br>问题1：研究行星运动的第一步从哪里开始？<br>（观察，第谷大量的精准观测数据）<br>问题2：有了数据之后需要做什么？<br>（分析，开普勒精细地分析研究）<br>问题3：开普勒遇到的难题，如何破解？<br>问题4：什么数学工具能够帮助开普勒更快地得到开普勒第三定律？ |
| 任务2：研究什么形式的相互作用导致了月球做这样的运动 | 40分钟 | 子任务一：建构月球运动模型<br>问题1：月亮绕地球的运动轨道应该是一个椭圆，建构怎样的模型能便于我们计算？<br>问题2：这一模型合理吗？<br>子任务二：探讨行星和太阳之间的作用力<br>问题1：太阳对行星的力与哪些因素有关？<br>问题2：从相互作用来看，行星和太阳的地位如何？<br>子任务三：探讨这一性质的适用性<br>问题1：用上述规律，能否解释月亮绕地球的转动？<br>问题2：地表处物体的自由落体运动原因是什么？<br>问题3：假设地球对月球的力和地球对物体的力是同一性质的力，两者应具有什么关系？<br>问题4：哪些数据能证明上述猜想？<br>子任务四：测量万有引力定律中的引力常量 $G$<br>问题：扭秤的放大原理是什么？ |
| 任务3：运用万有引力定律求得中心天体的质量和密度，并预测未知天体 | 40分钟 | 子任务一：揭秘重力和完全失重<br>问题1：为什么不同地表处的重力加速度不同？<br>问题2：认为重力大小近似等于万有引力的大小是否合理？<br>问题3：太空站里为什么完全失重，近地卫星的向心加速度是多大？<br>问题4：同样的轨道半径，为什么近地卫星的加速度和赤道表面随地球自转的加速度相差如此之大？<br>子任务二：揭秘哈雷彗星的回归规律<br>问题1：哈雷彗星的历次回归是在什么时间？<br>问题2：哈雷彗星的回归有什么规律？ |

续表

| 学习任务 | 时长 | 教学过程（按照任务或活动要素描述） |
| --- | --- | --- |
| 任务4：设计把嫦娥五号发送到月球表面的发射方案 | 80分钟 | 子任务一：明确卫星的发射速度<br>问题1：要把火箭发射上空至少需要多大的速度？这是一个重点也是一个难点，要求会推导第一宇宙速度。<br>问题2：摆脱地球（太阳）的束缚至少需要多大的发射速度？<br>（需要了解第二、第三宇宙速度。）<br>问题3：卫星绕行的轨道应该是什么形状？<br>（通过比较不同轨道，理解卫星受力并能分析卫星绕行轨道的特点。）<br>子任务二：分析卫星在不同环绕轨道上的特点<br>问题1：在同一轨道上的同向卫星能否实现后者超越前者？<br>问题2：判断对错：① 发射速度越大绕行轨道越高；② 轨道越高绕行速度越大。<br>（这两问是教学重点和难点，需要学生分析卫星绕行的特点，能区分发射速度和环绕速度的不同。）<br>问题3：同步卫星有何特点？（这也是教学的重难点，需要同学们分析出同步卫星的六个"一定"，并能和其他卫星对比。）<br>子任务三：如何把嫦娥五号送上月球？<br>问题1：嫦娥五号的发射点在哪里？在文昌发射有何优点？这是实际问题，让所学知识在解决实际问题中得到深化，也是提高科学思维和科学探究能力的一个聚焦点。<br>问题2：如何从近地轨道过渡到深空轨道？<br>（这是教学的重点和难点，要求学生深刻理解卫星轨道变轨的原理，并能解释真实问题。）<br>问题3：如何在月球表面着陆？ |
| 任务5：查阅中国探月工程的发展历程，交流嫦娥系列承担的不同探索任务 | 40分钟 | 问题1：嫦娥四号如何实现月球背面的软着陆？<br>问题2：嫦娥五号的拓展任务有什么？<br>问题3：为什么说拉格朗日点 $L_1$ 是设置太阳观测站的最佳位置？<br>问题4：嫦娥五号带回的月壤有哪些科研价值？<br>问题5：天问一号肩负着火星"绕、落、寻"的任务，请简单描述天问一号的太空轨迹 |

（案例提供：刘娜　中国人民大学附属中学）

**案例分析**

挑战性学习任务的设计，要基于单元学习目标，深入挖掘素养的发展点。在上述案例中，教师对知识的全面了解和把握，对单元学习目标的准确定位，以及对学科素养点的挖掘都较为到位。在问题设计上，遵循学生思维发展水平的进阶，同时突出任务的挑战性。问题的逻辑和递进，使学生的认知不断深入，思维逐层进阶，同时以学生原有认知和思维水平为起点，关注学生的参与度。此外，教师注重基于真实情境的挑战性任务的设计，基于真实情境的问题链的设计。学生在思考问题和参与活动的过程中，既学习了学科知识，又经历了解决真实问题的过程。学生每完成一项挑战性任务，不仅能获得成就感，还能获得思维能力的提升。

教师在设计这一环节活动时，应重点关注以下几点：

（1）真实情境的创设。

（2）任务和问题间的递进关系。

挑战性任务设计反映了教学策略的运用是否得当。任务设计首先要基于单元学习目标，同时关注学生的参与度、知识的学习、素养的落实等。

**问题解决建议**

在设计指向单元学习目标的挑战性任务时，教师对学生已有认知、学生思维水平的准确分析，是设计挑战性任务的关键。因此要做好充分的学情分析。同时，教师对教学内容、课标要求的理解和把握，对任务情境的设计也是至关重要的。

小提示

◎ 教师应准确分析教学内容，明确课标要求。
◎ 基于单元学习目标设计挑战性任务。
◎ 充分分析学情。

## 三、形成持续性学习评价

评价是日常教学活动的一项重要部分，适时、准确的评价才能了解学生核心素养的表现与发展情况，从而为下一步教学活动做好指导。评价的角度和方式均是多样的，如包括教师评价、自我评价、同伴评价，以及过程性评价、阶段性评价等。

教学评价是依据教学目标对教学过程及结果进行价值判断并为教学决策服务的活动，是对教学活动现实的或潜在的价值做出判断的过程。教学评价是研究教师的教和学生的学的价值的过程。教学评价一般包括对教学过程中教师、学生、教学内容、教学方法手段、教学环境、教学管理诸因素的评价，但主要是对学生学习效果和发展的评价，也关注教师教学工作过程的评价，体现教师和学生双发展的教育目的。基于单元教学设计的教学评价的强调过程性评价和形成性评价，实现持续性评价。评价的方法主要有量化评价和质性评价。

【案例】

**持续性学习评价**

| 需评价任务 | 任务评价描述 | | | |
|---|---|---|---|---|
| | 评价内容 | 评价指标 | 评价方法赋值方法 | 指向深度学习的特征及学习目标 |
| 任务1：探究月球绕地球的运动以及行星绕太阳的运动形式 | 对阅读材料的阅读专注程度 | □ 非常认真<br>□ 认真<br>□ 不认真<br>□ 很不认真 | 教师观察 | 活动与体验，对学生的学习机制进行评价 |
| | 为什么开普勒提出行星运动的轨道是个椭圆？ | □ 论据充分，逻辑清晰<br>□ 逻辑清晰，论据模糊<br>□ 论据充分，逻辑混乱<br>□ 无论据，无逻辑 | 课堂提问 | 评价学生科学论证、分析数据、解释数据的能力 |
| | 行星运动可以用哪些参数来描述？ | □ 参数合理且充分<br>□ 参数合理但不充分<br>□ 参数不合理 | 课堂提问 | 联想与结构，评价学生是否能与之前的知识相互转化和建构，以及学生的运动观念 |

续表

| 需评价任务 | 任务评价描述 ||||
|---|---|---|---|---|
| | 评价内容 | 评价指标 | 评价方法 赋值方法 | 指向深度学习的特征及学习目标 |
| 任务2：研究什么形式的相互作用导致了月球做这样的运动 | 为什么会做这样的运动？ | ☐ 提出力以及力的性质<br>☐ 提出力但不明白什么力<br>☐ 不知道 | 课堂提问 | 联想与结构，评价学生的运动与相互作用观 |
| | 太阳与行星引力形式的推导 | ☐ 正确且快速<br>☐ 正确但需要提示<br>☐ 很难推导出来 | 课堂推导，教师观察 | 评价学生对知识的建构、转化及应用能力 |
| | 介绍月地检验的过程 | ☐ 逻辑清楚，思路清晰<br>☐ 逻辑清楚，表达不清<br>☐ 说不清楚 | 教师提问 | 评价学生的类比推理、归纳推理等能力 |
| 任务3：运用万有引力定律求得中心天体的质量和密度，并预测未知天体 | 地面物体的万有引力与重力的区别与联系 | ☐ 区分和联系很清晰<br>☐ 知道联系但区分不清<br>☐ 完全混淆在一起 | 教师提问 | 本质与变式，对重力这一对象进行深度加工 |
| | 随地球自转的物体与近地卫星以及同步卫星的差异 | ☐ 知道具体差异和原因<br>☐ 只知道差距不知道原因<br>☐ 完全混淆在一起 | 课堂提问 | 联想与结构、本质与变式，对轨道参数影响本质的理解 |
| 任务4：设计把嫦娥五号发送到月球表面的发射方案 | 设计嫦娥五号飞行路线 | ☐ 合情合理，有所考虑<br>☐ 合情合理<br>☐ 没有思考和逻辑 | 设计作业 | 迁移与创造，在教学活动中模拟真实情境 |
| | 嫦娥五号发射上空速度至少多大？ | ☐ 推导过程清晰、流畅<br>☐ 推导过程不流畅<br>☐ 不会推导 | 课堂测试 | 本质与变式，对宇宙速度进行深度理解 |
| | 如何实现近月变轨 | ☐ 说清变轨的具体措施和运动性质<br>☐ 知道变轨的具体措施，无法和离心运动向心运动结合起来<br>☐ 不知道如何变轨 | 教师提问 | 联想与结构、迁移与创造，评价学生将经验与知识相互转化；在实际情境中运用所学知识解决问题 |

（案例提供：刘娜　中国人民大学附属中学）

**案例分析**

上述案例是对学生持续性学习的评价，关注学生在解决问题、完成任务的过程中，对单元学习目标达成的诊断，以及对学生素养培养效果的诊断；关注学生学习活动过程中，如何思考、如何发表观点、语言表述、思维水平等。学生学习过程中发现的问题，也为教师后续进行教学调整、改进教学策略提供了很好的帮助和指导。评价方式呈现多样化，对学生学习效果的评价更详细、更全面、更准确。传统教学更多的是通过测试对学习结果进行评价，往往忽略了学生具体的思维过程，因此很难掌握学生思维的发展点。

教师在设计这一环节活动时,应重点关注以下几点:

(1) 基于单元学习目标确定评价内容。

(2) 基于教学内容、课标要求和学科核心素养发展点,确定评价指标、方式和层级。

(3) 具体的学习评价,还需要结合学生具体实际进行调整。

🔹 问题解决建议

对学习效果的评价,要求教师对单元学习目标、内容、课标等有深刻的理解和认识,能对学生情况做出准确的判断,能基于单元学习目标、学习任务和学情明确评价的具体内容。

通过评价,实现诊断与检测学生的素养培养效果,获得真实有效的反馈信息,以激励学生进行进一步的学习活动。

小提示

◎ 教师对教学目标要准确把握,并有清晰的认知。

◎ 对学生表现要有准确的判断。

## 1-3 数字资源

1-3-1 从内容单元到学习单元

1-3-2 挑战性学习任务设计示例1

1-3-3 挑战性学习任务设计示例2

## 1-4 如何理解评价改革与课堂教学之间的关系？

### 教学关键问题提出

从某种意义上说，教育是依赖于评价的，因为如果没有评价，那么教育的效果就无所谓好与不好，教育的走向就无法判定，就好像只管播种，不问收成。评价的方式是多种多样的，如终结性评价和过程性评价、定性评价和定量评价等。从我国的历次课程改革来看，评价逐渐由单一的终结性评价，逐渐转变为终结性评价与过程性评价相结合的综合评价方式，特别是开始重视过程性评价，如课堂问答、研究性学习、成长记录（成绩与品行）等。但是长期以来，高利害考试的存在，诸如中考、高考等终结性考试，以及按分数的录取方式，在这样的"终结性评价"占据绝对优势的情况下，过程性评价常常会流于形式。反映到课堂教学中，课堂教学的过程性评价常常就是对解题过程的评价，而解题评价更多侧重于对演算结果的评价，其中也不乏偏、难、怪的题目，造成评价的准确性降低。课堂教学缺少对于学生思维认知过程的评价、概念规律生成过程的评价，因此也造成了评价的片面性。此外，这样的评价方式，也没有给教师留有足够的回旋余地。

新一轮的课程改革提出核心素养，核心素养是一个非常复杂的概念体系，从操作层面看，若要发展学生的核心素养，要让学生在真实情境中解决问题，在解决问题的过程中要用到"关键能力"，这就为过程性评价提供了平台。同时，我们发现高考对学生的评价也有发生着新的变化。我们不妨来看一下北京 2019 年高考物理第 23 题（2），题目如下：

电容器作为储能器件，在生产生活中有广泛的应用。对给定电容值为 $C$ 的电容器充电，无论采用何种充电方式，其两极间的电势差 $u$ 随电荷量 $q$ 的变化图像都相同。

第 23 题（2）在如图 1-4-1（a）所示的充电电路中，$R$ 表示电阻，$E$ 表示电源（忽略内阻）。通过改变电路中元件的参数，对同一电容器进行两次充电，对应的 $q$-$t$ 曲线如图 1-4-1（b）中①②所示。

a. ①②两条曲线不同是_____（选填"$E$"或"$R$"）的改变造成的；

b. 电容器有时需要快速充电，有时需要均匀充电。依据问题 a 中的结论，说明实现这两种充电方式的途径。

本题中，问题 a 是在稳定状态，即充满电时，极板所带电荷量 $Q=CE$，学生只要读懂图像中渐近线的含义即可。而问题 b 则要进一步分析 $q$-$t$ 图像斜率的物理意义：这个斜率代表什么？斜率的大小分别表示什么？怎么理解快速充电和均匀充电？翻译成物理语言是什么意思？学生正确回答此题要依赖于他的学科核心素养，而学科核心素养是在日常学习中养成的。日常学习中学科核心素养的养成依赖于学习过程中的评价以及根据评价而做出的调整。

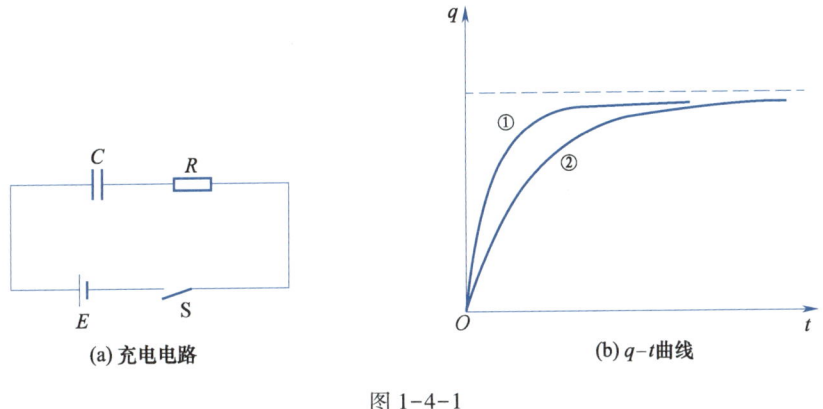

图 1-4-1

从实际情况来看，培养学生的核心素养需要关注过程。作为高中阶段的终结性评价——高考，越来越倾向于对"建构过程"的考查，而许多课堂教学可能还定位在"终结性评价"的基础上，因此教师必须要思考，当评价向过程性评价转变时，课堂教学应当进行怎样的转变？

## 教学关键问题分析

在评价改革之下，课堂教学会发生相应的变化，与评价的方向、形式、性质逐渐趋于一致。这就是评价改革与课堂教学之间的关系，具体来说，教师应当注重回答好以下几个问题。

### 一、评价方式发生了怎样的变化？

在实验版课程标准中，评价开始强调关注每个学生的发展（如激励学生、展示成功、建立自信与自尊等），评价的指标开始多元化（三个维度），评价方法也开始走向多样化，开始强调过程性评价，不再片面地强调评价的量化，而是增加了质性评价，即定性与定量相结合的评价方式，实施的主体则扩展到学生、家长、教师（依旧是主体）和社会。这是我国首次在课程标准中明确提出过程性评价。

而新版课程标准对评价的表述是："高中物理学习评价是以学生发展为本、基于物理学科核心素养的评价，其目的主要在于促进学生学习和改进教师教学。物理学习评价应围绕物理学科核心素养的具体要求，创设真实而有价值的问题情境，采用主体多元、方法多样的评价方式，客观全面地了解学生物理学科核心素养发展状况，找出存在的问题，明确发展方向，及时有效地反馈评价结果，促进学生全面而富有个性的发展。"

这样的评价体系，实际上是将实验版课程标准的过程性评价进行了丰富：在评价方式上，包括选拔性评价、终结性评价、形成性评价和反思性评价，这些评价的功能就是可以用来确认学生的水平，检查教学的效果，促进和指导教师的教学和学生的学习。

## 二、怎样在课堂教学中实施持续性评价？

在回答这个问题之前，教师应当对评价的本质进行了解。就目的而言，评价不是为了证明什么，而是为了改进。教学评价是为了根据评价结果，对教学行为进行修正和调整。

在课堂教学中，最常见的教学行为就是师生对话。在师生对话过程中，教师要有意识地进行评价，提升对话的有效性，或者对教学进行改进，具体做法如下。

（1）要通过对话过程，对学生的学习过程进行评价。对话中的评价往往是即时的，但教师仍要努力做到准确和有高度。对学生的评价不能仅仅是"你说得特别好""你回答得非常棒""你的回答还需要再完善"，这样的评价没有针对性，对学生的评价应尽可能具体，学生说得好，好在哪里？为什么这样就"好"？学生的回答为什么还需要完善？哪里需要完善？需要怎样完善？这样的评价，既为这位同学的思路进行了指导，也为其他同学的思考指明了方向。

（2）对学生的评价既要及时又要有延迟。在问题提出后，对学生的回答进行细致的分析和回应，而"对与错"的评价要延迟给出，因为一旦老师判定某位同学的回答"正确"，那么其他同学可能就不再思考，或者不再提出自己的观点了。所以在课堂上，可以再追问"你同意他的观点吗？""你还有要补充的吗？""你能否重复一下他的观点？"让学生能从不同的角度去看待问题。

（3）培养学生倾听的习惯。倾听是一种美德，虽然可能我并不同意你的观点，但是我会认真听完你的发言。要通过课堂教学中的师生对话，培养学生倾听的习惯。比如"请你复述一下他的主要观点""请你评价一下他的观点"，教师则不要急于给出判定，当然这里面还有组织教学技能的运用，如学生回答的声音、次数，等待学生表达的延迟，对学生表达的引导等。

## 三、课堂中的持续性评价应评价什么？

前面主要是从"技术"层面回答了课堂教学中如何进行评价，下面从理论上对这个问题进行一些探讨。一般来说，评价可以分以下三个步骤完成。

步骤1：根据物理学科核心素养和对应的学业质量水平的要求，制订评价目标。

步骤2：根据上述评价目标，结合课程标准中的课程内容，设计评价的内容。

步骤3：根据学生在上述目标和内容标准的框架下，结合学生可能出现的行为表现，确定相应的评价指标体系。

以选择性必修1中"1.2.1 通过实验，认识简谐运动的特征。能用图像和公式描述简谐运动"为例，参照"物理观念"的质量水平等级要求的表述，确定"物理观念"维度的目标为：

（1）能通过对水平弹簧振子的分析，认识简谐运动，以及描述简谐运动的物理量，如振幅、频率和相位等。

（2）能运用位移-时间图像和三角函数描述简谐运动。

（3）能根据牛顿运动定律、能量等知识，分析简谐运动的受力情况、能量转化情况。

（4）能利用简谐运动的判据，对常见的振动情况是否属于简谐运动而做出正确的判断。

确定教学目标后，围绕教学内容和教学方法，考查学生的行为表现，选择体现最为充分的某个核心素养的若干要素进行评价，就构成了评价的内容。例如，对目标（1），侧重评价科学思维素养中的"模型建构"等关键要素的水平。对目标（3），侧重评价学生科学思维素养中的"科学推理、科学论证"等关键要素的水平。最后根据学业质量水平的表述，确定评价指标体系。

##  问题解决路径与教学示例

在这个部分中，我们分别给出两个层面的问题解决路径。

路径1：侧重宏观教学设计，特别是单元教学设计中评价方案的框架设计，主要是给出评价的内容、指标和方法，便于从"大方向"上把握评价的要点。

路径2：侧重微观的课堂教学评价实施，比如就某一个问题情境或者任务在实施过程中师生对话的内容进行评价问题的设计。

### 一、有效评价的前提是学生思维外显

在课程标准中，教师们非常关心的事情之一，就是对"知道、了解、理解"这类行为动词的解读，以此作为评价指标的标准时，要将上述行为动词所要求的思维结果外显出来，比如要求学生"能说出""能写出"这样的表述，而对于"说"和"写"的情况，参考质量水平来确定等级。如果空谈"了解、理解"，则相应的评价很可能是不准确的，甚至是不科学的。

【案例】

"机械能守恒定律"单元教学评价量表

| 评价内容 | 评价指标 | 评价方法 |
| --- | --- | --- |
| 对功的理解及计算：用手拉一小物体在水平面上做半径为 $R$ 的圆周运动，滑动摩擦力的大小为 $F$，在小物体运动一周的过程中，摩擦力 $F$ 做的功为多少？ | 1. 能够应用微元法与极限思想，正确分析变力做功问题，并正确求解功的大小<br>2. 能说出功的计算公式，但不能正确应用微元法与极限思想分析变力做功<br>3. 对功的计算无从下手 | 问题测试 |
| 迁移推理重力势能表达式的思维过程，以及应用微元法与极限思想，探究弹力做功及弹性势能表达式 | 1. 能够正确迁移与类比重力势能表达式的探究思路，能够迁移分析变力做功时的微元法与极限思想<br>2. 能够正确迁移与类比重力势能表达式的探究思路，但运用微元法与极限思想有困难<br>3. 不能迁移与类比重力势能表达式的探究思路，对问题无从下手 | 问题测试 |

续表

| 评价内容 | 评价指标 | 评价方法 |
|---|---|---|
| 动能表达式与动能定理的推导 | 1. 能够准确创建物理模型，经历演绎推理过程，得到动能表达式及动能定理<br>2. 能够创建模型以及经历演绎推理，但难以结合动能的基本特征定义出动能表达式<br>3. 模型建构有困难，或者利用所学知识进行演绎推理有困难<br>4. 无从下手 | 问题研究 |
| 动能定理的应用与机械能守恒定律的推导：竖直面绳系小球左右来回摆动过程中机械能是否守恒的分析 | 1. 能够对小球运动过程列出动能定理表达式，再根据推理分析得到机械能守恒定律<br>2. 能够列出动能定理表达式，但不会结合重力的功与重力势能的关系将表达式进行转变分析含义，所以得不到机械能守恒定律<br>3. 不能正确列出动能定理表达式 | 问题研究 |

（案例提供：朱宁宁　北京市第二十中学）

**案例分析**

"机械能守恒定律"的评价设计，其中评价内容涵盖了课程标准中 2.1.1 到 2.1.3 的全部内容，并且将其进行了具体化的表达，如"竖直面绳系小球左右来回摆动过程中机械能是否守恒的分析"还包含了具体的分析。在对科学思维素养中"科学推理"要素的评价中，明确提出了"微元法与极限法"的思想以及所包含的方法。"用手拉一小物体在水平面上做半径为 $R$ 的圆周运动，滑动摩擦力的大小为 $F$，在小物体运动一周的过程中，摩擦力 $F$ 做的功为多少？"这个问题关注了学生迷思概念的使用。在评价指标的设计上，非常突出地体现了思维外显，如"能够应用、能说出、能够正确迁移与类比、能够创建模型以及经历演绎推理、能够列出"等行为动词，使得评价更加"聚焦"，此外也注意了水平的划分。

**问题解决建议**

首先，要认真研读课程标准中具体内容的要求，明确"包括哪些知识和技能，分别要求到什么程度"，然后根据教学经验选择"典型的情境或者问题"，将上述知识和技能进行"包装"，再回到课程标准的学业质量水平，分别对物理学科核心素养四个维度的水平要求进行对标，确定相应的评价等级。以课程标准中科学探究素养为例，教师要能根据教学内容，结合课标要求，与下列水平 1—5 对号入座（表 1-4-1）。

表 1-4-1　科学探究的学业质量水平划分

| 水　平 | 科　学　探　究 |
|---|---|
| 1 | 具有问题意识；能在他人指导下使用简单的器材收集数据；能对数据进行初步整理；具有与他人交流成果、讨论问题的意识 |

| 水 平 | 科 学 探 究 |
|---|---|
| 2 | 能观察物理现象，提出物理问题；能根据已有的科学探究方案，使用基本的器材获得数据；能对数据进行整理，得到初步的结论；能撰写简单的报告，陈述科学探究过程和结果 |
| 3 | 能分析物理现象，提出可探究的物理问题，做出初步的假设；能在他人帮助下制订科学探究方案，使用基本的器材获得数据；能分析数据，发现特点，形成结论，尝试用已有的物理知识进行解释；能撰写实验报告，用学过的物理术语、图表等交流科学探究过程和结果 |
| 4 | 能分析相关事实或结论，提出并准确表述可探究的物理问题，做出有依据的假设；能制订科学探究方案，选用合适的器材获得数据；能分析数据，发现其中规律，形成合理的结论，用已有的物理知识进行解释；能撰写完整的实验报告，对科学探究过程与结果进行交流和反思 |
| 5 | 能面对真实情境，从不同角度提出并准确表述可探究的物理问题，做出科学假设；能制订有一定新意的科学探究方案，灵活选用合适的器材获得数据；能用多种方法分析数据，发现规律，形成合理的结论，用已有的物理知识进行科学解释；能撰写完整规范的科学探究报告，交流、反思科学探究过程与结果 |

小提示

◎ 教师要对课程标准内容（包括要求的程度，以及与实验版课标的差别、教材叙述的变化等）非常熟悉。

◎ 要对课程标准中学业质量水平的要求非常熟悉，即要明确每个水平对应的具体要求。

## 二、设置可以分层评价的问题，提升课堂教学师生对话水平

在课堂教学中，往往会面对两个问题：一个是预设，教师在备课的时候会预先设置一些激发学生思考的问题，然后给出这些问题的答案，在答案的基础上对学生可能做出的回答进行分层，不同的分层对应不同的评价结果，从评价结果的分布来判断教学是否需要调整，若要调整应当怎样调整。另一个是生成，教学之所以引人入胜，往往是因为课堂上会有一些不可能提前预设的突发性的生成，这些生成的内容，可能是天马行空与所教内容毫不相干的，也可能是超出学段要求的，也可能是钻牛角尖的问题，还可能是另辟蹊径的独到见解。对预设之外的生成内容，是否需要评价？如何评价？这些当然也需要评价，但因为是突发的，因此在评价分层时应当谨慎，大致原则是保护学生的好奇心与求知欲，在鼓励的基础上，指出可取之处，也指出不足之处，而不要用一句"下课再说"打发了事（当然，如果教师确实不知道的话，这么回答也是无奈之举），即使是公开课，也应当有这种保护学生求知欲的意识。

【案例】

### "反冲运动"问题设计与分层评价

在学习"反冲运动"处理火箭发射的问题时，可以通过设置以下问题进行师生对话，并且对学生的回答进行分层评价。本节课所研究的火箭发射模型是指火箭在无重力、无阻力环境下的火箭发射。

问题1：请选择喷气前的火箭为参考系，确定火箭一次喷气后增加的速度。

问题2：对于结论 $\Delta v = -\dfrac{\Delta m}{m}u$，是选喷气前的火箭为参考系得到的，如果选择地面为参考系，其他条件不变，结果还会是这样吗？为什么？

问题3：如果 $u$ 是相对地面的喷气速度，上述结果还会是这样吗？为什么？

问题4：如果 $u$ 是相对地面的喷气速度，那么分 $n$ 次喷出 $\Delta m$ 和一次性喷出 $n\Delta m$，结果一样吗？请证明。

问题5：如果火箭是个二级火箭（设两级火箭的质量相等），第1次喷出一半燃料后，抛弃第一级火箭，再喷射剩余的一般燃料后，火箭的速度是多少？

问题6：分别以地面、喷气前的火箭为参考系，计算一次喷气后的 $\Delta v$，与 $\Delta v = -\dfrac{\Delta m}{m}u$ 相比较，怎样理解？

问题7：若将 $u$ 改为"喷出的气体相对喷气后火箭的速度"，再分别以地面、喷气前的火箭为参考系，计算一次喷气后的 $\Delta v$。

问题8：对比问题6和问题7两种条件下得到的4个结果，谈谈应当怎样选择参考系、怎样理解 $u$，可以使问题更简单。

以问题3为例，标准答案为：取地面为参考系，设喷出质量为 $\Delta m$ 的气后，火箭的质量为 $m$、火箭相对地面的飞行速度的大小为 $v$，则喷出燃气相对地面的速度的大小为 $(u-v)$，火箭喷出燃气后的速度的大小为 $(v+\Delta v)$；以火箭运动的方向为正方向，根据动量守恒定律有：$(m+\Delta m)v = m(v+\Delta v) + \Delta m \cdot (v-u)$。

如果学生能够正确列出以地面为参考系的动量守恒定律方程，那么这与教师预设的标准答案一致，是最高的水平，记为水平5。

如果学生不能正确写出喷出燃气相对地面的速度的大小为 $|v-u|$，火箭喷出燃气后的速度的大小为 $(v+\Delta v)$，但是有变换参考系的意识，并且对于速度方向的把握是正确的，是次一级的水平，记作水平4。

如果学生不能正确写出喷出燃气相对地面的速度的大小为 $(u-v)$，以及火箭喷出燃气后的速度的大小为 $(v+\Delta v)$，但是有变换参考系的意识，是再次一级的水平，记作水平3。

如果学生没有变换参考系的意识，但是知道动量依旧守恒，则是再次一级的水平，记作水平2。

如果学生完全不知所措，则是最差的水平，记作水平1。

（案例提供：岳凌月　北京师范大学附属中学）

**案例分析**

在本例中，教师针对"问题3"合理地设置了评价的水平指标，按照"完全正确→部分正确→有正确的地方→完全不正确"的分层，在具体分层细节方面，先考虑学生使用守恒量的观念，再关注参考系变换，最后才判断演算结果，这样的分层有助于发展学生的物理观念、科学思维等素养。师生问答的评价指标预设可以很好地实现对学生的评价，同时有助于教师及时调整教学。

🔑 **问题解决建议**

教师要对所讲授的内容有深刻的认识，要能从不同的角度理解、变换对问题的看法，就好像本例中 8 个问题的设置，虽然有些内容看似与考试无关，但是却能非常好地训练学生的思维。此外，对每一个问题的答案，教师都要做两点：一是对标准答案的把握，也包括不同解法的标准答案。二是对标准答案步骤的把握，以便进行分层评价，要注意合理分层。

小提示

◎ 教师要对所讲授的内容按照陈述性知识、程序性知识进行分类，从而确定相应的教学方式。

◎ 要对学生的认知方式（同化或顺应）与上述"知识"进行匹配，从而确定教学策略。

## 1-4 数字资源

1-4-1 研究动向：学生学习成效的评价理论简介　　1-4-2 评价的起点设计：怎样从"课标"到"目标"　　1-4-3 课堂对话中的评价

# 单元 2 关于"物理观念"的教学关键问题

## 2-1 "物质观念"在教学中的具体体现有哪些？

 教学关键问题提出

物理学定量地研究物质的存在形式、基本性质以及运动和转化规律。物理学不仅要探索物质的深层次结构，还要在不同层次上认识物质的组成部分及其相互作用。物理观念是从物理学视角形成的关于物质、运动与相互作用、能量等的基本认识，是物理概念和规律等在头脑中的提炼与升华，是从物理学视角解释自然现象和解决实际问题的基础。物理观念主要包括物质观念、运动与相互作用观念、能量观念等要素。

中学物理教学通常是按照知识点展开的，知识点之间有一定的逻辑顺序，但通常学生比较关注知识点而忽视知识间的关联，学生学到的物理知识是零散的，所获得的概念、规律和方法未在头脑中建立起联系；教师虽然比较关注知识体系的教学，但是常常忽略学生认知方式的建构。随着新版课程标准提出了物理观念的内容与要求，明确了物理观念是物理概念和规律等在头脑中的提炼与升华，教师必须思考这样的问题：物理观念与物理知识有什么区别？如何在教学中具体体现物理观念？

我们以"物质观念"为载体，对这两个问题进行探讨。

 教学关键问题分析

新版课程标准将物理观念放在物理学科核心素养的首要位置，物理观念是其他几个物理学科核心素养形成和发展的基础。物理观念统领并包含着物理学的知识体系，可以解释自然现象、解决实际问题。我们生活的客观世界是物质的，因此物理观念中物质观念居于首要位置。探索物质的深层次结构，以及在不同层次上物质的组成部分及其相互作用，对促进学生认知体系和认知方式的发展，从而逐渐形成物质观念，具有重要意义。

### 一、物理观念与物理知识有什么区别？

新版课标中关于物理观念界定的第一句话："物理观念"是从物理学视角形成的关于物质、运动与相互作用、能量等的基本认识。它指出了物理观念所包含的主要内容。物理学是研究物质的基本结构、物质运动最一般的规律、物质之间相互作用的一门科学，能量是物质运动转换的量度，表征物理系统做功的本领。[1] 因此物理观念主要包括

---

[1] 廖伯琴．普通高中物理课程标准（2017年版2020年修订）解读［M］．北京：高等教育出版社，2020：54．

物质观念、运动与相互作用观念、能量观念等，这些观念就是从物理学视角形成的对自然界的基本认识。

新版课程标准中关于物理观念界定的第二句话：是物理概念和规律等在头脑中的提炼与升华。它说明了物理观念与物理概念和规律之间的区别和联系。从物理知识的角度来看，物理学是由物理概念、规律、理论构成的逻辑体系，理解和掌握物理学的概念和规律是形成和发展物理观念的基础，但并不等同于形成了物理观念。① 物理观念的提出超越了碎片化的知识与技能。如果学生获得了大量零散的具体知识与技能，但所获得的概念、规律和方法未建立起联系，不能在头脑中形成对物理世界的完整认识，没有掌握从物理学视角认知世界的方式，就没有形成物理观念。

新版课程标准中关于物理观念界定的第三句话：是从物理学视角解释自然现象和解决实际问题的基础。它说明了物理观念的地位。物理观念包含且统领着物理学知识。学生只有形成了物理观念，才能更好地从物理学视角运用物理学的知识和方法解释自然现象、解决实际问题，在分析解决实际问题的过程中提升物理学科核心素养。

从评价角度来看，对物理观念和物理知识的考查也是有区别的。对物理知识的考查，通常比较关注的是"现象、规律是怎样的"；而对物理观念的考查，更关注的是运用物理观念分析"现象、规律背后的原因"、解决实际问题。比如，关于布朗运动有下面这样两道题。

**例1** 如图 2-1-1 所示，通过橡皮球将烟雾吸入镶有玻璃的透明小盒中，在强光照射下通过显微镜观察，可以观察到烟雾颗粒在做_____运动。（答案：永不停息的无规则）

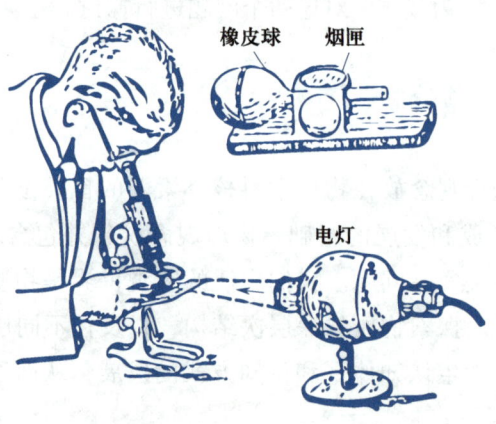

图 2-1-1

**例2** 如图 2-1-1 所示，通过橡皮球将烟雾吸入镶有玻璃的透明小盒中，在强光照射下通过显微镜观察，可以观察到烟雾颗粒在做永不停息的无规则运动，烟雾颗粒做这样运动的原因是：_____。（答案：空气中气体分子在做无规则运动，烟雾颗粒受到空气分子来自不同方向的撞击作用不能相互抵消，且不同时刻合力方向不断改变，致使颗粒的运动状态不断发生变化。）

---

① 郭玉英，苏明义. 新版课程标准解析与教学指导 高中物理 [M]. 北京：北京师范大学出版社，2018：7.

以上两道题，例1考查的是物理知识，例2考查学生是否能运用物理观念分析和解决实际问题。学生的观念是否形成，主要是在解决问题中体现的。由于在解决问题时需要物理观念来支撑，因此教师在教学中要注意引导学生将物理知识上升为物理观念。

## 二、如何在教学中具体体现物理观念？

物理观念与物理知识的主要区别在于所获得的概念、规律和方法是否建立起了联系，是否能在头脑中形成对物理世界的完整认识，是否掌握从物理学视角认知世界的方式，因此，要在教学中具体体现物理观念，就要在教学中引导学生建立起知识间的联系，形成物理知识体系，促进学生认知方式的发展和整合。

要让学生建立起知识间的联系，教师首先要厘清知识间的联系。从不同的角度来看，同一个知识点与其他知识点关联的"逻辑线"可能会有所不同。所以在建立知识间的联系时，要先确定从哪一个角度整合知识。比如，可以从物质观念的角度将众多知识点关联起来，构成一个完整的知识体系；也可以从运动和相互作用观念的角度将众多知识点关联起来，构成一个完整的知识体系等。表2-1-1列出了新版课程标准的必修模块和选择性必修模块中与物质观念相关性比较强的部分模块主题。

表2-1-1　新版课程标准中与物质观念相关的部分模块主题

| 课标模块 | 课标模块主题 | 与物质观念的关联 |
| --- | --- | --- |
| 必修1 | 1.1　机械运动与物理模型 | 我们生活的客观世界是物质的，物质由分子、原子等组成，我们所看到的物体是物质的聚集状态。我们先研究看得见、摸得着的宏观物体的空间位置随时间的变化规律，即机械运动的规律 |
| 必修1 | 1.2　相互作用与运动定律 | 我们观察到的物体机械运动规律背后的原因是相互作用。可以通过物体的运动情况反映出物体的受力情况，从力的视角研究宏观物质世界的规律 |
| 必修2 | 2.1　机械能及其守恒定律 | 物体运动虽然形式各异，但是每种运动都具有相应的能量。能量及其转化将各种运动统一、联系起来。能量是物质运动的统一量度，可以从能量的视角研究宏观物质世界的规律 |
| 必修2 | 2.3　牛顿力学的局限性与相对论初步 | 爱因斯坦的质能方程揭示了质量和能量存在怎样的关联（新版课程标准的相关内容要求在选修1中："1.1.5 了解相对论的时空观，知道质能关系的意义，了解相对论与量子论对人类认识的影响"） |
| 必修3 | 3.1　静电场 | 场像分子、原子等实物粒子一样具有能量，因而场也是物质存在的一种形式。<br>将前面学习的从力与能量两方面入手研究宏观物质的认知方式，迁移到研究场这一物质的性质，认识电场对电荷有力的作用和能量属性，拓展对物质概念的认识以及对物质间相互作用及能量多样性的认识，初步了解场的物质性及研究方法 |

续表

| 课标模块 | 课标模块主题 | 与物质观念的关联 |
|---|---|---|
| 必修3 | 3.2 电路及其应用 | 从电场及电场力做功的角度理解电流、电压、电功、电动势、电热等物理量及能量转化关系,提高对"场"与"路"的认识 |
| | 3.3 电磁场与电磁波初步 | 实物粒子是物质存在的一种形式,场是物质存在的另一种形式,它们都是客观存在的。磁场的基本概念、电磁感应现象的产生、电磁波的形成是继电场之后对场的物质性的再认识,是对场的物质观念的完善。知道光是一种电磁波,光的能量是不连续的,初步了解微观世界的量子化特征 |
| 选择性必修1 | 1.3 光及其应用 | 加深对光的波动性的了解,促进后续学习理解"光具有波粒二象性"这一特点 |
| 选择性必修2 | 2.1 磁场 | 通过对安培力、洛伦兹力这些物理量的理解,完善场的物质观,进一步认识磁场的基本性质和基本规律,进一步形成关于电磁场的物质观念 |
| | 2.2 电磁感应及其应用 | 通过理解楞次定律、法拉第电磁感应定律等电磁学基本规律,强化电磁场的物质观念 |
| | 2.3 电磁振荡与电磁波 | 通过对电磁波理论的理解,利用场的物质性和场具有能量的性质解释有关电磁波的现象,进一步强化场的物质观,初步了解场的统一性与多样性 |
| 选择性必修3 | 3.1 固体、液体和气体 | 利用分子动理论从微观层面解释宏观现象的规律,从宏观现象反映微观状态,形成宏观与微观相结合的物质观念 |
| | 3.3 原子与原子核 | 通过原子结构和原子核构成的发现历程,体会由宏观现象逻辑推理微观结构、质疑与创新、理论与实验交互"作用"的科学思维方法和探究过程,形成宏观与微观相结合的物理观念。通过了解四种基本相互作用,形成物质世界普遍联系的观点 |
| | 3.4 波粒二象性 | 通过光电效应现象,了解光的粒子性,结合光的波动性体会光的波粒二象性。通过电子衍射实验,知道实物粒子具有波动性,结合电子作为粒子的性质,知道电子同时具有粒子性和波动性两种属性,再推广到其他实物粒子,了解实物粒子的波粒二象性。体会人类对物质本质的认识是不断发展的,形成相对完整、科学的物质观念 |

从以上对新版课程标准相关模块主题的分析中可以看出,对物质的认识,从有形可见的实物物质,到无形不可见的场,再到物质的微观结构,逐渐在不同层次上探索物质的存在形式、基本性质及其运动和变化规律,对不同层次物质的认知方式

也在相应地不断发展。这是从物质观念的角度对新版课程标准模块主题的分析，在进行课时教学设计之前，需要用类似的方法对单元、课时中物质观念的具体体现进行细化和分析。

教师可以对物质观念的形成进行整体性思考，选取适切的知识内容进行教学活动设计，以帮助学生在经历高中物理学习后，形成对物质的深层次理解和思考，能从人类对物质的不断认识的过程中，形成对自然的各类存在形式的思辨性认识，拓宽高中学生对物质的认识。例如，在必修1的"1.1 机械运动与物理模型"这一模块主题的教学中，在建立质点概念时，引导学生思考：描述这个"点"的特性时，为何要保留"质量"而忽略它的其他特性？在必修2的"2.3 牛顿力学的局限性与相对论初步"这一模块主题的教学中，学习爱因斯坦的质能方程后，引导学生思考这个方程揭示了质量和能量存在怎样的关联；布置课外小组活动作业，了解近五年诺贝尔物理学奖的内容和获奖原因，写一份调研小报告，交流人类对宇宙中存在的不同物质形式的探索。要设计出上述学习活动，关键还在于教师能不断自觉了解物理学对物质认识的发展和物理学研究的前沿，从整体上构建教师自身的物理知识体系，形成正确的物理观念。

以上分析，我们采用了从观念到模块主题、单元、课时、知识点这一从"大"到"小"的分析思路。而实际教学实施时，是从知识点到课时、单元、模块主题、观念这样从"小"到"大"逐渐关联整合的。因此，要在教学中具体体现物质观念，教师就需要从知识点的教学着手，关注每个知识点在知识体系中的位置、与学生已有知识间的联系、知识建构的认知方式，适时从单元的视角，有意识地引导学生进行认知体系的建构、认知方式的整合发展。

 问题解决路径与教学示例

### 一、关注知识点在知识体系中的位置，建立知识关联

在分析了从新版课程标准的模块主题到单元、课时、知识点，有哪些物质观念的体现之后，教师在进行知识点教学设计以及教学实施时，要关注每个相关知识点在物质观念形成中的位置，要关注该知识与学生已有知识及认知方式的联系与区别，还要关注该知识为后续其他物质特性的学习打下怎样的知识基础和方法基础。通过设计相应的情境、问题，引导学生结合已有知识和方法进行思考、分析，让学生在方法的迁移中建立知识间的联系，领会相应的认知方式。

【案例】

**电场　电场强度**

情境1：在桌面上固定一个有绝缘支座的带电体A，在A附近分别悬挂一个带电小球B和一个不带电小球C，观察现象。

现象：带电小球B偏离了竖直位置，不带电小球C没有发生偏离。

问题1：带电小球 B 的运动状态为什么会发生改变？

分析：根据牛顿运动定律可知，力是改变物体运动状态的原因。带电小球 B 的运动状态发生改变，说明带电小球 B 受到了带电体 A 对它的作用力。

问题2：带电体 A 与带电小球 B 并没有直接接触，带电体 A 对带电小球 B 的作用力是如何发生的？

分析：电荷周围存在着由它产生的电场，处在电场中的其他电荷受到的作用力就是这个电场给予的。带电体 A 产生的电场 1 对带电小球 B 施加作用力，同时，带电小球 B 产生的电场 2 对带电体 A 施加反作用力，如图 2-1-2 所示。

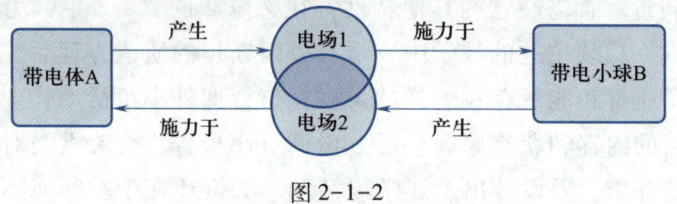

图 2-1-2

静止电荷产生的电场，称为静电场。静止电荷之间的相互作用力，称为静电力。

结论1：电场是电荷周围存在的一种物质，看不见、摸不着，但我们可以通过电场对电荷的作用来检验空间某处是否存在电场。

情境2：改变带电小球 B 与带电体 A 的距离和方位，观察现象。

现象：带电小球 B 的悬线偏离竖直方向的角度大小、偏离方向发生改变。

问题3：为什么带电小球 B 的悬线偏离竖直方向的角度大小及偏离方向会不同？

分析：根据牛顿第二定律分析可知，带电小球 B 所受静电力的大小、方向不同。带电小球 B 所受到的静电力，是由带电体 A 产生的电场施加的，说明带电体 A 产生的电场在空间不同位置的性质不同。

结论2：同一电荷 A 产生的电场，在空间的不同位置所表现出的特性不同，有强弱之分、方向之别。所以需要进一步研究电荷 A 所产生的电场的性质（而不研究电荷本身）。

问题4：如何研究电场的性质呢？

分析：电场是在与电荷的相互作用中表现出自己的特性的。因此在研究电场的性质时，应该将电荷放入电场中，从电荷所受的静电力入手。

这个电荷应该是电荷量和体积都很小的点电荷。电荷量很小，是为了使它放入后不影响原来要研究的电场。体积很小，是为了便于用它来研究电场各点的性质。这样的电荷称为试探电荷。激发电场的带电体所带的电荷称为场源电荷，或源电荷。

问题5：能否直接用试探电荷所受的静电力来表示电场的强弱？

分析：在同一电场的同一位置，电场的强弱应该是确定的，但是在同一位置放置电荷量不同的试探电荷，其所受的静电力不相同。所以不能直接用某个试探电荷所受的静电力来描述电场在此位置的强弱。

问题6：能否找到一个与试探电荷无关的确定的量？

分析：不同电荷量的试探电荷在某位置所受静电力与其电荷量的比值，与试探电荷的电荷量无关，这样可以用一个不同于静电力、电荷量的新物理量，来反映电场的性质。实验表明，无论是点电荷的电场还是其他电场，在电场的同一位置，试探电荷所受的静电力与电荷量的比值保持不变，这一比值与试探电荷本身无关，它反映了场在该点的性质；如果将试探电荷放在电场的另一个位置，试探电荷所受的静电力与电荷量的比值仍保持不变，但这个比值与放在原位置时的比值一般是不同的，即场在空间不同位置的性质一般是不同的。

结论3：试探电荷所受的静电力与电荷量的比值，反映了电场在各点的性质。我们可以用物理量之比定义一个新的物理量来描述电场的强弱，这个物理量称为电场强度。

（案例提供：沈兰　上海市静安区教育学院）

**案例分析**

静电场是电磁学的基础，场的概念的建立是物质和相互作用概念的发展。从物质这一核心概念的角度来看，电场不同于实物物质，是一种特殊的物质，是对实物物质概念的拓展。从相互作用这一核心概念的角度来看，带电体之间的相互作用是通过电场来实现的，是对相互作用概念的拓展。因为场看不见、摸不着，学生对场的存在缺乏感性认识，对场的物质性不易理解。因此，在高中阶段学生第一次接触场时，对静电场特性的认识过程及其遵从规律的研究方法在整个电磁学的学习中具有指导意义。

力的角度和能量的角度，是物理学研究物质的两种不同视角，无论对于实物物质还是场这种特殊物质，均可以从这两个视角进行研究。上述案例中，问题1"带电小球B的运动状态为什么会发生改变？"引导学生将前面机械运动中从力的视角研究实物物质的方法，迁移到研究电场这种特殊物质中。问题3"为什么带电小球B的悬线偏离竖直方向的角度大小及偏离方向会不同？"引导学生思考、体会同一电荷产生的电场在空间的不同位置所表现出的特性不同，有强弱之分、方向之别，促进学生对于电场的物质性的感知。问题4、5、6，引导学生逐步辨析、理解如何从力的角度对场的性质进行定量描述。

这一案例，在电场、电场强度知识点的教学中，有效迁移了对实物物质的认知方式，有助于学生建立知识关联，为后续学习磁场等其他物质的特性打下知识基础和方法的基础，有助于学生形成物质观念。

### 问题解决建议

从物质观念的角度对新版课程标准模块主题的分析，再进一步细化到对单元、课时、知识点中物质观念具体体现的分析，是在教学中能够体现物质观念的前提。在具体进行课时教学设计时，教师要"瞻前顾后"：梳理之前的学习为该知识点打下了怎样的知识基础和方法基础，这样才能设计适切的情境和问题，找准学生的生长点，让学生能够将已有方法进行迁移；同时，分析该知识为后续其他相关知识的学习，可以打下怎样的知识基础和方法基础，从而建立知识间的逻辑关联，促进认知方式的发展。

○ 教师要准确分析与物质观念相关的知识点及其相应的位置。
○ 理清每个知识点与前后知识及认知方式的逻辑关联。
○ 情境创设、问题引导要适切。

## 二、在单元复习中梳理逻辑线索，建构认知结构

在实际实施教学时，通常是从知识点的教学到课时、单元、模块主题的教学。在落实了知识点教学的基础上，单元通常是串起知识点的一条重要的"线索"。因此，在单元复习课中，从单元的视角有意识地引导学生逻辑线索、建构单元认知体系、整合认知方式，从而建构单元认知结构，这是促进学生形成物理观念的重要路径。如图2-1-3所示为"物质的微观结构"单元结构图，也可以从不同的视角、以不同的线索来建构不同的结构图。

【案例】

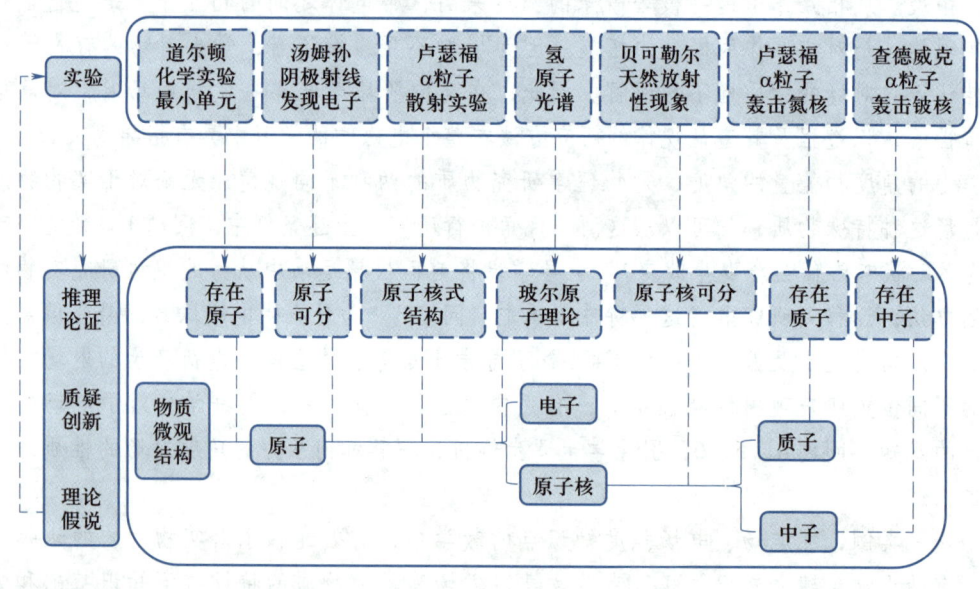

图 2-1-3 "物质的微观结构"单元结构图

（案例提供：周靖毅　上海市第二中学）

**案例分析**

学生在初中阶段已经学过原子的核式结构，但并不了解这些知识是怎样获得的，到高中阶段会学习人类认识微观世界的方法和途径。我们可以直接用眼睛观察宏观物体的结构，但不能靠眼睛直接观察到原子尺度下的微观世界。人类对微观世界的认识是逐步深入的，探索微观世界的方法：实验事实加科学思维，即在实验观察得到确切的物理事实（信息）和已有知识基础上，进行猜想和推理，提出科学理论（假说）。从以上案例可以看到，理论（假说）与实验是相互促进的，科学家通过对实验事实的

分析，提出模型或假说，又在实验中接受检验，正确的被肯定下来，对于被否定的，则进行修正或提出新的假说。科学研究就是这样不断向前发展的。对原子结构认识历程的梳理，可以帮助学生在熟知已有知识体系的基础上，正确看待继承和发展的关系，感悟创新思维的意义和方式，鼓励他们敢于解脱传统观念，勇于提出新见解。

> 问题解决建议

建构单元认知结构时，可以先梳理知识线索，因为大多数教材是以知识结构为主线来组织单元内容的，所以知识线索是"明线"，相对比较容易梳理。在此基础上，再去分析知识建构过程中的物理方法、科学思维等，从而梳理逻辑线索。

小提示

◎ 分析单元内知识间的关联，理清单元知识线索、逻辑线索。

◎ 理清对本单元相关物质的认知方式，结合知识线索、逻辑线索，建构单元认知结构。

### 2-1 数字资源

2-1-1 建立单元认知结构促进物质观念形成

2-1-2 认识电场

2-1-3 认识磁场

## 2-2 如何在高中阶段形成"运动与相互作用观念"的学习进阶？

### 教学关键问题提出

"运动"和"力"是经典物理的两大支柱，也是高中物理教学中的核心概念。"运动""力""力和运动的关系"是学生进入高中后首先学习的物理学基本知识，反映了物理学对客观世界的描述和解释。因此，新版课程标准将"运动与相互作用观念"作为物理观念的要素之一。值得深思的是，新版课程标准为何不将其表述为"运动观念""相互作用观念"？或者将"相互作用观念"表述为"力的观念"？另外，新版课程标准明确指出："物理观念"主要包括物质观念、运动与相互作用观念、能量观念等要素。高中物理知识体系中的其他重要概念如"场""电磁感应"为何没有在观念要素中占有"一席之地"？"动量"以及动量的相关规律究竟属于"运动与相互作用观念"，还是属于"能量观念"？

对上述这些问题是否理解，反映了教师对物理学的发展和研究本质是否有整体性把握，也就是物理教师是否真正理解"物理学"和"物理教学"。不同的教师对物理学的理解不同，对物理教学目标的理解不同，就会上出完全不同的物理课。学生经过三年的高中学习，自然也会获得不同的体验和学科能力。

### 教学关键问题分析

#### 一、"相互作用"和"力"有何不同？

人教版高中物理教科书（2019版）必修第一册第三章的标题是"相互作用——力"，并在章首语中写道："自然界的物体不是孤立存在的，它们之间具有多种多样的相互作用。正是由于这些相互作用，物体在形状、运动状态等许多方面会发生变化。如何来研究这些相互作用呢？在力学中，物体间的相互作用抽象为一个概念——力（force）。"

在第四章"运动和力的关系"的第一节"牛顿第一定律"的边栏中说明："无论是亚里士多德，还是伽利略和笛卡儿，都没有提出力的概念。牛顿的高明之处在于，他将物体间复杂多样的相互作用抽象为'力'。本书为了表述方便，在陈述亚里士多德等人的思想时，借用了力的概念。"

这两段表述包含了对"相互作用"和"力"的关系的几个关键性理解。

第一，人们在对自然界中形式丰富的各类运动的长期观察和分析思考的基础上，建立了一个基本观念，即运动是由物体间多种多样的相互作用造成的，为了解释物体的运动，就必须研究物体间的相互作用。在亚里士多德乃至伽利略时代，虽然没有力的概念，但并不妨碍人们对相互作用的不懈探求。牛顿把复杂多样的相互作用抽象为"力"，在某种程度上将表面上形式不一的相互作用统一用一个共同的概念来解释，他透过不同的表象看到物体间相互作用的本质具有共同性，在人类历史上具有划时代的从表象到本质的重大进步。

由此可见，"力"是在人类形成"相互作用观念"的过程中提出的一个重要概念，是"相互作用观念"体系中的一个重要节点。新版课程标准提出树立运动与相互作用观念，很显然关于"力"的教学，不能仅囿于教学生认识或掌握几种常见力，更重要的是要引导学生理解物理学研究的真正目标和内容，科学家是如何通过不同的外在形式认识到事物的内在相互作用机理具有统一性，等等。所以，教材的章标题"相互作用——力"，并不是将相互作用和力画上等号，而是提出了认识相互作用的一个起点——力。

第二，牛顿将表面上形式不一的相互作用抽象为"力"，但随着认识的不断深入，人们逐渐意识到力并不是用来解释相互作用下的物体运动的唯一工具，甚至可能不是最佳途径，用能量的传递和转换来解释物体的运动，其应用范围比力更广泛，不仅能解释宏观世界的机械运动，也能解释微观世界的粒子运动。由此可见，力和能量都是解释和解决物体间相互作用的重要工具和方法。为了凸显能量的重要性，新版课程标准将"相互作用观念"和"能量观念"分开表述，但是两者在某种程度上存在着相互包含的关系。因此，前面提到的动量概念以及相关规律既可属于能量观念的一部分，也是对运动与相互作用的一种描述和解释。而"场"也同样具有力的特性和能的特性，能对置于场中的物体产生作用。此外，量子力学、相对论的提出，解决了许多用"力"的概念难以解释的运动现象。

可见，物质观念、运动观念、相互作用观念三者相互联系、相互支撑，构成了物理学大厦的逻辑基石。力、能量、动量、场等概念都是基石中的要素之一。理论物理学家、中国科学院院士孙昌璞在人教版高中物理教科书（2019版）的序言中对物理学的研究内容进行了概述："远到宇宙深处，近至咫尺之间，面对广袤苍穹之浩瀚、基本粒子之精微，物理学定量地研究物质的存在形式、基本性质以及运动和转化规律。物理学不仅要探索物质的深层次结构，还要在不同层次上认识物质的组成部分及其相互作用。"

人们对客观事物的理解不可能由某个概念或规律就能表述完成，而是在不断加深和拓宽，这也是观念形成和树立的过程。中学物理教学正是要充分利用学生在学习人们对客观世界的研究所形成的物理知识的基础上，帮助他们形成和树立这些重要的观念，以达到概念和规律在头脑中的升华，这样才符合物理学研究目标和发展的本义。

## 二、如何通过学习进阶形成"运动与相互作用观念"？

在新版课程标准中，关于"相互作用"的学习要求贯穿在必修和选择性必修课程中。表2-2-1列出了新版课程标准中关于"相互作用"的学习进阶要求。

表 2-2-1  新版课程标准中关于"相互作用"的学习进阶要求

| 课　程 | 学　业　要　求 |
| --- | --- |
| 必修 1 | 能用位移、速度、加速度等物理量描述物体的直线运动，能用匀变速直线运动的规律解释或解决生活中的具体问题。能对物体的受力和运动情况进行分析，得出结论。能从物理学的运动与相互作用的视角分析自然与生活中的有关简单问题 |
| 必修 2 | 会用运动与相互作用的知识分析曲线运动问题，能用万有引力定律分析简单的天体运动问题，初步了解相对论时空观 |
| 必修 3 | 知道电磁场的物质性，能说出电磁感应现象在生产生活中应用的实例，能利用场的性质解释有关电磁波的现象。形成初步的物质观、运动与相互作用观和能量观，并能以此观察和解释简单的自然现象，解决简单的实际问题 |
| 选择性必修 1 | 能从理论推导和实验验证的角度，理解动量守恒定律，深化对物体之间相互作用规律的理解 |
| 选择性必修 2 | 通过电磁学内容的学习，进一步培养学生关于电磁场的物质观念、运动与相互作用观念和能量观念 |
| 选择性必修 3 | 通过对固体、液体和气体、热力学定律、原子与原子核、波粒二象性等内容的学习，进一步促进学生的物质观念、运动与相互作用观念、能量观念的形成和物理模型建构等物理学科核心素养的形成 |

分析学业要求的表述，我们要注意以下两点。

第一，观念不是无本之木、无水之源，高中生对物理学的理解还远未到哲学层面，形成运动与相互作用观念必须以知识为载体。教师要注意引导学生在学习概念和规律的同时，关注概念和规律形成的逻辑脉络，才能使知识提炼升华为观念。教师还要创设适切的情境和问题，让学生在情境中运用概念和规律解决问题，从物理学的视角深化对客观世界的认知和理解。

第二，对某个概念或某条规律的学习可以较为独立，因此在传统教学中教师特别喜欢强调知识点，还会在重要知识点上反复训练，但观念的形成过程很难泾渭分明。从表 2-2-1 中我们看到，在必修教材中，还可以将运动观念、相互作用观念和其他观念区分，但是在选择性必修中，随着物理基础知识的建构渐趋完备，学生更需要在学习某个领域或某个模块的知识中，将各种观念综合运用，在此基础上进一步获得观念的进阶，这也更符合物理学知识体系的特点——概念、规律间具有密切的逻辑发展关联，并不是独立的点和点的关系。正是由于这些概念、规律间具有逻辑关联，因此难以确定哪个知识点更重要，中学物理涉及较少的波、光、原子物理等内容反而在近代物理学中具有极其重要的地位，并不是所谓的"边缘知识点"。用"点"的视角和方法进行教学显然难以帮助学生形成正确的物理观念，物理教师心中必须具有一定的物理学整体结构，才能确定每节课进行概念、规律教学时的重点究竟是什么。

【案例】

### 牛顿第三定律

在"牛顿第三定律"的教学中，教师并没有基于初中已学概念——力是物体对物体的作用，从而直接引出作用力和反作用力，而是提出一系列问题引发学生思考。

教师：物体对物体的作用一定是相互的吗？

学生对这个问题开始感觉茫然，不知从哪条路径予以解决，需要教师加以点拨。

教师：是否可以通过生活中的大量现象观察归纳得出你的观点？

教师为学生提供了一张图片（如图2-2-1）供学生讨论：运动员为什么会出现这样痛苦又费劲的表情？

学生讨论后回答：当运动员在给足球力的同时，足球给运动员也有一个相应的弹力，这个弹力挺大的，所以运动员出现费劲的表情，说明此时运动员和球之间的作用是相互的。

教师：能不能用这样的方法来讨论物体间的相互作用是否一定是相互的呢？

图 2-2-1

在教师的启发下，学生分别列举了船桨划水船得以前进，走路时脚向后蹬地从而人向前行，两个载有磁铁的玩具小船同时靠近或远离等现象，并且通过对每个情境中受力的具体分析，说明两个物体间的作用都是相互的。

最后教师总结：虽然我们采用的是不完全归纳，但科学家确实是通过对生活中大量情境的分析，总结归纳出物体与物体的作用是相互的。

（案例提供：徐蓓蓓　上海市松江二中）

**案例分析**

从这个教学案例我们可以看到，学生不仅弥补了初中学习力的概念时未采用的归纳总结的方法，通过教师的案例示范，学生还能够将观察到的现象作为证据来推理分析得到结论，从而对"物体间的作用总是相互的"有了更深刻的认识。

##  问题解决路径与教学示例

### 一、在课时教学中设计指向观念形成的问题和活动

物理学是由物理概念、规律、理论构成的逻辑体系，每节课的主要学习内容是物理概念和规律，理解和掌握物理学的概念和规律是形成和发展物理观念的基础，但它并不等同于形成物理观念。物理观念包含着物理学看待问题的视角[①]，"运动与相互作用观念"就是要求学生能从运动与相互作用的角度来看待自然、理解自然。因此，教师要将每节课的学习目标从概念规律的学习转向物理观念的形成和树立，要设计相应的思考问题，引导学生从已有的经验和知识出发，从物理逻辑发展的角度认识所学的知识；还要设计相应的学习活动，让学生在解决实际问题的体验中理解何为物理学视角。

【案例】

**自由落体运动**

在以往的课堂教学中，教师通常是先介绍亚里士多德和伽利略对落体运动研究的

---

① 郭玉英，苏明义. 新版课程标准解析与教学指导 高中物理 [M]. 北京：北京师范大学出版社，2018：7.

史实，然后引出自由落体。本节课教师通过精心设计的问题，引发学生对物理学逻辑发展产生思考。

问题：为何相隔约两千年，亚里士多德和伽利略不约而同地选择了落体运动进行研究呢？

接着，教师设计了几个引导问题来解决这个问题。

教师：自然界的运动纷繁复杂，有这么多不同形式的运动，从哪种运动入手开始研究，确实是科学家首先要考虑的问题。分类归纳往往是科学家解决问题时经常使用的方法，比较不同类别的差异点，归纳相同类别的共同点，往往也就抓住了研究问题的切入点。

问题：对这些运动（图 2-2-2），你觉得可以怎么分类呢？

(a) 跑步　　　　　　　(b) 落叶　　　　　　　(c) 日出

(d) 投掷实心球　　　　(e) 雨滴下落　　　　　(f) 草坪维护

图 2-2-2

学生：可以根据轨迹的不同把它们分为直线、曲线运动，也可以根据运动速度是否变化把它们分为匀速运动或变速运动。

教师：同学们有没有注意到这几张图片，有的有人参与，有的没有人参与？可能有同学想到，这些运动也可以分为两类：有些是需要人参与的运动，有些是自然界中自然发生的运动。

你们还别笑，两千多年前的亚里士多德就对运动做了相似的分类。亚里士多德观察了无数现象后，将一种运动归纳为自然运动，也就是没有人力干扰、天然发生的运动，如天上星辰的运动、重物下落都属于自然运动；另一种是非自然运动，也就是需要人力参与的运动，他认为，一旦人不再作用，运动自然就会停止。

为了解释自然运动的原因，亚里士多德提出下落是物体的自然属性。通过对各类运动的分类，落体运动就进入了亚里士多德的研究视野。他通过观察还提出物体下落的快慢由重量决定，越重的物体下落得越快。

亚里士多德基于观察并结合自己的经验和直觉，对事物进行描述和归纳，已自觉采用了归纳和分类的研究方法，其论断与人们的日常经验相吻合，所以其结论具有较大的普适性，很难被推翻。在之后近两千年的时间里，该论断得到了人们的普遍认同。

重的物体比轻的物体下落得快，这是生活中常见的现象，但伽利略却对此产生了质疑。因为他从亚里士多德的结论出发，通过逻辑推理，发现居然推出两个相互矛盾的结论。

问题：伽利略是如何质疑越重的物体下落得越快的呢？

学生通过运用归谬法体验伽利略当时的质疑过程。

教师：伽利略发现了矛盾，并认为只有假设轻重物体下落一样快才能解决这个矛盾。时隔约两千多年，伽利略再次开启了对落体运动的研究。

（案例提供：徐蓓蓓　上海市松江二中）

**案例分析**

在上述案例中，教师提出了一个指向物理学发展的问题：为何时隔约两千年，亚里士多德和伽利略都不约而同地选择了落体运动进行研究呢？

正是这个问题引发了学生的思考：如何研究生活中丰富多样的各种运动？落体运动和其他运动有何不同？通过对亚里士多德和伽利略的研究方法比较，学生意识到，要得到科学的结论，不能仅依靠观察，还需要运用各种科学思维方法，如分类、比较、归纳、推理等，透过表象去分析事物的本质。这些都为后面进一步学习牛顿定律和其他运动形式打下了方法基础，帮助学生形成运动观念，而不仅仅是记住自由落体运动的一些规律。

在该教学环节，学生的相关学习基础较为有限，所以本案例以教师的教学为主，但是由于教师设置了引发学生好奇心的一连串问题，激发了学生探索的欲望，因此即使以教师讲授为主，学生也能够积极思考，课堂的实际效果较好。

**问题解决建议**

指向物理学本质的问题往往不是针对结论的，而是为什么会研究这个问题，为什么会定义这个物理量，科学家的研究和推理逻辑是怎样的。引导学生思考和回答这些问题，能帮助学生真正理解物理学，从而形成以物理学的视角思考问题和解决问题。

小提示

◎ 教师在备课时，可对教学内容多问几个为什么，由此设计引发学生思考的课堂设问和课堂活动。

◎ 教学目标不仅包括学习物理概念和规律，还包括对物理学的研究视角、研究方法、逻辑体系的思考和学习。

◎ 物理学史中蕴含着物理学的体系建构和发展逻辑，教师可以充分借助物理学知识的发展过程，选择其中的精华部分，不采用叙述的教学方式，而是设计引发学生思维兴趣的学习活动，将物理学史转化为有效的学习资源。

## 二、在单元教学中设计指向观念进阶的系列学习活动

科学教育研究者普遍认为,科学教育的目标不应是获得一大堆由事实和理论堆砌的知识,而应是实现一个趋向于核心概念的进展过程。核心概念是某个领域的中心,是一种教师希望学生理解并能得以应用的概念性知识,这些知识必须清楚地呈现给学生,以便学生理解与他们生活相关的事件和现象。[1]

"运动与相互作用观念"是物理学的核心概念之一,学生形成这一概念不仅需要一个过程,还需要不断将核心概念应用于解释生活中的现象和解决生活中的问题。教师要按照新版课程标准要求达成的"运动与相互作用观念"学习要求(见表2-2-1),按学期、每单元直至单元中各个课时设计逻辑连贯、持续推进的学习活动,这样才能促进学生观念的形成。

【案例】

### "牛顿第一定律的应用"学习活动设计

在学习了牛顿第一定律之后,教师在"如何应用牛顿第一定律解释物体的运动?"的应用环节,设计了两个活动。

**活动一** 观看视频,快速抽动桌布,桌布运动了,杯碟仍保持静止,请解释桌布运动与杯碟不动的原因。

学生1:桌布被外力拉动,按理说也应该给杯碟一个与运动方向相同的作用力,也就是摩擦力的作用,杯碟在这个摩擦力作用下,会被带动起来,由于杯碟具有惯性,会保持原来的静止状态,弄不好就会被拖倒。但是现在杯碟由于惯性保持静止,并没有受到摩擦力的影响,由此我推断这个桌布一定很光滑,给杯碟的摩擦力很小,并不足以改变杯碟的运动状态。

教师:她从物体受到的外力和惯性的角度来分析,回答得非常好。同时她做了一个推断,就是摩擦力非常小。同学们同意她的观点吗?

学生2:我觉得视频中的现象不太可能发生,我观察到桌布上有很高的花瓶,碟子是几个碟子摞在一起,桌布有被压下去的现象,按理说摩擦力不可能小到忽略不计,杯碟不可能纹丝不动。因此我怀疑这个视频可能是假的。

教师:小阳同学觉得这个视频有问题,眼见不一定为实。对于看似有道理的现象,我们要运用所学的知识来合理质疑。我们可以通过实验来验证想法,来看看真实的情况是怎么样的。

学生继续观看实验视频:摩托车拉动桌布后,杯碟都倒下。

教师:果然,桌布一拉,杯碟碎裂一地。可能是因为摩托车的速度不够,如果增大速度呢?(继续观看视频)比刚才的情况好一点,但是还是有很多杯碟倾倒了。那么开始的视频中是怎样做到的?我们来看他们的解密视频:在桌面上抹油,铺上整块的塑料板(视频中桌布是在塑料板和桌面之间被拉动,而不是在杯碟和桌面

---

[1] 廖伯琴. 普通高中物理课程标准(2017年版2020年修订)解读[M]. 北京:高等教育出版社,2020:50.

间），看了视频，同学们都知道是怎么回事了吧！其实他们也是看了别人的视频，设计这组实验来质疑和验证。以后我们在生活中也要运用所学知识来解释现象、合理质疑、严密验证。

**活动二** 惯性和力共同决定了物体的运动。同学们在初中也学过，惯性是物体的固有属性，大至天体，小至原子、电子，一切物体都有惯性。在生活中，你观察过惯性对物体运动的影响吗？观看视频，在一辆匀速行驶的地铁中，一乘客竖直向上抛出一个小球，小球落回该乘客手中。请你根据这一现象简述一下小球的运动情况。

学生：因为小球又落回乘客手中，根据列车在做匀速运动可以判断小球在水平方向上仍在做匀速直线运动；小球被竖直向上抛出，具有向上的初速度，上升到一定高度又落下，因此，在竖直方向上，我觉得它应该是先向上做匀减速运动，然后向下做匀加速运动。

教师：在这个情境中，小球的运动显然比较复杂，既有水平方向的运动，又有竖直方向的运动，所以这位同学分别进行了不同方向的描述，非常不错。在描述水平方向的运动时，她强调了是根据列车的运动判断出小球在做匀速直线运动，这点也非常好，因为题目强调要"根据"现象进行科学准确的描述。不过有一点不足，你们发现了吗？这位同学说竖直方向，小球先做匀减速运动，再做匀加速运动，这个"匀"字有判断的依据吗？显然，通过现象我们并不能直接观察到它是否是匀变速运动，还需要进一步测量。如果我们学过牛顿第二定律，同学们就可以通过受力分析来判断小球的运动情况了，但现在，我们只能说向上做减速运动，向下做加速运动。

教师：接下来，你能解释一下小球在水平方向和竖直方向为什么会做这样的运动吗？

学生：我认为，小球在水平方向上没有受到任何外力，所以小球由于具有惯性，仍保持原来的匀速直线运动状态；在竖直方向上，小球被向上抛出后具有了初速度，同样由于具有惯性所以沿着该速度的方向继续向上运动，但因为它受到向下的重力作用，向上做减速运动，减速到零后又在重力的作用下向下做加速运动。

教师：很好，这位同学在解释小球运动的原因时，充分兼顾了外力和惯性对小球的影响，说明他已经完全理解了牛顿第一定律。

在这个单元之后的学习中，教师还设计了围绕不同情境展开的学习活动。

| 课时内容 | 学习活动 | 情 境 |
| --- | --- | --- |
| 牛顿第二定律 | 活动1：长征二号运载火箭的质量约为$2.4×10^5$ kg。已知火箭发动机点火后竖直向下喷出高温、高压的气体，气体对火箭产生的初始推力接近$3.0×10^6$ N，请估算火箭启动时的加速度 | 长征二号运载火箭发射的照片 |

续表

| 课时内容 | 学习活动 | 情 境 |
|---|---|---|
| 牛顿第二定律 | 活动2：某同学用如右图所示的装置重现伽利略的斜面实验，他将一个质量为 $m$ 的小球从斜面 $AB$ 的某一高度处由静止释放，小球经时间 $t_1$ 到达水平面，接着以速度 $v_0$ 滚上右侧斜面 $CD$，经时间 $t_2$ 到达最大高度。若斜面 $AB$ 与水平面的夹角为 $\alpha$，斜面 $CD$ 与水平面的夹角为 $\beta$，则小球在斜面 $CD$ 上所受的合力为多大？ | |
| 牛顿第三定律 | 活动1：关于"马拉车"的问题<br>（1）马拉车匀速运动，请你对车进行受力分析，并写出每个力的反作用力。在这个情境中涉及车受到的平衡力有几对，分别是什么？<br>（2）选其中的某一对"平衡力"和一对"作用力与反作用力"，说明它们的相同点及不同点。<br>（3）在车开始运动的瞬间，马对车的拉力是否大于车对马的拉力？车为什么会被拉动？ | 马拉车的图片 |
| | 活动2：观看无人机的运动<br>（1）无人机为什么能悬停在空中？<br>（2）当无人机向下运动时，空气对螺旋桨的作用力还等于螺旋桨对空气的作用力吗？<br>（3）如果两者是相等的，那么无人机为什么会向下运动？ | 无人机悬停空中的图片和视频 |
| 牛顿定律应用 | 活动1：两队正在进行拔河比赛，最终左侧的队获胜。请分析一下哪些力决定了拔河比赛的输赢 | 拔河比赛的照片 |
| | 活动2：质量为 60 kg 的滑雪运动员不借助雪杖，从倾角为 30° 的斜坡上自静止起沿斜坡向下加速滑行，滑行 200 m 通过标志杆时的速度大小为 40 m/s。估算滑雪运动员所受的阻力 | 滑雪运动员下坡滑行的照片 |
| | 活动3：观看航天员在天宫二号上进行的水球实验，请你用所学知识对现象进行解释 | 航天员在天宫二号上进行的水球实验视频 |

（案例提供：上海空中课堂第四单元教学团队）

**案例分析**

上述学习活动分布在"牛顿运动定律"单元学习中，活动的主要目的均为运用所学的知识来解释现象或解决实际情境中的问题。当学生学完整个单元，完成这些学习活动后，我们可以明显观察到学生对物体间的相互作用如何影响物体的运动有了逐步清晰的认知，从定性到定量，从简单到复杂，学生分析运动问题的能力在不断提升和发展，同时还融合了建构模型、科学推理、质疑论证等多种素养的进阶发展。

这也就较好完成了课程标准所要求的"能从物理学的运动与相互作用的视角分析自然与生活中的有关简单问题"。可见单元的整体设计和问题情境的精心选择是学习活动设计的关键，情境可以借助课堂实验，还可以充分利用视频、图片等多媒体信息手段，让情境的呈现更丰富，更接近生活实际。

> 问题解决建议

从单元整体设计的角度精心设计基于学生学习基础的问题情境，增强学生分析实际问题的能力，有利于促进学生应用观念的核心素养在一个阶段内逐渐提升和发展。高中阶段选择若干个关键单元，针对某种观念进行突出重点的设计，将更能实现教学的有效性和针对性。

物理教师平时需要多关注生活中的科学，做生活中的有心人，对生活中的现象充满好奇心，才能有丰富的素材积累，从而选择适切的情境设计学习活动。

小提示

◎ 教师应根据课标要求，将物理观念各要素的学习要求进行分学期、分单元、分课时的目标分解。

◎ 根据分解后的目标设计形式多样、情境丰富的学生学习活动。

◎ 学习活动涉及的能力要求应课时与课时关联、单元与单元关联、学期与学期关联，逐步提高要求，以实现观念的逐步进阶与发展。

## 2-2 数字资源

2-2-1 牛顿第三定律 教学片段

2-2-2 伽利略对落体运动的研究问题设计

2-2-3 伽利略对落体运动的研究课堂实录

2-2-4 牛顿第一定律的应用活动设计

## 2-3 "能量观念"相对以往的功能知识在教学要求上有何提升？

 教学关键问题提出

物理观念主要包括物质观念、运动与相互作用观念、能量观念等要素。能量观念是重要的物理观念。能量是物质运动转换的量度，表征物理系统做功的本领。通过能量的各种不同形式及其相互转化或转移，使学生认识到能量是从更深层次反映物质运动和相互作用的本质，认识到能量守恒定律是人们认识自然界的重要工具。

以往的中学物理教学中，通常包含功、动能、重力势能、弹性势能、机械能及其守恒定律、电能、能量守恒定律等知识内容。新版课程标准提出了物理观念的内容与要求，明确了物理观念是物理概念和规律等在头脑中的提炼与升华，教师在实际教学中需要思考这样的问题：能量观念与以往的功能知识有什么差异？如何在教学中引导学生形成能量观念？

 教学关键问题分析

能量是人们研究物质世界非常重要的一个物理量，是物质运动的统一量度。物体运动虽然形式各异，但是每种运动都具有相应的能量。能量及其转化将各种运动统一、联系起来。能量概念是在人们追寻"守恒量"的过程中发展起来的，具有抽象性与概括性，能量守恒定律是自然界多样性与统一性的体现。用能量的观点和能量守恒的观点去认识和分析问题，是一种重要的方法。近代物理学的发展也伴随着对守恒量的追求。

### 一、能量观念与以往教学中的功能知识有什么差异？

能量观念的核心内容是：自然界中一切物质都具有能量；能量有多种形式，能够从一种形式转化为另一种形式，或者从一个物体转移到另一个物体；在能量转化和转移的过程中，各种形式能量的总和保持不变。功和能的具体知识内容，是形成能量观念的基础；能量观念，包括从物理学视角形成的关于能量的基本认识，是物理概念和规律等在头脑中的提炼与升华。

例如，在新版课程标准"机械能及其守恒定律"主题中，功和能的具体知识包括：力在一个过程中对物体做的功等于物体在这个过程中动能的变化；重力做功与重力势能变化的关系；在只有重力或弹力做功的物体系统内，动能与势能可以互相转化，而总的机械能保持不变；等等。但要从功和能的具体知识提升到能量观念，首先需要学生在学习这些知识的过程中，理清"做功的过程是能量转化的过程，做了多少功，就有多少能量发生转化，可以通过做功的多少定量地研究能量及其相互转化"这一线索。通过研究恒力做功与物体速度变化之间的关系，发现 $mv^2/2$ 这个量在过程结束与过程开始时的差正好等于力对物体做的功，从而定义动能；通过研究重力做功的特点引出重力势能的表达式；在机械能守恒定律的建立过程中，同样也是从研究力做功的情况切入的。学生如果能够结合这些具体问题逐步理解功和能的概念以及功能关系，不但有助于把这一章的知识融会贯通，而且有助于今后从能量的观点学习其他部分的知识，学会用能量的观点和能量守恒的观点来分析力学问题，从而有利于学生把关于机械能的具体知识进行提升，帮助他们逐步形成能量观念，即能量有多种形式，能够从一种形式转化为另一种形式，或者从一个物体转移到另一个物体；在能量转化和转移的过程中，各种形式能量的总和保持不变。

因此，能量观念与以往教学中的功能知识的主要差异在于：是否在所获得的具体的功和能概念、规律间建立了联系，是否在头脑中形成了对物理世界的完整认识，是否掌握了从能量视角认知世界的方式。

## 二、如何在功能知识教学中引导学生逐渐形成能量观念？

由于能量观念与以往教学中的功能知识存在以上主要差异，因此，要在功能知识教学中引导学生逐渐形成能量观念，就需要让学生在学习中感受功和能概念的建立过程，建立做功与不同形式能量间的联系，形成对不同形式能量的整体认识，体会从能量视角认知世界的方式。

适当了解物理学史，可以让学生认识到引入功、能概念的意义，以及概念的建立过程，从而促进能量观念的形成。如能量概念的建立。能量概念是人类在对物质运动规律进行长期探索中建立的，所有自然现象都涉及能量，人类任何活动都离不开能量。例如，在伽利略的斜面实验中，小球从斜面 $A$ 滚落，继续滚上另一个斜面 $B$，无论斜面 $B$ 比斜面 $A$ 陡些或缓些，小球的速度最后总会在斜面上的某点变为 0，如果空气阻力和摩擦力小到可以忽略，这一点距斜面底端的竖直高度与它出发时的高度相同。看起来，小球好像"记得"自己起始的高度，或与高度相关的某个量，"记得"并不是物理学语言，后来的物理学家把这一事实表述为"某个量是守恒的"，能量概念的引入是科学前辈们追寻守恒量的一个重要事例。

以功能关系为线索，建立做功与不同形式能量间的联系，促进学生认识不同形式的能量都可以从做功的角度来思考，从能量的视角分析和解决问题。例如，通过研究力在一个过程中对物体做的功来分析动能；通过研究重力对物体做的功来分析重力势能；通过研究弹簧弹力做功来分析弹性势能；通过研究重力做功、弹簧弹力做功来分析机械能及机械能守恒定律；通过研究电场力做功来分析电势能。通过做功与不同形式能量变化的分析，逐渐认识到：如果在一个过程中存在做功的现象，就必然伴随着能量变化，功的计算能够为能量的定量表达及能量的变化提供分析的基础，功是能量转化的量度。机械能守恒定律的学习，为学生分析力学问题提供能量的视角，同时有利于学生在了解更多能量形式后进一步学习能量守恒定律，形成对不同形式能量的整体认识，促进能量观念的形成。

##  问题解决路径与教学示例

### 一、感受功和能量概念的形成过程，建立做功与能量间的联系

在物理学史上，人们不但建立起各种形式的能量的概念，为了确定各种形式能量的定量表达式，人们建立并不断发展了功的概念，人类对能量及其转化的认识与功的概念紧密相连。因此，在教学中要从具体的功能知识提炼、升华形成能量观念，就要让学生感受功和能量概念的形成过程，理解并建立做功与能量之间的联系。

【案例】

动　能

**情境1**　伽利略曾研究过小球在斜面上的运动。他发现，无论斜面$B$比斜面$A$陡些或缓些，小球的速度最后总会在斜面上的某点变为0，如果空气阻力和摩擦力小到可以忽略，则这一点距斜面底端的竖直高度与它出发时的高度基本相同，如图2-3-1所示。

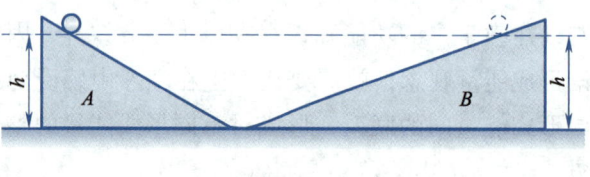

图2-3-1

问题：为什么小球运动到斜面$B$的高度与它从斜面$A$出发时的竖直高度基本相同？

分析：如果不采用能量的概念，我们也可以利用学过的知识来描述伽利略的斜面实验。我们可以说，为了把小球从桌面提高到斜面上的某个位置，伽利略施加了与重力相反的力；当他释放小球时，重力使小球滚下斜面$A$；在斜面的底部，小球由于惯性而滚上斜面$B$。但是，这样的描述不能直接表达一个最重要的事实：如果空气阻力和摩擦力小到可以忽略，小球能到达的高度必将等于它开始运动时的高度，不会更高一点，也不会更低一点。这说明某种"东西"在小球运动的过程中是不变的，这种"东西"就是能量。

在物理学的发展过程中，人们不但建立起能量的概念，还建立并不断发展了功的概念，通过对做功的分析确定了相应能量的定量表达式。在一个过程中如果存在做功的现象，存在能量变化的现象，功的计算常常能够为能量的定量表达及能量的转化提供分析的基础。因此，我们可以通过研究做功对某种能量的影响来了解这种能量。

**情境2**　通过初中的学习，我们知道物体由于运动而具有的能叫动能。影响动能大小的两个因素是物体的质量和物体的速度大小。速度大小相等时，质量越大，物体的动能越大；质量相等时，速度越大，物体的动能越大。

问题：如何定量表达物体的动能？

分析：大量实例说明，物体动能的变化和力对物体做的功密切相关。因此，研究

物体的动能离不开对力做功的分析。

质量为 $m$ 的某物体在光滑水平面上运动,在与运动方向相同的恒力 $F$ 的作用下发生一段位移 $l$,速度由 $v_1$ 增加到 $v_2$,如图 2-3-2 所示。

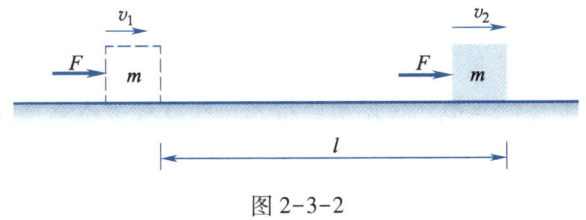

图 2-3-2

在这个过程中,恒力 $F$ 做的功 $W=Fl$,根据牛顿第二定律 $F=ma$,再根据匀变速直线运动的速度与位移的关系式,有 $l=\dfrac{v_2^2-v_1^2}{2a}$,把 $F$、$l$ 的表达式代入 $W=Fl$ 中,可得 $F$ 做的功 $W=\dfrac{1}{2}mv_2^2-\dfrac{1}{2}mv_1^2$。

从上式可以看出: $\dfrac{1}{2}mv^2$ 很可能是一个具有特定意义的物理量,因为这个量在过程结束与过程开始时的差,正好等于力对物体做的功。在物理学中就用 $\dfrac{1}{2}mv^2$ 这个量表示物体的动能,用符号 $E_k$ 表示。

(案例提供:沈兰　上海市静安区教育学院)

**案例分析**

能量的概念是人类在对物质运动规律进行长期探索中建立的,所有自然现象都涉及能量,人类任何活动都离不开能量。通过从功和能量的角度研究物体的运动,可以使学生从中领会到功的计算能够为能量的定量表达及能量的变化提供分析的基础,让学生意识到探究物体的运动不只局限于运用牛顿运动定律,还可以运用功和能的关系从能量的视角来分析运动。

🌀 问题解决建议

适当融入物理学史,可以让学生感受功和能量概念引入的必要性;创设合适的情境,让学生经历功和能量概念的形成过程,建立做功与能量之间的联系,理解功与能的变化关系是得出能的表达式的重要分析思路。促进学生理解功、能概念的意义及内涵,有助于概念在头脑中的提炼和升华,促进学生能量观念的形成。

小提示

◎ 适当"重现"物理学史中概念形成的过程,但不完全照搬。
◎ 创设符合中学生认知特点的学习情境。

## 二、建立做功与不同形式能量间的联系,从能量视角分析解决问题

以功能关系为线索,分析梳理做功所对应的不同形式能量间的转化,有利于学生

在了解了更多能量形式后进一步学习能量守恒定律,形成对不同形式能量的整体认识,促进能量观念的形成。教师通过创设情境,让学生运用能量观念分析不同运动的转换、解决实际问题,从而理解从能量视角认知世界的方式,促进能量观念的提升。

【案例】

## 功和能专题复习

**情境1** 外力对物体做正功,物体动能增大;外力对物体做负功,物体动能减小。重力对物体做正功,物体重力势能减小;重力对物体做负功,物体重力势能增大。

问题:同样是做正功,为什么外力对物体做正功则物体动能增大,而重力对物体做正功则物体重力势能减小?两者矛盾吗?

分析:一个力做功对应的是两种能量之间的转化。上面的问题只关注了力做功所对应的其中一种能量的变化,没有分析所对应的其他能量的变化。外力对物体做正功,物体动能增大,增加的能量来源于哪里?重力对物体做正功,物体重力势能减小,减小的能量到哪里去了?如果我们把一个力做功所对应的两种能量的变化都进行分析,就会发现两种情况其实是一致的,如表2-3-1所示。①

表2-3-1 一个力做功与能量变化

| 运动形式 | 做 功 | | 能 量 变 化 | |
|---|---|---|---|---|
| 机械运动 | 外力做功 | $W_{外力}$为正功 | 物体动能↑← | 外界其他能↓ |
| | | $W_{外力}$为负功 | 物体动能↓→ | 外界其他能↑ |
| | 重力做功 | $W_{重力}$为正功 | 物体动能↑← | 重力势能↓ |
| | | $W_{重力}$为负功 | 物体动能↓→ | 重力势能↑ |

外力对物体做正功,物体动能增大,其实对应的是外界其他形式的能量减小,转化为物体动能。重力对物体做正功,物体重力势能减小,减小的重力势能转化为物体的动能,物体动能增大,所以仍然符合外力对物体做正功则物体动能增大这一规律。因此,两者是一致的,不矛盾。

一个力做功对应的是两种能量之间的转化。在分析问题时,要同时关注两种能量的变化。不同的运动形式,对应不同的做功形式和能量转化。表2-3-2列举了不同的力做功与能量转化的情况。

表2-3-2 不同的力做功与能量转化

| 运动形式 | 做 功 | | 能 量 变 化 | |
|---|---|---|---|---|
| 机械运动 | 外力做功 | $W_{外力}$为正功 | 物体动能↑← | 外界其他能↓ |
| | | $W_{外力}$为负功 | 物体动能↓→ | 外界其他能↑ |

---

① 为了书写简便,本案例的表格中,↑和↓分别表示增大和减小;←表示外力对物体做正功;→表示外力对物体做负功,即物体克服外力做功。

续表

| 运动形式 | 做 | 功 | 能 量 变 化 | |
| --- | --- | --- | --- | --- |
| 机械运动 | 重力做功 | $W_{重力}$为正功 | 物体动能↑← | 重力势能↓ |
| | | $W_{重力}$为负功 | 物体动能↓→ | 重力势能↑ |
| | 弹簧弹力做功 | $W_{弹力}$为正功 | 物体动能↑← | 弹性势能↓ |
| | | $W_{弹力}$为负功 | 物体动能↓→ | 弹性势能↑ |
| | 摩擦阻力做功 | $W_{摩擦力}$为负功 | 物体动能↓→ | 内能↑ |
| 热运动 | 气体压力做功 | $W_{气体压力}$为正功（如气体膨胀推动机械） | 外界其他能↑←（如机械能） | 内能↓ |
| | | $W_{气体压力}$为负功（如压缩气体） | 外界其他能↓→（如机械能） | 内能↑ |
| 电磁运动 | 电场力做功 | $W_{电场力}$为正功 | 物体动能↑← | 电势能↓ |
| | | $W_{电场力}$为负功 | 物体动能↓→ | 电势能↑ |
| | 电路中的静电力做功 | $W_{静电力}$为正功（即电功） | 外界其他能↑←（如用电器内能） | 电能↓（即电势能） |
| | | $W_{静电力}$为负功（如电源中非静电力克服静电力做功） | 外界其他能↓→（如化学能） | 电能↑（即电势能） |
| | 安培力做功 | $W_{安培力}$为正功 | 物体动能↑← | 电能↓ |
| | | $W_{电场力}$为负功 | 物体动能↓→ | 电能↑ |

能量是物质运动转换的量度，因此对于较复杂的实际问题，运用能量观念，从能量的视角分析解决实际问题，是非常重要的途径。

**情境2** 某汽车在匀速行驶时发动机和传动与变速系统内的功率分配关系如图 2-3-3 所示。图中数据为车以 $v_0=72$ km/h 的速率匀速行驶时的功率。汽车行驶时所受空气阻力与瞬时速率的关系为 $F_a=kv^2$（$k$ 为恒量），所受路面的阻力 $F_s$ 大小恒定。

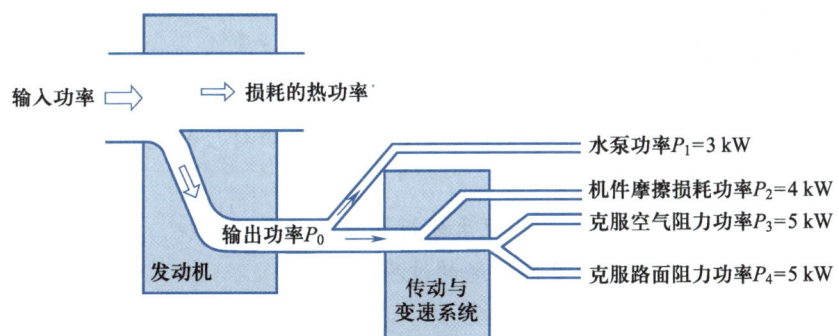

图 2-3-3　功率分配关系（速率为 72 km/h 匀速运动时）

问题：(1) 汽车以 $v_0$ 匀速运动时，发动机的输出功率 $P_0$；(2) 汽车以 $v_0$ 匀速运动时受到的驱动力 $F$。

分析：日常教学中，学生接触到的汽车行驶问题大都进行了高度的理想化处理，一般认为汽车的牵引力等于路面对车的阻力，因此也就认为发动机的输出功率等于汽车克服路面阻力的功率。而这幅图更符合实际的功率分配情况，如何理解图中各个功率的关系是解决问题的关键。

功率问题实质反映的是能量问题。可以从能量的视角理清其中能量是如何转化的。在这个问题中，输入能量（一般是化学能）转化为气体的内能，气体推动发动机活塞做功，从而得到我们需要的机械能。在发动机以输出功率 $P_0$ 输出能量时，输入的能量中有不少能量以热的形式被损耗了，如气体发热，还有活塞摩擦也会生热。发动机输出的能量分为几个部分：发动机提供的汽车牵引力用来克服汽车前进时遇到的阻力，路面阻力、空气阻力都是汽车前进时的阻力，克服这两个阻力做功的能量均来源于输出的机械能；水泵获得的能量、机件摩擦损耗的能量都是损耗的能量。所以发动机的输出功率 $P_0$ 为这些功率之和，是 17 kW。汽车的驱动力等于空气阻力与路面阻力之和，是 500 N。

**案例分析**

教师通过以上做功与不同形式能量转化的分析梳理，使学生逐渐认识到：如果在一个过程中存在做功的现象，就必然存在能量变化，不同形式的功对应不同形式能量的转化；逐渐形成对能量的整体认识：能量有多种形式，能够从一种形式转化为另一种形式，做功的过程是能量转化的过程，做了多少功，就有多少能量发生转化。教师在运用能量观念从能量的视角分析解决实际问题的过程中，引导学生体会能量是物质运动转换的量度，能量视角是分析解决问题的重要视角，从而促进学生能量观念的提升。

**问题解决建议**

对每一种形式能量的学习，均应以功能关系为线索，建立做功与相应的能量转化的联系。在从做功的角度对多种形式能量认识的基础上，体会能量形式的多样性，逐渐认识不同形式的能量都可以从做功的角度来思考，从而形成对不同形式能量的整体认识。教师创设从能量的视角分析和解决问题的情境，让学生在运用能量观念分析解决实际问题的过程中，提升能量观念。

---

小提示

◎ 以功能关系为线索理清不同形式功对应的能量转化，形成对不同形式能量的整体认识。

◎ 创设从能量的视角分析和解决问题的情境，让学生经历运用能量观念分析解决实际问题的过程。

## 2-3 数字资源

2-3-1　功能知识
与能量观念

2-3-2　做功与不同形式
能量的转化 机械能

2-3-3　应用能量观念
解决实际问题 促进
能量观念提升

2-3 「能量观念」相对以往的功能知识在教学要求上有何提升？

## 2-4　教学中如何引导学生从知识学习上升为观念形成？

### 教学关键问题提出

知识是储存在人脑中的，用于完成已习得任务的任何信息及其构成的各种复杂的网络结构；观念是思想意识，是客观事物在人脑里留下的概括形象。[1] 物理知识是人类用物理学的思想方法在研究物质世界的变化规律过程中所获得的认识和经验的总和，是对物质世界的描述，由众多的物理事实组成的，包括物理概念、物理规律等。物理观念是物理学科核心素养的要素之一，是关于物质、运动与相互作用、能量的基本认识；是物理概念和规律在头脑中的提炼与升华；是从物理学视角解释自然现象和解决实际问题的基础。以下要讨论的知识与观念都是指物理学科领域的物理知识和物理观念。

观念是在知识的基础上建立的，每一个观念都有相应的知识体系，所以观念的形成离不开知识的学习。通过研究物理学的发展史我们可以看出，由于物理观念覆盖了人类关于物质世界的总的看法，所以物理观念能够促进与引导物理知识的发展。传统课堂中知识学习是主要教学目标，随着学科核心素养形成作为教学目标被提出后，很多教师在教学中产生困惑：观念和知识在最终学习成果上有什么不同？在具体的教学中应如何实现这些不同呢？

### 教学关键问题分析

以形成物理观念为教学目标的课堂，意味着教师要始终注重加强学生对物理学科特征和本质规律的认识，激发学生深刻理解物理知识，帮助学生经历和体验知识的建构过程。佩伯特提出的建构主义学习理论，把学习的过程视为学生在已有知识的基础上纳入新的信息，通过已有知识建立起对新信息的理解，并且在与他人的交流、互动中建立新知识结构的过程。可见，在观念形成的过程中，学生的知识结构也不断发生变化。观念与知识有密切关联，又有所不同。

#### 一、观念和知识在最终学习成果上有什么不同？

由于物质世界不以人的意志为转移，物理知识作为无数物理概念和规律的集合，具有客观性。物理知识本来是具备一定逻辑关联的单元组成的整体，但教材的编写因

---

[1] 夏征农，陈至立. 大辞海：教育卷 [M]. 上海：上海辞书出版社，2014：78.

为受诸多因素的限制，将这些知识分解成若干章节，从表面上看，教材呈现出的物理学科的具体知识是零散的、分离的，但这些看似一个个独立的部分却有逻辑联系。因此，在以知识形成为目标的教学中，学生最终的学习成果就是这些知识，而知识之间的逻辑联系往往被忽视。物理观念则具有主观性，每个学习者可以用自己的学习方式去凸显知识内在的逻辑联系，也就是对客观存在的概念和规律进行进一步的提炼，把这些零散的、分离的概念和规律组合成更优化的知识结构，得到某一知识领域的核心内容。这些内容在学生的头脑中形成观察自然现象的物理视角，也是学生解决实际情境问题的思维指南。

## 二、如何调整教学目标才能指向观念形成？

既然观念和知识在达成的效果上存在差异，那么指向观念形成的教学目标就要研究观念的形成过程。物理观念的形成，是某一领域内从具体细微到提炼升华的过程。学生在认识各种物理现象和事实，建立基本物理概念和规律的基础上，通过基本概念和规律的相互联系和整合，建构或确认核心概念与规律，再通过核心概念与规律之间的联系整合，提炼升华，形成物理观念。已有的物理观念会反过来统领该领域的物理现象与事实、概念与规律及其内隐的思维方式和科学方法。可见，要在以前知识学习的基础上调整教学目标，使其指向观念形成，就要帮助学生构建有优化结构的知识系统，从而形成物理学的视角。下面以"力的分解"教学目标的设计为例，通过对比知识学习和观念形成的教学目标，来呈现知识系统结构如何优化，如表2-4-1所示。

表2-4-1　知识学习和观念形成的教学目标比较

| 目的 | 知识学习 | 观念形成 |
| --- | --- | --- |
| 教学目标 | 1. 用力的分解求解物体的受力问题<br>2. 根据"力的作用效果"来判定分力的方向<br>3. 用平行四边形定则根据判定的分力方向进行力的分解 | 1. 理解力的分解的等效替代的思想<br>2. 会用平行四边形定则求解有确定解的两个分力 |

以观念形成为目的时，"力的分解"这节课不要求学生把力的分解直接用来求解物体的受力，只要求会用平行四边形定则求解有确定解的两个分力；把"力的分解"作为牛顿定律解决问题的一个环节来处理，求解物体的受力在共点力平衡、牛顿第二定律中实现。"共点力的平衡"作为"运动与相互作用观念"的核心知识，是高中物理学习中形成这一视角的起点。新版课程标准指出，"能用共点力的平衡条件分析日常生活中的问题"，而不是用"力的分解"，它突出了运动与相互作用的关系，即物体的运动如果处于平衡状态，则物体在相互作用中所受的合力便等于零，这是核心知识。力的分解不过是求解过程中的一个计算手段，物体受力的计算应该在学习共点力平衡时完成，而不是学习力的分解时就匆忙做这些题目。很明显，以观念形成为目标时，在知识结构上，把"共点力的平衡"视为核心知识。

用共点力平衡条件分析具体问题时，需要选择相互作用的对象，分析相互作用的物理量，列出相互作用关系的方程，这是一种分析物理问题基本且重要的思路。这种核心思路和关键视角，普遍用于分析力学、热学、电磁学等问题，是运动与相互作用观念的重要内容。同样，要形成物质观念和能量观念，学生的学习成果不仅包括客观存在的知识，也包括结构化的相应知识系统，这是突出核心知识的物理视角。

因此，要帮助学生形成物质观念和能量观念的视角，需要教师调整教学目标，优化相应知识系统的结构。

### 三、如何让单元目标成为从知识学习到观念形成的桥梁？

将教育目的具体化，可以得到课程标准；将课程标准具体化，就可以得到学习目标。学习目标可以划分为几个层级：学段目标、学年目标、学期目标、单元目标和课时目标。这之中的单元目标尤其应当引起重视，它比学段目标、学年目标、学期目标更为具体，比课时目标更具有系统性。单元目标显示了教和学的大方向，同时也对教学的全过程做出支配。单元目标设计是为解决不同物理知识之间的孤立、呈现零散等问题，以系统论和整体思维为指导，强调教学中整体与部分之间的关联，是大概念统摄下进行的教学规划。

可见，单元目标以整合本章内或不同章节间的知识为教学内容，各课时之间的知识逻辑联系紧密、贯通性强。因此，在设计单元目标时，教师要找到物理观念中的物理视角，再分析有哪些核心概念和规律能形成这样的物理视角，这些概念和规律可以通过哪些实实在在的知识载体来落实等。当教师心中时刻装着物理学科核心素养的目标，整体的单元目标设计就会指向核心素养的总目标，在单元目标设计时寻找三大物理观念的载体，按照物理观念的五个水平，由低到高在不同的课时谋求目标的达成。而课时目标，则是通过设计几个教学目标实现，每个教学目标设置几个学生活动，每个活动再通过实际情境、问题设计、学习方式的选择等来实现。例如，思考情境的创设能否提供丰富的背景材料关联知识，并将注意力聚焦到活动目标的观念形成之中；问题的设计是否有明确的指向性、启发性、层次性，能否激起学生对物理概念规律的深层次思考，并落实在核心概念与规律上；探究学习方式的设计是否体现了"问题、证据、解释、交流"等要素，能否真正发展学生的思维能力并指向物理观念；等等。

这样的学习过程有助于促进思维从低级向高级发展，学生经历这样的学习过程有助于提炼升华核心概念与规律，它能够在知识学习与观念形成之间架起一座桥梁。

 问题解决路径与教学示例

### 一、通过单元教学设计形成物理知识体系

素养时代，单元教学设计被认为是"撬动课堂转型的一个支点"。[①] 在深入解读课

---

① 钟启泉. 单元设计：撬动课堂转型的一个支点 [J]. 教育发展研究，2015，35（24）：1—5.

程标准、确定单元核心知识内容，以及深入分析学生学情的基础上，确定单元教学目标，再把单元教学目标和内容拆分成每课时的教学目标，这样每一课时就是单元整体教学的一个环节。物理观念作为一个不可分割的整体，仅通过一节课是不可能完成的，但在实际教学中，我们可以把一节课的"物理观念"教学理解成：通过一节课的物理概念与规律的学习，学生对相关问题获得认识，这种认知甚至可以小到只是对很具体的物理事实的陈述。大量这样的认知汇聚，最终形成物理观念。我们建议的单元教学设计主线如图 2-4-1 所示。

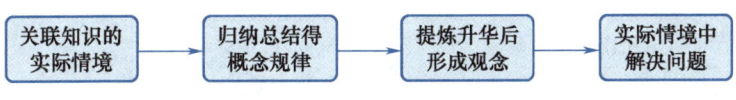

图 2-4-1　单元教学设计主线

这一教学设计主线的基本含义是：首先将教材章节的内容规划为若干单元；然后在一个单元内，根据课程标准和教材分析单元结构，以及核心知识与观念形成的关联，单元教学目标要导向观念的形成，核心任务要围绕观念的形成，将核心任务具体化，创设序列化的学习活动；最后将序列化的活动落实到各个课时的教学设计，如表 2-4-2 所示。

表 2-4-2　单元教学设计主线及内容

| 单元教学设计主线 | 单元教学设计内容 | 说　明 |
| --- | --- | --- |
| 单元教学的单元规划 | 按教材章节划分单元 | 知识的内在逻辑联系 |
| 单元教学的任务分析 | 单元内容结构分析 | 课标分析<br>教材分析 |
|  | 核心知识与观念关联分析 |  |
|  | 学情分析 | 确定教学难点 |
| 单元教学的目标确定 | 核心任务分析 | 围绕观念的形成 |
|  | 单元教学目标 | 导向观念的形成 |
| 单元教学的结构创建 | 教学结构列表 | 学习活动设计 |
|  | 核心任务说明 | 表格方式呈现 |
| 单元教学的课时教学 | 课时教学流程图 | 按课时逐一列出 |
|  | 课时教学流程图说明 |  |

下面我们挑选几个方面进行阐述。

单元规划是在对课程标准、教材进行深入解读后，形成特定主题的单元系列。完成单元规划主要有三个步骤：第一，研读课标，划分单元。单元的划分主要依据形成观念需要提炼的核心知识，也可以依据教材章节，还可以按照课程标准主题或者围绕特定的问题解决来规划单元。第二，构建单元系列，分析各单元间的逻辑联系。教师要先分析清楚各单元教学将会落实哪些物理学科核心素养，并找到各单元之间的逻辑联系。第三，确定单元内容。需要说明的是，单元内容不应局限于教材，凡是有益于本单元相应核心素养落实的教学资源都可以作为教学内容。在选定单元内容后，按照教学内容的逻辑顺序加以组织，使其知识结构更合理。一般而言，单元规划是建立在其他方面详细分析的基础之上的。

下面以"电场"为例，对单元核心知识与观念形成关联分析。

【案例】

### 电　场

| 编号 | 核心内容 | 观念形成 | 物理观念 |
|---|---|---|---|
| 1 | 电荷量　基元电荷 | √ | |
| 2 | 电荷间的相互作用 | √√√ | |
| 3 | 电场 | √√ | |
| 4 | 电场强度　电场线 | √√ | 运动与相互作用观念 |
| 5 | 静电的利用和防范 | √ | |
| 6 | 真空中的库仑定律 | √√ | |
| 7 | 匀强电场 | √ | |
| 8 | 电势能 | √√ | |
| 9 | 电势　电势差 | √√ | 能量观念 |
| 10 | 电场力做功与电势差的关系 | √√ | |

**案例分析**

这里用1至3个"√"表示关联度，关联度越高说明对应的知识是形成观念的核心知识，在教学中需要提炼升华。由于核心素养的四个方面不可分割，科学思维的培养是物理教学的核心；科学探究是物理教学的手段，同时也是学生应掌握的方法；科学态度与责任要贯彻在整个教学过程中。所以对单元核心知识与观念关联进行具体分析时，并不意味着知识只与观念关联，在具体的课时教学中，我们更多的是呈现知识与素养的关联。

下面以"直线运动"示例单元教学的结构创建和结构设计。

【案例】

### "直线运动"单元教学的结构创建

| 任务及其分解 | 教学内容 | 课　时 |
|---|---|---|
| 描绘运动物体的轨迹 | 质点、位置、参考系物理模型 | 1 |
| 描述运动物体位置随时间的变化 | 时间、时刻、位移，$s$-$t$图像 | 2 |
| 描述运动物体位置变化的快慢 | 平均速度、瞬时速度 $v$-$t$图像 | 2 |
| 描述运动物体速度变化的快慢 | 加速度 | 2 |
| 描述匀变速运动的物体 | 匀变速运动的规律 | 2 |

## "直线运动"单元教学的结构设计

| 对应课时 | 活动过程 | 活动说明 |
| --- | --- | --- |
| 1. 质点、位置、参考系 | 观察讨论：播放磁悬浮列车的运动视频，磁悬浮列车能否看作质点呢？列车的位置及其变化如何描述呢？ | 引导学生分析：<br>磁悬浮列车整体向前运动。列车长度（100 m 左右）相对于约 30 km 的轨道长度可忽略不计。列车在整个运动过程中可抽象为质点模型，不考虑其大小和形状。当我们描述列车进站的时间，列车的长度会影响结果，列车不能看作质点。<br>位置的描述需要一个参考系，视频中学生可以看到以列车为参考系，轨道或旁边的树木，位置在飞快地后退，如同贴地飞行。不过要确切描述位置，通常需要一个坐标系。 |
| 2. 时间、时刻、位移 | 观察表格：<br><br>| 方向 | 时间段 | 发车间隙 |<br>| --- | --- | --- |<br>| 磁浮龙阳路站发出 | 6:45—7:00 | 15 分 |<br>| | 7:00—8:40 | 20 分 |<br>| | 9:00—18:45 | 15 分 |<br>| | 19:00—21:40 | 20 分 |<br>| 磁浮浦东机场站发出 | 7:02—8:42 | 20 分 |<br>| | 9:02—18:47 | 15 分 |<br>| | 19:02—21:42 | 20 分 | | 这是一张磁悬浮列车的运行时间表，请问这里的数字，哪些表示时刻，哪些表示时间呢？如果我 8:30 到龙阳路站，几点能到浦东机场站？ |
| 3. 平均速度、瞬时速度 | 拍摄到的数据：<br><br>430 km/h | 引导学生分析：如何描述列车运动快慢？<br>有同学可能会想到，用单程路程除以对应的时间，比值约为 180 km/h。但是，另一个同学会用路程 30 km 除以对应的时间，比值约为 225 km/h。它们有什么区别？哪一个更有实际意义？如果你乘坐磁悬浮列车，会看到车厢上方显示屏上显示着列车速度，有人拍到显示屏上为 430 km/h，仅维持了几秒钟。请问，这个速度和平均速度又有什么区别呢？ |

续表

| 对应课时 | 活动过程 | 活动说明 |
|---|---|---|
| 4. 平均速度、瞬时速度 | 用导航显示运动情况：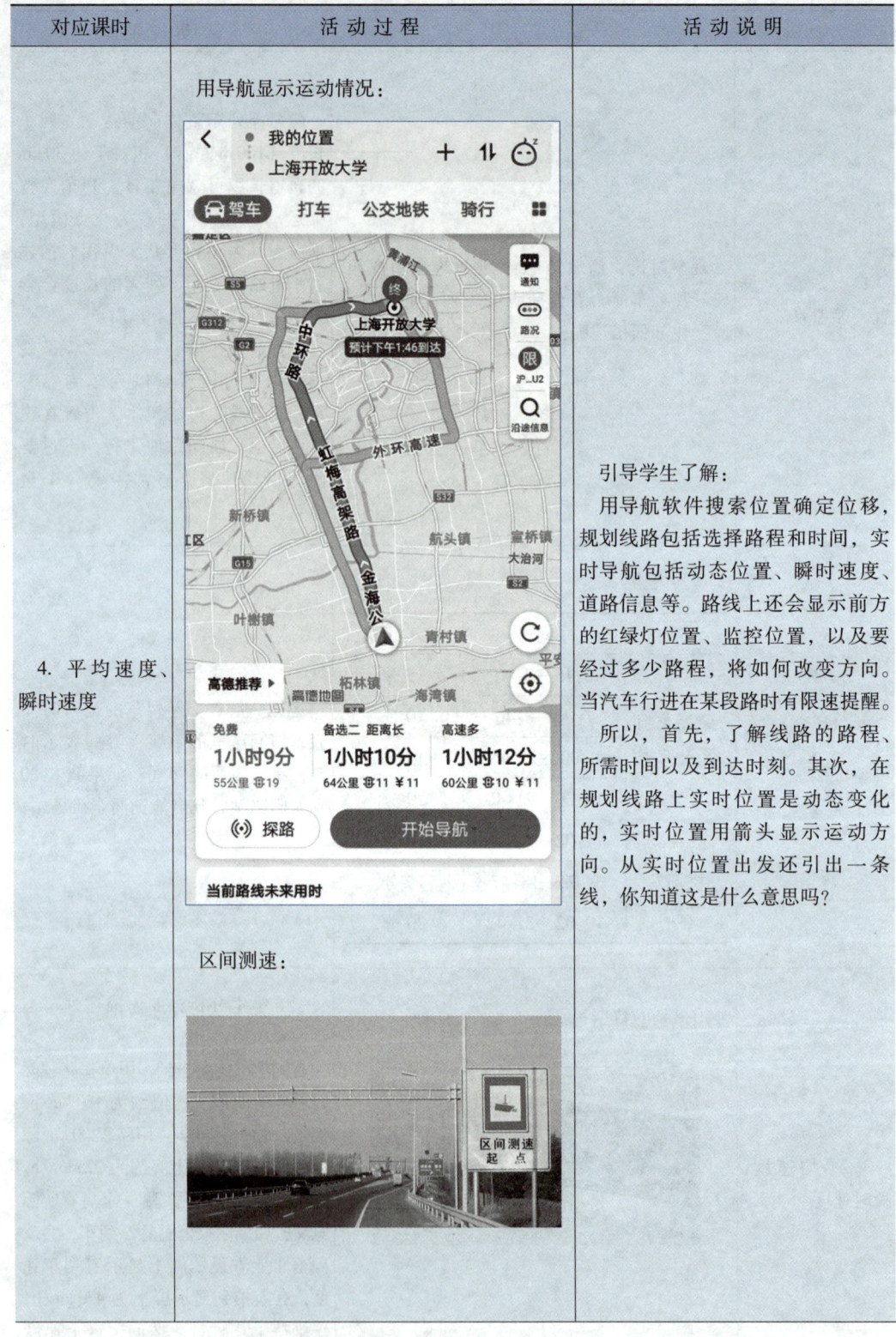区间测速： | 引导学生了解：<br>用导航软件搜索位置确定位移，规划线路包括选择路程和时间，实时导航包括动态位置、瞬时速度、道路信息等。路线上还会显示前方的红绿灯位置、监控位置，以及要经过多少路程，将如何改变方向。当汽车行进在某段路时有限速提醒。<br>所以，首先，了解线路的路程、所需时间以及到达时刻。其次，在规划线路上实时位置是动态变化的，实时位置用箭头显示运动方向。从实时位置出发还引出一条线，你知道这是什么意思吗？ |

续表

| 对应课时 | 活 动 过 程 | 活 动 说 明 |
|---|---|---|
| 5. 加速度 | 视频：列车离开龙阳路站和进站的运动情况如下。<br><br>在此过程中列车是如何运动呢？你判断的依据是什么？ | 引导学生分析：用数据证明列车离站加速、进站减速，用固定镜头拍摄时，能看到列车在相同时间内位置变化越来越快，或者变化相同位移的时间越来越短，就表明速度在增大，反之速度在减小。<br>那么，速度变化的快慢如何描述呢？<br>如图所示，这是视频中截取的四个特殊状态，以及对应的时刻。若列车出站做匀加速直线运动，设车厢长度 25 m，你能否根据图片信息，估算出列车的加速度？（每一幅图对应两节车厢衔接处红色按钮，第一幅图是第二节车厢到达时刻，第二幅图是第二节车厢离开时刻或第三节车厢到达时刻，第三幅图是第三节车厢离开时刻，第四幅图是第四节车厢离开时刻。由此可得，第二节车厢经过镜头时间为 2.83 s，第三节车厢经过时间为 2.25 s，第四节车厢经过时间为 1.95 s。仔细观察每节车厢的窗户，发现车厢长度相等，均为 25 m，则根据匀变速直线运动规律，可求出平均加速度 $a$ 为 $0.85\ \text{m/s}^2$） |
| 6. 匀变速运动 | 汽车通过 ETC 和人工通道。<br>《中华人民共和国道路交通安全法实施条例》第八十条：机动车在高速公路上行驶，车速超过 100 km/h 时，应当与同车道前车保持 100 m 以上的距离，车速低于每小时 100 km 时，与同车道前车距离可以适当缩短，但最小距离不得少于 50 m | 学生讨论：<br>汽车通过 ETC 通道比通过人工收费通道节约多少时间？能否画出对应的 $v$-$t$ 图像？<br>关于安全距离规定的依据何在？<br>首先，要明确安全距离的概念。公路上行驶的汽车，司机从发现前方异常情况到紧急刹车，最后车停止运动，仍将前进一段距离。要保持安全，这段距离内不能有车辆和行人，因此把它称为安全距离。<br>其次，我们做一个估算。通常情况下，人的反应时间和汽车系统的反应时间之和为 1 s（这段时间汽车仍保持原速）。一般情况下，汽车在紧急制动时加速度为 $0.6g$ 到 $0.8g$。请你估算一下，车速为 100 km/h 时，安全距离为多少米？ |

（案例提供：周世平　上海市奉贤中学）

**案例分析**

从这个案例可以看到，教师创建循序渐进的知识结构，目的是将单元的教学内容进行分解，细化到各个课时；设计有逻辑关联的教学结构，围绕核心任务设计有关联的序列化学生活动。而这些设计都指向学生知识学习的变化，形成更系统、更优化的物理知识体系。

**问题解决建议**

单元教学设计以优化物理知识体系的结构为导向，分析教材中有明确逻辑关联的内容，重新组合为相对完整的教学单元，并有序规划单元教学设计的各种教学要素。各个单元的设计是以系统化的学科知识作为基础，围绕核心概念生成核心知识，构成以核心概念为主线的单元设计，将教材内隐的系统性以学生的学习单元形式显现化，在循序渐进中解析核心概念产生的缘由和核心知识间的上下位或并列关系，对散落于教材一章或多章的内容进行重组。学生在知识体系的重组与应用中能更好地感知学科知识的系统性、整体性和关联性，从而获得应用知识和方法解决实际问题的能力。

这样学生才可能将知识的学习循序渐进地上升为观念的形成。

**小提示**

◎ 教师要熟悉观念形成所包含的核心概念和规律。
◎ 对核心概念和规律的形成要进行目标分层。
◎ 围绕核心目标，要设计序列化的学习活动。

## 二、梳理知识结构图将逻辑思维过程可视化

物理知识结构图，就是以物理知识点和学科内在的逻辑线索组成的结构图。在高中物理教学中引入物理知识结构图，让学生把头脑中零散的知识点间的逻辑关系构建起来，可以使学生的逻辑思维过程可视化。用物理知识结构图来认识构建物理知识内在的规律及相互关系时，要从某一核心概念到某一规律，再到某一章的知识，直至某一研究领域。学生在完成一个单元的学习后，要以单元整体知识为背景，以单元核心概念为主线，构建知识点间的联系。

【案例】

### 力和运动关系的知识结构图

运动与相互作用观是高中物理三大观念之一。运动与相互作用涉及的知识点非常多，从直线运动到曲线运动，从对物体的受力分析到力的合成与分解，从学习牛顿三大运动定律到解决实际问题。要促进学生形成物理观念，就要找到这些知识点之间的逻辑关联。图2-4-2为力和运动关系的知识结构图。

研究生活中与运动有关的现象，需要学习描述运动的物理量以及常见的运动等内容，结构图中包括与运动相关的模型建构、逻辑推理等物理学思想方法；研究运动现象背后的原因，需要学生分析生活中常见的力和共点力，结构图中包括相互作用所涉及的等效替代、科学探究等物理学思想方法；而牛顿运动定律则为我们解释现象背后的原因提供了理论依据。

（案例提供：沈兰　上海市静安区教育学院）

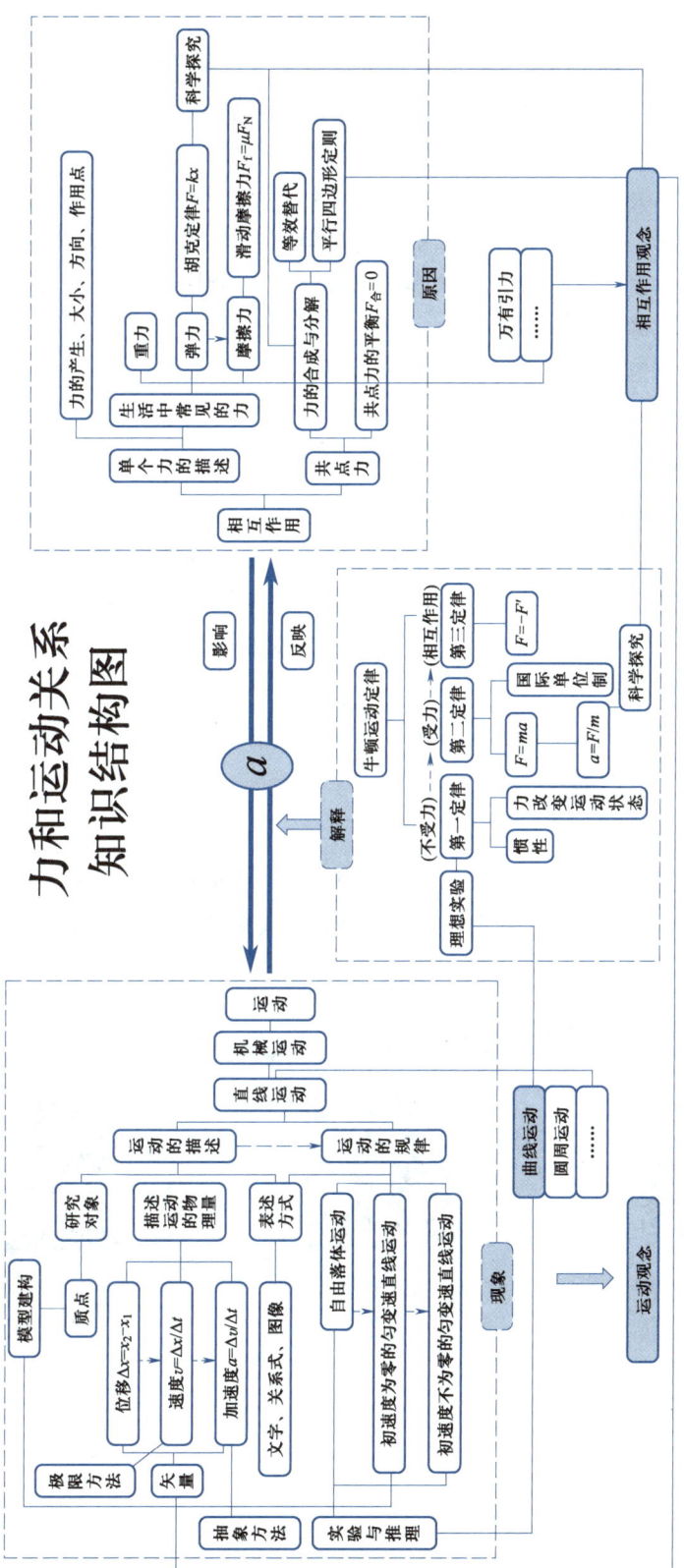

图 2-4-2 力和运动关系的知识结构图

**案例分析**

学生在构建运动和相互作用关系的知识结构图时，需要思考所学运动规律、特征，从物体的受力特点、运动规律两个方面建立联系，便于学生了解知识体系的整体思想，有利于学生把零散的知识点串成整体的知识框架体系，有利于促进学生形成物理观念。学生在用物理观念解决实际情境问题时，由于涉及的物理量较多，对物理量之间的逻辑联系不够熟悉，往往不知道该从哪里入手。构建知识结构图可以帮助学生熟悉物理量之间的关系，用结构图快速寻找已知量和未知量之间的最短"路径"，整合各种解决问题的方法，理清思路。在这个过程中，学生的逻辑思维就"可视化"了。面对实际情境，反复分析结构图，提升学生探求知识和规律在具体情境中的应用能力，逐步培养学生解决实际情境问题的能力。

**问题解决建议**

用知识结构图把大脑活动过程中分析问题的思维流程表现出来，可以减轻学生在头脑中思维的负担。在复习时，用结构图构建知识点之间的联系，有助于学生形成物理知识体系；在归纳总结解决问题的方法时，可以用结构图分析物理量之间的逻辑关系，理清解题思路；在解决问题时，学生可以反复对结构图思考、质疑、论证，直到找到解决问题的关键条件。

在高中物理教学中引入知识结构图，可以丰富学生分析问题的方法降低思维难度，有效促进学生问题解决的能力。

小提示

◎ 复习课画物理知识结构图，使知识的逻辑联系可视化。

◎ 在实际情境中画知识结构图，使解决问题的逻辑过程可视化。

### 2-4 数字资源

2-4-1 教学中如何引导学生从知识学习上升为观念形成

2-4-2 直线运动单元复习

2-4-3 运动和力单元复习

# 单元3 关于"科学思维"的教学关键问题

## 3-1 如何创设培养学生模型建构能力的适切情境？

###  教学关键问题提出

模型是人们为实现某种特定的目的而对研究对象做的简化。不同学者对物理模型的界定有所不同，早期人们提出，由于实际问题往往复杂多变，包含一些非本质的枝节，物理模型就是根据研究目的将研究对象理想化，抓住主要因素，略去一些次要因素，从而得到简洁的物理规律。根据物理问题解决过程中的要素，物理模型通常分为对象模型、过程模型、状态模型、条件模型等。在物理学中，突出问题的主要因素，忽略次要因素，建立理想化的物理模型，并将其作为研究对象，是经常采用的一种科学研究方法。

"模型建构"是基于经验事实建构物理模型的抽象概括过程。模型建构也是科学家的核心活动，对科学知识的建立有密不可分的关系。模型建构是物理科学思维能力的一个重要维度，也是一种重要的科学思维方法。建构物理模型的能力是学生分析能力、创造能力、实践能力和科学素养的综合体现，也是人类认识世界的一种方式。普通高中物理课程标准中提出：体会建构物理模型的思维方式，认识物理模型在探索自然规律中的作用。模型建构一直作为教学要求被提出，但具体内容一直在变化中。那么，新版课程标准中的模型建构与传统教学中模型建构的主要区别是什么？教师应如何设计培养学生模型建构能力的适切情境呢？

### 教学关键问题分析

物理模型是对一类自然现象的本质特征的概括，它能够简明扼要、清楚直观地揭示物理现象的本质，帮助人们认识和改造世界。布鲁纳的发现学习理论认为，认识是一个过程，而不是一种产品。通过研究，我们不难发现，物理学的发展就是科学家不断建构物理模型的过程。在这个过程中，当科学家发现旧的物理模型不再适用新的物理规律或者无法解释新的物理现象时，就会运用物理学的知识和方法对模型进行修正，建立更适用的新的物理模型。教师创设科学的情境，最重要的目的就是让学生从这个过程中感受科学家用了哪些物理知识和方法，如何进行模型建构。目前，这一过程的教学还有待进一步丰富。在传统物理教学中，学生很少意识到他们正在建构模型或使用模型来解释他们所观察到的现象，也较少明确地讨论模型的本质和功能，学生很少通过科学知识的建构历程获得对知识深刻而全面的理解，因此需要更多的机会在真实情境中建构模型。由于模型建构是由客观物质世界过渡到物理概念、物理规律和物理理论的中间核心环节，所以教师每节课都要有意识地培养学生模型建构的能力。

## 一、新版课程标准中的模型建构与传统教学中模型建构的区别?

2003年版的《普通高中物理课程标准（实验稿）》提出：认识物理模型在物理学发展中的作用。教师根据课程标准中有关物理模型建构的内容要求进行教学，但经常是把物理模型作为物理知识中的概念来进行教学的，多采用讲授的方法告知学生，如"质点模型就是用一个有质量的点代替物体"。学生解决的问题也缺少模型建构的环节，如"小球沿粗糙斜面下滑……"，学生直接把小球看成质点模型，而小球沿斜面的运动抽象为"匀速直线运动模型或匀加速直线运动模型"。因为以前的评价体系中没有考查模型建构过程，所以学生基本上都是学习几个经典模型，解决问题时只要记住教师总结的经典模型"对号入座"即可。《普通高中物理课程标准（2017年版2020年修订）》提出学生应具有构建模型的意识和能力。在学业质量的水平五中明确指出：学生能根据解决问题的需要建构恰当的物理模型。可见，新版课程标准中的模型建构教学，要求教师在课堂上用生活中的或教材提供的情境，让学生去经历模型建构的过程，学生要解决的问题也是实际情境问题。同样是"小球沿粗糙斜面下滑……"，学生要解决小球为什么可以当成质点，小球受到的滚动摩擦力和空气阻力为什么不用考虑，小球受到的阻力会不会随速度发生变化等问题。如果说传统教学中的模型建构重在回答"模型是什么"，是知识层面的问题；那么新版课程标准中的模型建构则重在回答"模型为什么是这样"以及"如何建构模型"，这显然是思维层面的问题。

在解决实际情境问题时，学生的思维过程首先是将"情境化的问题"转化为"非情境化的问题"，这个过程要运用已有的物理知识以及分析、判断、简化、抽象等思维方法，然后实现从"非情境化的问题"到"问题解决"，这个过程要运用物理知识和数学工具进行推导和演算。解题思维过程如图3-1-1①所示。传统教学重在落实物理知识、规律和方法，由此可见，传统的模型建构更多的是发生在从"非情境化的问题"到"问题解决"这一过程。这与让学生从物理学的视角，把物理知识、方法与自然规律结合起来，将生活中的各种物理现象建构成适当的物理模型再来解决

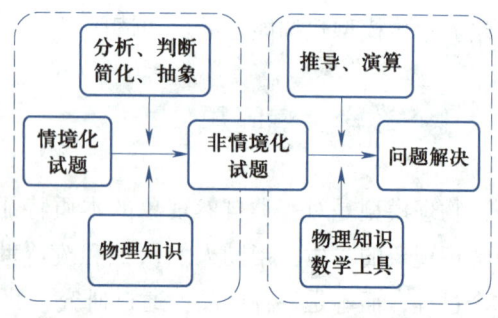

图3-1-1 解题思维过程

实际问题，是有明显区别的。当下的物理教学要求教师在原来教学的基础上，补上把"情境化的问题"转化为"非情境化的问题"这一过程，也就是模型建构的过程。学生要解决的是真实情境中的问题，物理模型是在情境中形成和建立的，可见，情境对模型建构至关重要。

---

① 引自教育部考试中心李勇的讲座。

## 二、真实情境都适合培养模型建构的能力吗？

真实情境包括生活情境和科学情境等。生活情境有大自然中与物理相关的现象（如彩虹、日食），有与生产生活紧密联系的物理问题（如乒乓球、滑雪），还有科技前沿（如载人航天、北斗导航系统）。常见的科学情境有物理学史情境，如概念和规律的产生和发展过程、物理学家探索发现概念和规律的过程和研究方法。新版课程标准指出：教学中要根据物理模型的特点，联系生产生活环境，从多个角度创设情境，提出与物理学有关的问题，引导学生讨论，让学生体会建构物理模型的必要性和方法等。可见，教师设计的真实情境一方面要源于真实生活，另一方面要能够培养学生将实际的复杂情境抽象成简单模型的能力。由于真实情境复杂多变，影响因素众多，要培养学生的模型建构能力，需要将真实情境进行一定的处理，保留指向问题的、能帮助学生抓住物理过程主要特征的部分进行模型建构。

【案例】

### "匀速圆周运动——向心力"的情境创设

在"匀速圆周运动——向心力"的教学中，有关的真实情境有游乐园的摩天轮、旋转木马、旋转飞椅、过山车，体育运动中的扔链球，生活中的汽车转弯等。教师选择了旋转木马。这个真实情境是否适合培养学生的模型建构能力呢？

这节课的教学目标是"能分析匀速圆周运动的物体受力情况，判断向心力"和"能联系牛顿第二定律用匀速圆周运动的规律，对实际问题做出分析与解释"，这两个目标都是指向物理观念。

这几个情境都涉及圆周运动。游乐园的项目是几乎所有学生都喜欢的；扔链球是爱好体育运动的学生喜欢的，生活中不太常见；汽车转弯在生活中常见，是对汽车感兴趣的学生喜欢的。综合来看，游乐园的项目更适合，因为它贴近学生生活，容易引起学生的兴趣。

摩天轮和过山车主要是竖直方向的运动，涉及两个力提供向心力，受力情况比较复杂。摩天轮转动时，其转轮状框架旋转，轮上的座舱则是平动；过山车在最高点时，是椅子对人有弹力还是绳子对人有拉力，还要根据速度大小判断。教师选择的真实情境要涵盖向心力这节课的核心，也就是落实运动与相互作用观念，而此时讨论不同运动情况对应不同受力情况过于复杂，如果在学生已经初步形成圆周运动中的运动与相互作用观念之后，在解决实际情境中的复杂问题时讨论，则更为合适。

我们进一步分析旋转木马的情境。人坐在旋转木马上，人和旋转木马能否当成质点考虑？以人为研究对象受到哪些力，以木马为研究对象呢？又或者以人和木马整体为研究对象呢？单独研究木马受力过于复杂，单独分析人的受力涉及静摩擦力，学生判断起来也比较困难。以人和木马整体为研究对象时，整体在水平方向上受到杆的拉力，而杆上拉力的方向也是需要讨论的，可见这个情境也不适合模型建构。

最后我们建议选择旋转飞椅，因为把飞椅和人作为整体，在研究整体的运动时，物体本身的大小与要研究的圆周运动相比较是可以忽略的，因此建立了质点模型；结合生活实际,整体的受力情况清晰简单:重力和绳子的拉力,将拉力分解到水平和竖直方向,竖直方向合力为零,水平分力始终指向圆心,我们把这个始终指向圆心的力取名为向心力,这样就建立了圆周运动模型。

(案例提供:李希凡　上海市曹杨第二中学)

**案例分析**

从这个案例中可以看到,并不是所有真实情境都适合培养模型建构的能力。教师创设真实情境的目的是,让学生通过对真实情境的思维加工来完成模型建构,从而建立物理概念,发现物理规律。也就是说,让学生与源于现实世界的真实情境互动,将教材中浓缩而成的概念规律充分地还原,突出概念规律形成过程需要建构的模型,从而弄清概念规律的形成和发展过程。具有模型建构的意识和能力,是指能将实际问题中的研究对象和过程转换成物理模型。

### 问题解决建议

教师在寻找合适情境进行模型建构时,如何兼顾符合学生学习基础,去繁存简,同时又有利于学生基于情境,运用一定的科学思维方法展开思维分析活动,有以下三个原则:

第一,真实常见,贴近学生生活。

第二,涵盖核心,指向落实观念。

第三,模型清晰,活动目的明确。

第一个原则是激发学生学习的兴趣,将"情境化的问题"转化为"非情境化的问题",容易引起学生对关键问题的思考。第二个原则是包含形成观念的重要变化,由于知识是点和点之间的关系,要提炼就要形成核心知识,在核心知识的基础上再升华为观念,所以模型建构要涵盖核心。第三个原则是聚焦学生活动的目标,情境中的模型清晰,尤其是突出要建构的模型,这样学生的活动就会围绕这个目标开展。任何一节课都是有重点的,无论哪种课型,教师选择的情境要包括需要建构的模型,而且清晰可见。

**小提示**

◎ 如果在新授课中建立模型,那么情境就要简单;如果是复习课中,那么情境可以复杂一些,甚至包含多个模型。

### 三、什么样的情境是培养学生模型建构能力的适切载体?

在基于经验事实建构物理模型的抽象概括过程中,学生需要运用抽象与形象、等效与替代、近似与忽略、类比与推理、假设与验证等具体的思维方法,可见,教师选择的情境要考虑学生的实际思维水平。教师由情境出发,设计导向清晰的物理模型建构的问题,这些问题要实现物理问题由微观到宏观、由抽象到具体的转化,还要考虑学生已经有的知识基础。因此,教师要充分考虑学生在什么情境下、运用什么方法、需要哪些知识,才能完成模型建构的任务。例如,"共点力平衡"的教学,在学生形成对"共点力平衡条件"的基本认识后,教师要求学生解决实际情境问题。

【案例】

"共点力平衡"的模型建构

| 模型建构的载体 | 教学设计 |
|---|---|
| 情境 | 如图所示,在房间的中央挂着一盏灯,用一根水平绳将灯拉到一侧,如果灯的重力为 $G$,绳子与竖直方向的夹角为 $30°$,求水平的绳子与倾斜的绳子上的力。<br><br>（图：$A$点连接天花板,绳$AO$与竖直方向成$30°$角,$O$点连接水平绳$OC$至墙面,$O$点下方挂灯$B$） |
| 指向清晰的问题 | 1. 研究对象是谁?<br>2. 研究对象受哪些力?<br>3. 这些力的合力为零吗?<br>4. 如果三个力都是未知量怎么办?<br>5. 运用力的分解和力的合成来解决问题有区别吗? |
| 知识 | 1. 研究对象<br>2. 平衡状态<br>3. 受力分析<br>4. 三角函数 |
| 科学思维 | 利用共点力的平衡解决问题,从规范的角度出发,先从实际情境中抽象出结点作为研究对象,建立理想模型,然后对研究对象进行受力分析,比较灯的重力与灯对结点的拉力,确定要把灯或把灯和结点组成的整体看成质点。再次进行受力分析,画出正确的受力图。从力的平衡条件出发,运用力的合成或力的分解,用三角函数求解 |

这个问题的解决涉及两次模型建构。第一次是"结点",由于刚刚学习"共点力平衡条件"的知识,要解决的问题是绳子上拉力的大小,绳子都拉着结点,学生的知识储备和思维能力很容易把结点作为研究对象进行模型建构。接下来对结点受力分析时有一个难点,学生经常把结点受竖直向下的拉力误认为是重力,为了求出竖直向下的拉力,有些同学再次建立模型,把灯抽象成质点,用共点力平衡条件解决;也有少数思维能力更强的学生不以结点为研究对象,而是把结点和灯作为一个整体并抽象成质点来研究。

(案例提供:丁诺凡　上海市第二中学)

可见,在模型建构的过程中,学生既要有一定的物理知识基础,又要学习新的物理知识;既要有一定的科学思维能力,又要进一步发展科学思维能力。符合学生学习的知识内容和思维水平的情境,才是培养学生模型建构能力的适切载体。

问题解决路径与教学示例

### 一、借助适切情境，体会模型建构过程，掌握模型建构的方法

建构模型是一种重要的科学思维方法，质点、点电荷、匀强电场等物理概念和匀变速直线运动等物理过程都是物理模型。教师在教学中要让学生体会建构这些物理模型的思维方法，理解物理模型的适用条件，能通过建构物理模型来研究实际问题。如果说解读课程标准是在找"做什么"，那么通过教学实践总结的解决路径就是回答"怎么做"，教师在进行模型建构的教学时，我们建议采用如图 3-1-2 所示的教学主线。

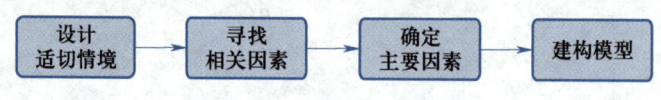

图 3-1-2　模型建构教学主线

综合多个版本的教材来看，质点是学生进入高中接触的第一节物理课，质点模型是学生在整个高中阶段的物理学习中接触的第一个物理模型，贯穿整个物理模型的学习。学生只有掌握和理解了质点模型，才能更好地理解和掌握后续的物理学习和物理模型建构的学习。由此看出，质点是整个高中物理教学中的重点和难点。下面我们以质点为例进一步分析模型建构。

首先看课程标准的要求，如表 3-1-1 所示，新版课程标准和实验版课程标准关于质点的知识要求是相同的。但增加了"经历过程""能抽象""体会思维方式"的要求。

表 3-1-1　两个版本课程标准的比较

| 《普通高中物理课程标准（2017 年版 2021 年修订）》 | 《普通高中物理课程标准（实验稿）》 |
| --- | --- |
| 经历质点模型的建构过程，了解质点的含义。知道将物体抽象为质点的条件，能将特定实际情境中的物体抽象成质点。体会建构物理模型的思维方式，认识物理模型在探索自然规律中的作用 | 通过对质点的认识，了解物理学研究中物理模型的特点，体会物理模型在探索自然规律中的作用 |

学生为什么学习质点？关于质点教学，学生不仅学习质点这个概念，更重要的是通过学习过程，在特定情境中能将物体抽象为质点，知道建立质点模型的条件与方法，体会建构物理模型的思维方式，认识物理模型在探索自然规律中的作用。下面是"质点 物理模型"的教学过程，通过这个案例，我们来观察如何在适切的实际情境中运用具体的建模方法完成模型建构。

【案例】

## 质点 物理模型（质点）

| 教学主线 | 学生活动 |
|---|---|
| 设计适切情境 | 1. 通过连续摄影，将物体每隔相等时间的位置合成在同一张照片中。这里有两张照片，一张是鹰击长空，一张是高山滑雪。大家看到照片中最直观的是什么？<br><br>鹰击长空　　　　　高山滑雪<br><br>2. 如何在照片中标出鹰和滑雪者不同时刻的位置，并描出大致的运动轨迹？<br>3. 对比两张轨迹照片有什么相同和不同？ |
| 寻找相关因素 | 1. 为什么物体的大小和形状有时可以忽略？<br>2. 为什么物体的质量不能忽略呢？ |
| 确定主要因素 | 1. 定量计算：计算高铁列车通过南京大胜关大桥跨水面正桥所用的时间，以及从上海到北京的行驶时间。根据你的计算结果找出证据说明物体都能被抽象为质点吗？<br>2. 定性分析：用同样的分析方法分析，地球能被视为质点吗？ |
| 建构模型 | 1. 一辆玩具汽车在桌面上沿直线行驶。在车上分别取 $A$，$B$，$C$ 三点。$A$ 在车前灯处，$B$ 在车尾灯处，$C$ 在车轮边缘。哪个点最能反映整辆车的运动？<br><br>2. 如果我们在后轮上取三个点。$C$ 依然在车轮边缘，$D$ 在靠近轮轴处，也就是靠近车轮中心的位置，$E$ 在车轮中心。哪个点最能反映整辆车的运动呢？ |

续表

| 教学主线 | 学生活动 |
|---|---|
| 建构模型 | 3. 车轮上的 C 和 D 哪个点更接近整辆车的运动？ |
| | 4. 再看前面鹰击长空的照片。有同学将点选在鹰的腹部，有同学则选在鹰嘴上。哪种取法更合适？ |
| | 5. 什么是物理模型？质点作为一种物理模型，抓住了哪些主要因素，忽略了哪些次要因素？ |

（案例提供：李希凡　上海市曹杨第二中学）

**案例分析**

在上述案例中，教师创设了适切的情境来培养学生的模型建构能力。

首先，设计适切的情境。教师首先通过"鹰击长空"和"滑雪"这两个现象的展示，把学生带入运动的实际情境中，并引导学生回忆在生活中是怎样描述物体运动的。通过对比发现，"滑雪"的人可以看成一个点，而"鹰击长空"的鹰则可以近似看成一个点，由此引出什么时候可以把物体抽象成一个点？这两个情境都贴近学生的生活非常恰当，一个可以看成一个点，另一个可以近似看成一个点，同时需要运用科学推理中的比较等方法，才能引出思考"什么时候可以把物体抽象成一个点"。学生活动指向核心任务：在某些情况下，我们可以忽略物体的大小和形状，把物体抽象为有质量的点。

其次，寻找相关因素并确定主要因素。什么是主要因素？什么是次要因素？教师组织学生讨论：为什么物体的质量是主要因素没有被忽略呢？"质量是主要因素"，这是思维的难点，是学生逻辑思维能力上升的拐点，教师要加强引导，说明"惯性与物体的运动密切相关，因此，质量是影响物体运动情况的重要因素，不可以被忽略"。再通过定量的计算和定性的分析找到证据，物体能否被看成点要看物体本身的大小与要研究的问题相对比是否能忽略。定量计算是学生比较习惯的，由计算结果推理出一些结论，高一学生更容易接受，所以定量计算突出对"主要因素和次要因素"的理解。定性分析是教师创设生活中的应用情境，"地球能被视为质点吗？"学生更容易结合他们的地理知识和生活常识展开讨论，从定性和定量两个方面寻找证据。

再次，突出将物体抽象为质点的条件。引入生活中复杂的情境"运动的车"，让学生讨论当物体能被抽象为质点时，这个点的运动就能代表所要研究的物体的运动。那么质点模型建立的条件是什么？这个点应该怎样取，才能代替物体的运动？教师设计的情境分三个层次：车上取三点，$A$ 在车前灯处，$B$ 在车尾灯处，$C$ 在车轮边缘；后轮上取三个点，$C$ 依然在车轮边缘，$D$ 在靠近轮轴处，也就是靠近车轮中心的位置，$E$ 在车轮中心；车轮上的 $C$ 和 $D$。教师引导学生在车轮边缘装上 LED 灯，并在夜晚进行长曝光拍摄，得到的照片中就会留下前后车轮和轮胎上 LED 灯的轨迹。通过对轨迹的分析，不断寻找哪个点的运动更接近整辆车的运动，最后通过进一步推理得到结论：越靠近中心 $E$ 的点起伏越小，其运动就越接近整辆车的运动。

最后，体会模型建构的方法。学生用总结的方法去解决前面的问题："有同学将点选在鹰的腹部，有同学则选在鹰嘴上，有什么区别？"可见"鹰击长空"这个情境既是引入学生的学习活动，又是学生学完之后要解决的问题。这些情境使学生活动由易到难，学生可以运用各种科学思维的方法，分析质点模型的适用条件，掌握物理模型建构的方法。

### 问题解决建议

教师在教学实践中发现，质点在物理教材中所占篇幅不多，具体的应用实例也相对较少，因此学生对该模型的学习不够重视，很容易把质点当成一个普通的物理概念来学。同时，高一学生抽象思维能力水平不高，很容易受到具体问题的条件限制，不能全面总结出建构质点模型的条件。但质点的学习并不是简单的概念学习，需要通过对相应的物理情境进行分析，结合具体物理问题的要求确定研究对象，寻找影响问题的相关因素，采用定性或定量的实验方法，确定哪些是主要因素、哪些是次要因素，有时抽象、有时近似、有时推理等，建构出质点模型，体会物理模型建构的思维方法。

**小提示**
◎ 模型建构的情境既不能脱离生活实际，又不能太复杂。
◎ 要有难度合适的问题，运用适当的科学推理方法，经历模型建构过程。

## 二、运用已有的模型，解决全新的情境问题，培养模型建构与迁移能力

要解决一个生活中的真实情境问题，学生需要运用已有的物理概念、知识和技能，以及已经形成的物理素养。问题解决的过程，首先要识别情境问题的物理要素和模型，将其用文字、图像或函数关系表达，将实际情境转化为物理问题；接着要选择物理概念、原理和方法解决物理问题，得到数学结果；最后要结合情境来解释该结果在情境中的意义，并针对原始问题评估结果的合理性。

要培养学生丰富立体的模型建构能力，我们建议采用如图 3-1-3 所示的教学主线。

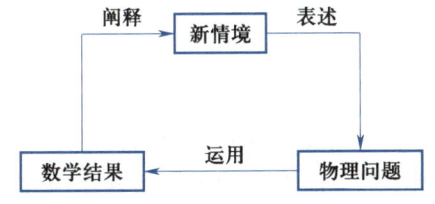

图 3-1-3　培养学生模型建构能力的教学主线

学生具有一定的模型建构基本能力后，在解决全新的情境问题时，根据已有的知识经验和模型建构方法，探究新情境，建构对新情境的理解，并能将自己的这种理解表达出来，这就是模型迁移能力。模型建构活动有助于学生改变学习中的不足，如知识的零碎性、学习的被动性、忽略对物理世界本质的认识、忽视物理知识形成的逻辑发展阶梯等，有助于培养学生模型迁移能力。

**【案例】**

### 共点力平衡

在"共点力平衡"教学中的最后一个环节，教师创设了一个要解决的实际情境，在器材受限制的情况下，让学生设计实验进行间接测量，引导学生运用已经建立的共点力模型，进行实验设计，培养学生的模型迁移能力。

| 情　境 | 学 生 活 动 |
| --- | --- |
| 测半瓶水的重力 | 1. 这里既没有测力计也没有电子天平，只有前面实验留下的钩码和绳子，能不能利用这些器材测半瓶水的重力？ |
| | 2. 需要测量哪些物理量？怎么测？ |
| | 3. 确定结点为研究对象，画受力分析图，用共点力平衡的条件求出与钩码相连接的两个绳子上拉力的合力，就可以求出水瓶的重力 |
| | 4. 用电子秤直接测量这瓶水的重力，与设计实验的计算结果进行比较 |

（案例提供：丁诺凡　上海市第二中学）

**案例分析**

学生依据已有的知识，将实际问题转换成熟悉的物理模型，建立共点力的模型，围绕"需要测量哪些物理量""怎么测""测量后的数据如何处理"展开学习活动，将学生活动和实际情境紧密结合，强化了物理知识与实际情境的关联，同时，通过解决实际问题学会根据共点力的平衡条件形成解决一些简单问题的一般思路。

共点力的平衡条件是合外力为零，在以往的学习中，学生容易陷入题海，三力平衡、四力平衡、多力平衡等各种题型，矢量三角形、平行四边形法则等各种方法。新版课程标准要求"能用共点力的平衡条件分析生产生活中的问题"。用共点力平衡的条件分析具体问题时，需要建构共点力模型，选择相互作用的对象，分析相互作用的物理量，列出相互作用关系的方程。这是一种分析物理问题基本而且核心的思路。这种物理学视角普遍用于力学、电学、热学等问题的分析，是概念和规律的提炼，是运动与相互作用观念的重要内容。所以本课的重点是学会在真实情境中完成模型建构，用运动与相互作用关系的视角观察问题，熟悉用运动与相互作用观念的分析思路处理共点力平衡的受力问题。

#### 问题解决建议

教师在课堂教学中引导学生完成物理模型建构，最终希望学生将其迁移到全新的情境中，解决实际问题。要使学生能够将物理模型规律迁移到实际问题中去，必须强化学生将物理知识与实际情境相关联的能力，提高把物理知识与实际情境进行联系的自觉性，增强学生进行模型建构的实践意识。使学生在面对物理语言、文字和符号时，能自觉地联想相应的物理情境；使学生在面对实际情境时，能自然联想到与此相关的物理概念和规律。教师要考虑情境的不同，充分发挥情境在物理模型迁移中的作用，并找到培养学生模型迁移能力的有效路径。

**小提示**

◎ 掌握基本方法：了解课堂类型，采用恰当的模型建构策略。
◎ 积累大量材料：整理教学资源，掌控多样的模型建构素材。
◎ 进行模型存储：归纳模型特征，内化已有的模型建构路径。
◎ 加强实践突破：变换实际情境，经历真实的模型迁移体验。

### 3-1 数字资源

3-1-1 创设情境培养学生模型建构能力

3-1-2 质点物理模型

3-1-3 共点力平衡教学情境设计

## 3-2　如何通过问题链的引导培养学生的科学推理能力？

### 教学关键问题提出

科学推理是科学思维的要素之一，一般指根据一个判断得出另一个判断的思维形式。[1] 科学教育研究和实践中所提出的科学推理，不仅包括逻辑上的归纳推理、演绎推理和类比推理，而且包括分析与综合、抽象与概括、比较与分类等思维方式，还包括控制变量、组合推理、概率推理、因果推理等推理形式。高中阶段的学生应能正确理解和应用上述科学思维方法，从定性和定量两个方面进行科学推理，找出规律，形成结论，并能解释自然现象和解决实际问题。[2]

这些科学思维方法虽然普遍存在于物理学概念与规律的建立过程中，被用于解决很多实际问题，但在过去的教学中并不会成为课堂教学的主要教学目标，因为在传统教学中，物理学知识是当然的主角。随着新版课程标准将"科学推理"作为高中物理课程的目标要素之一提出后，教师不得不解决这样几个问题：如何在有限的课堂时间内培养学生的科学推理能力？在传统教学中，我们往往通过物理习题来提高学生分析和推理的能力，现在这种方法是否仍然可行呢？

### 教学关键问题分析

推理是人们揭示思索结果，获取新信息、新知识的重要思维形式。科学推理概念的提出最早源于皮亚杰的认知发展理论，该理论认为，逻辑思维能力是智力的最高表现，科学推理是认知发展进行到一定阶段之后个体所能掌握的不同类型推理方法的综合运用。由此可见，物理教学中所要教授的"科学推理"并不仅是"由此推彼"的分析推理思路，还是凝结着人类思维发展结晶的具体的科学推理方法，有其具体的范畴和指向。这些推理方法是学生今后从事科学研究或其他科学活动的重要基础，即使学生今后不从事和科学相关的工作，科学的思维方式也是他从科学的视角分析任何问题的基础。所以从更长远的发展角度来说，培养学生的科学推理能力，比掌握一些物理学知识更具有普遍意义。

#### 一、培养学生的科学推理能力是否会增加教学负担？

认识到了科学推理的重要性，但是在实际教学中，教师往往感到困惑的是：如何

---

[1] 胡卫平. 科学思维培育学 [M]. 北京：科学出版社，2004.
[2] 廖伯琴. 普通高中物理课程标准（2017年版2020年修订）解读 [M]. 北京：高等教育出版社，2020：56.

在有限的教学时间内,既完成物理知识的教学,又培养学生的科学推理能力?一些教师常常发出这样的感慨:"学科核心素养好是好,但是什么都要,如何可能?"类似的,还有科学论证、质疑创新、科学探究、科学态度等其他核心素养要素的培养。

之所以会产生这样的问题,可能是因为教师对物理学本身的理解还不够深入,对所教授知识的理解过于片面和狭窄。物理学的发展和演进本身就是科学家运用科学的推理方法对生活现象或实验现象进行综合分析的结果,甚至可以说,物理大厦中的每一个物理概念和规律都建立在逻辑分析的基础上。因此,在物理教学中培养学生科学推理具有丰富的素材和资源,建立物理学知识和培养科学推理能力是同一学习过程产生的两个结果,教师并不需要额外的时间单独进行科学推理的教学。同样,物理大厦的建立过程离不开科学论证、质疑创新、科学探究、科学态度等要素,这些素养均可以在同一个学习过程中多角度实现。

## 二、习题训练是不是培养科学推理能力的适切载体?

那么,科学推理是否适合通过物理习题来培养呢?习题的主要功能是反馈学习效果,增加学生解决问题的经验,从而加深对所学知识的理解或掌握。从习题的功能上看,培养科学推理的思维方法效果较为有限,通常适合作为运用科学推理方法的有效载体,而不是学习的载体。如果没有目标导向明确的教学活动,学生从哪里具备科学思维能力呢?在不具备科学思维能力的情况下,就让学生在习题中运用推理方法解决问题显然是不现实的。

例如归纳推理作为一种常见的推理方法,学生并不是先天就会的,需要在具体情境中学习归纳推理的方法和原则,体会如何科学地从个别推广到一般,由特殊具体的事例推导出一般原理、原则。如果没有学习经验,直接在问题解决中运用归纳的方法,常常就会出现因逻辑不严谨而导致的推理失败。

在知识建构的过程中学习推理方法和直接通过习题来学习是否效果有很大的不同呢?我们来观察下面这个案例。

【案例】

**探究加速度与力、质量的关系**

"探究加速度与力、质量的关系"的实验中,用 $v\text{-}t$ 图像分析实验数据,由于实验误差,图像往往为不过原点的倾斜直线,如图3-2-1所示。

不少教师在引导学生归纳实验结论时,往往就简单地总结为:"在实验误差允许的范围内,可以得到加速度与外力是成正比例关系。"

这里学生不禁会产生疑问:为什么一定是正比例关系呢?为什么不能是一次函数关系呢?误差允许的范围究竟有多大?

这些疑问恰恰就是运用归纳推理得出结论时逻辑是否严谨的关键。首先,科学实验允许的误差范围一般是

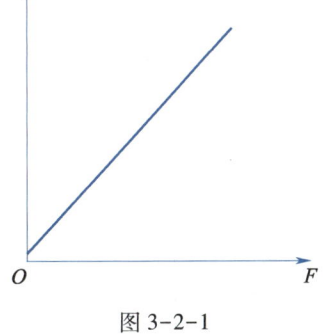

图 3-2-1

测量数据的2%左右，在中学实验室很难达到这样的测量精度，误差一般为5%左右。但仍有一些中学实验室的条件难以保证实验结果在允许的误差范围内，各小组的实验数据也难以控制在这一范围内。这种情况下，如果教师简单地告知学生"实验数据符合误差范围要求，可以归纳得出结论"，不仅没有帮助学生正确地建立起归纳推理的思维方法，学生也失去了对知识进行深入理解的机会。当学生解决实际问题时，这样的逻辑漏洞很可能导致一些分析推理的错误。

教师在教学时可以先引导学生思考这样几个问题：
（1）加速度与外力究竟是正比例关系还是一次函数关系？
（2）要解决这个问题，我们需要从哪个点切入进行考虑？
（3）是否能先从理论上对加速度和外力之间的关系加以分析？

第一个问题引发学生产生疑问，提醒学生运用归纳推理的方法时，逻辑必须严密，结果才能可信。第二个问题引导学生抓住关键点——原点，从原点的物理意义开始思考。第三个问题为学生解决问题提供思维工具——物理理论，由上一节课学习的牛顿第一定律可知，力是物体运动状态发生改变的原因，也就是产生加速度的原因，物体在受到合外力为零的情况下，速度不一定为零，但加速度一定为零。由此再结合实验数据可以归纳得出，加速度和外力一定是正比例关系。

这几个问题不仅帮助学生运用归纳推理的方法合理地得出实验结论，而且加深了学生对力和运动关系的理解，同时还运用这一关系来分析实际问题。更重要的是，通过解决这几个问题，学生学习到归纳实验结论时的一条科学推理路径：尊重实验数据—寻找关键点—借助理论分析问题—科学严谨地推理归纳得出结论。

在此基础上，教师还可进一步引导学生：
（4）那么，实验图像没有过原点，你能分析产生误差的可能原因吗？
将实验结论的得出引向更深层次的分析，从而帮助学生的科学推理能力向更高层次发展。

**案例分析**

从这个案例我们可以看到，在知识建构的过程中学习科学推理方法，产生的效果显然是做习题无法取代的。而且培养学生的科学推理能力并不需要额外的时间，日常的教学内容就蕴含了大量的科学推理方法。在知识建构的过程中学习科学推理方法，不仅能让学生深入理解科学方法，还有助于培养学生良好的科学态度和严谨的科学精神。通过这样的学习过程建立起的科学推理能力和科学思维习惯，是学生在物理习题训练中难以获得的。也只有具备了这样的分析推理能力，学生才能更好地解决实际问题。

### 三、为什么说问题链是培养科学推理能力的有效方法？

前面的案例已较好地说明了教学中精心设计的问题链对培养学生科学推理能力有显著的作用。在引导学生归纳得到正确的实验结论时，教师设计的4个问题环环相扣，不仅符合科学思维方式的逻辑递进，也与学生的认知逻辑紧密关联，因此能取得较好的学习效果。

所谓问题链,通常指的是一组有中心、有序列、相对独立、相互关联的问题。简单说就是一组问题,但问题之间有相互关联。我们这里所说的"问题链"更强调的是问题间具有较为紧密的逻辑关联,因此在引导学生进行逻辑推理和形成逻辑思维方面具有突出的优势。科学家运用科学推理方法,其目的就是要解决一个个具体的科学疑问,这些疑问不是天马行空的联想,而是基于事实的逻辑思考,这样的逻辑思考过程其实就是一串"问题链",解决了这些问题链之后形成的有效分析方法被总结为科学推理方法。问题链之所以是培养学生科学推理能力的有效方法,是因为两者有着天然的相互关联。

需要补充说明的是,培养学生科学推理能力并不是只有问题链引导这一种有效途径;问题链不仅在培养科学推理能力方面有较好的教学效果,在培养学生核心素养各个方面均有较突出的教学效果。

## 问题解决路径与教学示例

### 一、通过问题链引导,达成教学新目标

在前面的分析中已经提到,物理概念与规律的建立过程本身就蕴含了大量的科学推理方法,因而是培养学生科学推理能力非常重要的内容载体。关于概念规律的教学也就是我们通常所说的新授课。

在以往的新授课中,教师往往采用的教学主线是"情境—问题—探究—应用"。课堂教学中,教师通常是先创设一个情境,在情境中提炼出需要探究的问题,然后通过实验或理论探究等形式得到结论,总结得出概念或规律,最后通过运用概念规律进一步加深学生的理解。这一教学主线中的"问题",通常指的就是概念或规律本身,探究也就直奔问题结果而去。所以学生往往在观察了现象、分析了数据以后,得出结论,教学目标也就完成了,难以有更大的空间达成其他多维的教学目标。

要达成更丰富的素养目标,可对上述教学主线进行适当调整,如图3-2-2所示。

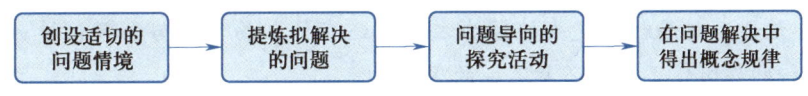

图3-2-2 素养导向的教学主线

这一教学主线的基本含义是:创设适切的问题情境,在问题情境的探究中,以引发思维的问题链为探究主线,最终通过问题的解决达成概念规律建构的目标。这其中的"问题"并不一定是指要探究的概念规律,也可以是实际要解决的问题。

【案例】

**分子动理论(布朗运动)**

在建立"分子总是在做无规则运动"这一认知时,关于布朗运动的教学,教师提出了一串问题以引导学生学习(以下为课堂实录)。

问题1：请同学们仔细观察，思考以下三个问题：谁在动？怎样动？为什么这样动？

学生：我看到固体小颗粒在动，我认为它在做无规则运动。

问题2：你看到小颗粒在做无规则运动了吗？

学生：并没有，我看到它一直在那里动，然后我推测它可能是无规则的运动。

问题3：也就是说，证据并不充分，不能直接得到它在做无规则运动的结论。那你想怎样证明你的结论呢？

学生：可以盯着一个小颗粒，每隔一定时间记录它的运动，研究它的运动轨迹。

问题4：好，老师的想法正好和你相同。让我们借助 Tracker 软件来追踪某个小颗粒在经过相等时间间隔后的位置，将这些点依次连线。同学们看到规律了吗？

学生：对，确实是无规则的运动。

问题5：那么我们是否就能得出"小颗粒始终在做无规则运动"的结论呢？

学生：好像还不行，因为只研究了一个颗粒，要多研究几个颗粒才行。

问题6：好，那我们用同样的方法多研究几个。我们发现，确实每个颗粒都在做无规则运动。它为什么会这样动呢？同学们认为可以怎样分析这个问题呢？

学生：可以进行受力分析，它一定是受到了其他外力的作用。

问题7：为什么运动就一定是受到外力的作用呢？为什么不可能是它自发的运动呢？牛顿第一定律不是告诉我们，物体的运动并不需要外力维持吗？

学生展开讨论。

学生：我认为小颗粒不是自发运动的，一定是外力推动的。证据是我发现有一些比较大的颗粒没有运动，颗粒越小运动得越明显，说明颗粒太大后外力推动不了。如果是自发运动的话，大颗粒也应该在运动。

问题8：既然是被外力推动的，那么是谁对颗粒施加了作用力造成了它的运动呢？请你对颗粒做受力分析。

学生：颗粒受到重力，还有颗粒之间的万有引力。

问题9：由于小颗粒的质量极小，这些和质量相关的力产生的效果基本都可以忽略不计。除了这些不接触就能发生的场力之外，还有什么物体是与小颗粒接触，但是在放大1000倍的显微镜下我们还看不见的呢？

学生：哦，还有看不见的水分子，所以施力物体是水分子，是水分子在推动小颗粒做无规则运动。

问题10：通过小颗粒的运动，你能不能推测一下那些看不见的水分子在做什么运动呢？说明你判断的理由。

学生：水分子一定也在做无规则运动。很多个水分子都在做无规则运动，从不同角度不断地撞击固体小颗粒，这些力并不平衡，就造成了小颗粒做无规则运动。

教师总结：同学们通过分析看得见的小颗粒的运动，推理得出看不见的水分子的运动，其实这就是我们研究微观世界时常用的一种间接研究的方法。当我们从宏观世界进入微观世界时，由于无法用肉眼直接观察，所以我们往往采用间接研究的方法，通过看得见的现象来推理看不见的世界。

（案例提供：熊艺　上海市南洋中学）

**案例分析**

在上述案例中，教师并没有将教学目标局限在"通过解释布朗运动理解分子的无规则运动"，从而提出"小颗粒为什么动"这个单一目标问题，而是通过"谁在动、怎样动、为什么这样动"的主问题链引导学生进行分析，在分析的过程中针对学生发生的逻辑推理不严密、不合理的情况，再提出新的问题，从而帮助学生通过层层的逻辑分析得到布朗运动的真正原因，最终不仅达成了"分子无规则运动"的知识目标，还引导学生理解了研究微观世界采用的间接研究的科学方法。

教师在设计这一环节活动时，预设的教学目标是：

（1）知道布朗运动及其产生原因，知道分子在做无规则运动。

（2）通过分析布朗运动实验，经历层层递进的逻辑推理过程，感受科学推理是分析揭示未知世界的重要方法和手段。

（3）通过经历布朗运动的分析过程，形成严谨认真、实事求是、敢于质疑的科学态度。

从实际的教学效果看，这些教学目标都较好地达成了。

由此可见，问题链的引导方向与教师对这个教学内容的预设目标是紧密相关的，教师可以在具体的教学内容中，通过预设更丰富的素养目标，来设计相应的主问题链。由于有更丰富的目标引导教师实施教学，所以教师在使用主问题链引导学生思考时，能根据学生实际发生的问题即时生成新的问题，这些问题相互之间也是逻辑相关、层层递进的，构成了一整串问题链，最终在问题解决中得出概念规律。

### 问题解决建议

要使学生形成逻辑严密的科学推理能力，问题链的设计也必须要逻辑清晰、结构严密。采用问题链进行教学时，教学活动是由教师和学生共同完成的，课堂上即时生成较多，对教师的挑战较大，教师需要有丰富的教学经验和娴熟的引导技能。

在引导学生科学推理时，学生可能会出现逻辑上的错误，教师要理解这是正常情况，并把它视为良好的教学契机。要培养学生的科学推理能力，就需要把学生的逻辑错误暴露出来，通过问题引导，帮助学生纠正，以形成正确的逻辑思维方法。这就需要教师能迅速发现学生解决问题时的逻辑漏洞，通过指出漏洞让学生意识到逻辑上存在哪些问题。例如上述案例中的问题7，就是先指出学生在分析物体运动时容易持有的错误观点——认为运动都是依靠外力推动的，再引导学生进行科学的分析。虽然最后仍然要对小颗粒进行受力分析，但是增加了问题7，不仅帮助学生形成了严密的逻辑，还进一步体会了牛顿第一定律在实际问题中的应用。

**小提示**

◎ 教师对所教内容要有全面深刻的理解。
◎ 对教学目标要有清晰的认知。
◎ 对学生可能产生的问题要有较充分的预设。
◎ 提出的问题要表达准确、指向明确。

## 二、创设适切的情境，进行问题链设计

任何物理概念规律的建立都离不开实际的需要，因此，脱离具体情境建立概念规律，容易造成学生对概念规律的理解停留在纸面上。物理教师一般都比较注重情境的创设，但如果仅仅有情境作为课的引入环节，在接下来的教学环节中缺乏深入的问题引导，创设的情境也不再出现，就会造成情境不能充分发挥其功能和作用而流于形式。通过适切的情境引发问题，对培养学生科学推理能力有重要作用。

【案例】

### 磁场（磁感线）

| 情 境 | 问 题 | 学生讨论结果 |
| --- | --- | --- |
| 用磁铁和木块分别靠近一个小磁针，磁铁靠近小磁针时，小磁针发生转动，而木块靠近磁铁时磁铁并没有转动 | 1. 磁场看不见、摸不着，那我们如何来研究它？ | 必须借助磁场对某些特定物体产生力的作用，才能研究磁场本身，因为力的作用效果是外显的 |
|  | 2. 我们研究磁场时，可以从磁场的什么特性入手研究？ | 磁场对物体有力的作用，所以研究磁场必须从研究磁场的力的效果入手（这也可以扩展到其他场的研究） |
| 研究条形磁铁周围的磁场分布 | 3. 要研究条形磁铁周围磁场力的性质，该如何设计研究方案呢？ | 必须选用一些能表征磁场力的物品，例如小磁针，因为小磁针转动能表征其受力的方向 |
| 条形磁铁周围放置若干个小磁针（8个左右） | 4. 同学们看到了什么实验现象？而现象背后的原因又是什么？ | 小磁针发生偏转，说明受到力的作用；力的方向不同，说明各处的磁场方向不同 |
|  | 5. 几个小磁针只能看出某几个点的磁场方向，但并不能反映磁场的分布情况，怎么办？ | 继续增加更多的小磁针 |
|  | 6. 小磁针再多也比较有限，而且磁场的强弱小磁针并不能反映，有没有更好的实验器材吗？ | 可以换用铁屑试试 |
|  | 7. 用小磁针和铁屑有什么区别？ | 小磁针可以看出该处的磁场方向，而用铁屑可以看出磁场的大致分布。两者功能并不完全一致，是研究磁场力的性质的不同手段 |
| 研究通电直导线周围的磁场分布特点 | 8. 接下来我们要研究通电直导线周围的磁场分布，该如何设计方案呢？ | 可以在直导线周围先放一些小磁针，把小磁针指向记录下来，再撒一些铁屑，观察磁场的总体分布情况，在原来记录的基础上，把磁场的强弱和方向都大致画下来 |

（案例提供：孙峰　上海市第四中学）

**案例分析**

上述案例为"磁场"教学中的一个环节，教师通过情境和问题，引导学生逐渐走入磁场的世界，深入理解磁感线、磁场力的性质这些抽象概念，并为后面学习磁感应强度打下了良好的基础。

由于磁场本身看不见、摸不着，磁感线、磁场力的性质又都是抽象概念，在以往的学习中，学生还容易产生"磁感线是真实存在的"错误观念。为了解决这些问题，教师充分利用了磁铁、小磁针、铁粉所创设的不同探究情境，围绕着核心问题"我们该如何研究和描述磁场？"展开探究活动，设计的问题链和情境紧密结合。

此教学和以往有较大不同，实验探究并不完全为了探究得出条形磁铁和通电直导线周围的磁场分布有什么特点，而是为了学习如何研究看不见、摸不见的场。这一问题本身就是学习场的概念时逻辑推理的必要一环。

以往，教师往往跳过这些目标导向性问题，直接用小磁针和铁屑做一下实验，让学生亲眼看看实验结果，甚至可能简化为不做实验，直接让学生看教材上的图片。不做实验，教师难以观察到学生在学习体验之后的效果，因此实验的目的性不强。

将问题调整为"如何研究看不见、摸不着的磁场"，学生先要解决如何让磁场"看得见"的问题；通过小磁针偏转可以让磁场"可视化"后，但小磁针仅能反映磁场中某点的情况，这一问题又引发了新的矛盾；通过比较小磁针和铁屑在反映磁场时的不同作用，从而使学生深刻理解磁感线是如何描述磁场的强弱和方向的；最后让学生自己设计研究通电直导线周围的磁场分布，进一步运用刚才所学的研究方法。

小磁针在磁场中受力偏转和铁屑在磁场作用下形成有规律的排列分布，这些熟悉的情境结合逻辑缜密的问题，产生了新的功能，引导学生通过合理的推理分析去建立对不熟悉的问题的研究思路和方法。

### 问题解决建议

上述案例中，教师设计的问题链源于对以下问题的思考：为什么当我们研究场的性质时，总是先研究场的力的性质？为什么研究磁场时，有时采用小磁针，有时采用铁屑？两者有何不同？

中学物理教学常用的情境包括生活情境和实验情境，适切的情境并不一定是新颖、有趣，能引发学生兴趣的情境，更重要的是能引发"为什么"和"怎么做"。从一个情境进入另一个情境，不能仅仅是场景的转换，两者之间必须有合理的逻辑递进关系，找到情境之间的逻辑递进关系，也就找到了培养学生科学推理的有效路径。

**小提示**

◎ 教师备课时，需要多问自己几个为什么。教师只有自身具备了良好的科学推理能力，才可能培养学生具备科学推理能力。

◎ 教学中，情境与情境之间、环节与环节之间都应有逻辑关联和递进。

## 3-2 数字资源

3-2-1　布朗运动　　　3-2-2　探究影响物体下落快慢的因素

## 3-3 高中阶段应培养学生的哪些科学论证能力？

### 教学关键问题提出

"科学论证"是"科学思维"的要素之一，是以科学知识为中介，积极面对问题，对所获得的数据资料进行解释说明，提出自己的论点，反思自己和别人论点的不足，并提出反论点，同时能反驳他人的质疑和批判的高级思维能力。课程标准指出，高中阶段的学生应该具有使用科学证据的意识和能力，能运用证据对研究的问题进行描述、解释和预测。

科学论证作为培养批判性思维能力的重要途径之一，常被用于科学探究教学中，帮助学生建构科学知识并促进科学概念的转变和理解，提升科学认识论水平。但在过去的教学中，由于诸多因素，教师仍主要采用讲授式教学，较少引导学生面对科学问题进行反思性讨论。下面我们来探讨：怎样的教学内容适合作为培养科学论证能力的载体？科学论证能力对物理概念的理解是否有帮助？如何观察和评估学生科学论证能力是否提升？

### 教学关键问题分析

纵观科学的发展路径，每一次重大突破都离不开科学家个人或科学共同体的科学论证过程，这也是科学革命的基本特征。① 科学论证是以证据为基础提出科学主张，并要求在证据与主张之间建立可靠的推理。将科学论证运用于物理课堂教学中，可以帮助学生理解科学的本质，促进学生对物理概念的深入理解。科学论证能力的提升有助于培养学生的证据意识，让学生注重发现证据，建立寻找证据的方案，并学会用证据来解释、判断相关观点，对建模能力和科学推理能力的发展都有促进作用，也有益于学生对生活和社会问题的判断。用证据说话，基于证据提出自己的观点和看法，而不是随意发表自己的意见、人云亦云。对学生而言，这比掌握一些物理学知识更具有普遍意义。

#### 一、怎样的教学内容适合作为培养科学论证能力的载体？

我们已经认识到科学论证的重要性，但是在实际教学中，怎样的教学内容适合作为培养科学论证能力的载体？要解决这个问题，我们首先要搞清楚：什么是科学论证？科学论证的基本要素有哪些？

分析"论证"一词的中英文词源，我们不难发现，它包含了两层基本含义，一是

---

① 托马斯·库恩. 科学革命的结构[M]. 金吾伦，胡新和，译. 北京：北京大学出版社，2012：7.

基于证据来建立主张，二是不同的主张之间相互辩论。所以，论证是个体或者团体在面对未知问题时，基于证据和理由，建构主张，利用反驳、劝说等形式向他人辩护自己的主张的合理性实践。① 论证过程由三个关键要素构成，分别为主张、证据、推理。其中，主张是论证者对问题所形成的一种观点、看法，或提出的一种具体解决方案。证据是支持主张的事实依据，可以是通过调查得出的对事物事件的观察，也可以是基于文献、媒体信息、公众平台等获得的原始资料。推理是通过归纳分析和系统的逻辑方法，关联证据与主张之间的逻辑关系。因此，这三者有密切的联系，缺一不可。

科学论证是指在自然科学领域的认证，是科学共同体面对科学未知问题时，基于科学证据和科学理由，建构的科学主张，同时以反驳、劝说等形式辩护自己的科学主张的合理性实践。② 科学论证作为论证的类别之一，也必然由三个关键要素构成，只是相对一般的论证要素而言，其具有科学活动的本质特征。在上一个科学主张被提出后，为了证明这种主张是否合理，科学家们会寻找证据。当证据支持这种想法时为正推论，但往往随着科学技术的发展，正伪的新证据不断出现，这时科学家们就会否定原先的观点，提出新的主张。例如，在原子结构的发现过程中，汤姆孙基于阴极射线的实验，得到科学证据（原子内有带负电的电子，原子本身不带电），经过推理得出科学主张——枣糕原子模型。为了证明这一模型的正确性，卢瑟福进行了 α 粒子散射实验，基于该实验的结果，提出新的科学主张——行星原子模型。由此可以发现，科学主张是具有可靠基础的对事实的价值判断；科学证据是支持主张的材料，可以保证科学论证活动的可靠性和可信度；推理是用可靠的逻辑关系在证据与主张之间建立联系的严密的、可信的和具有说服力的推导、解释过程，这种推理过程可保证科学论证的严谨性。③

基于上述讨论，我们提出，高中物理教学中的科学论证是基于大量科学事实提出科学问题，并运用数据、图像、科学规律等作为证据，通过严密的逻辑推理来解释或反驳，得出科学观点的过程。要注意的是，科学推理和科学论证既有区别又有联系。科学推理是从所要研究的问题出发，从问题内容及前提条件中涉及的已知正确的陈述或判断，经过推究整理的逻辑过程，推出新的判断即结论的过程；科学论证是对某一已有的论题，根据已知正确的论据证明其正确性，或者先对某一所要研究的问题提出假设后，再以该假设为论题寻找证据证明其正确性来接近或得到结论的过程。④ 科学推理是运用逻辑推理得出结论的过程，而科学论证是基于证据、运用科学推理证明结论的过程，这是二者的区别。科学论证的过程一定包含科学推理，这是它们的联系。所以，科学论证的基本要素为科学观点、证据和逻辑推理。从这些要素出发，我们发现，物理概念和物理规律的教学都可以成为科学论证能力培养的载体。

## 二、科学论证能力对物理概念的理解是否有帮助？

大多数教师认为，科学论证对发展学生科学探究能力是有帮助的，但对促进学生

---

① 邓阳. 科学论证及其能力评价研究 [D]. 武汉：华中师范大学，2015.
② 邓阳. 科学论证及其能力评价研究 [D]. 武汉：华中师范大学，2015.
③ 吴昱，曹宝龙. 科学论证及其能力培养 [J]. 中学物理，2020（6）：10.
④ 洪颖. 科学推理与科学论证素养的内在实质与培养方案研究 [D]. 上海：华东师范大学，2020.

物理概念的理解作用不大。当课堂产生争论时，学生很难寻找恰当的证据支撑自己的观点，特别是学困生更是缺乏科学论证能力。在课时和教学任务紧张的情况下，还不如以知识目标为导向，采取讲授法进行物理概念教学。然而这样的教学很难在学生的头脑中形成对概念的深刻理解，因为概念是通过大量客观事实的共同的本质特性的概括而形成的认识，是人们对这类事物的本质认识。所以，我们可以通过创设真实问题情境，让学生调用已有认知进行讨论，基于事实证据进行科学论证，从而形成物理概念，经历知识的建构过程才能促进概念的理解。

要注意的是，创设真实问题情境要随着学生的学习逐步增加其复杂性，随着学生的科学论证能力水平的不断提升，增加问题的不确定性，减少内容的抽象性，增加问题解决的路径，进一步提高学生的科学建模能力和科学推理判断能力，促进学生对科学论证的内容（即物理概念）有更本质的理解。这样基于学习进阶的理论，通过物理概念的教学可以提升学生的科学论证能力。

### 三、如何观察和评估学生科学论证能力是否提升？

要观察和评估学生科学论证能力是否提升，首先要判断学生的科学论证能力水平，这也是教师的困惑之一。特别是当学生的逻辑推理能力不足，运用的证据不恰当时更是困难。我们建议还是从科学论证的基本要素出发，根据学生的具体表现，评估学生的科学论证能力水平。例如，轻、重物体谁下落得更快？这是一个已有的科学论证问题，如果学生能区别科学观点（伽利略认为：物体下落快慢与其重量无关）和证据（理想斜面实验和轻重物体下落的悖论），我们可以认为学生已经达到了科学论证的素养水平1。若学生可以把重的物体与轻的物体绑在一起下落，推理、比较重的物体、轻的物体和绑在一起的物体下落的快慢，从而推理出"轻的物体下落慢，重的物体下落快"这一观点是错误的，还能运用理想斜面实验合理外推出"物体自由下落快慢与其重量无关"，我们可以认为学生已经达到了科学论证的素养水平2，能使用简单和直接的证据表达自己的观点。

 问题解决路径与教学示例

### 一、通过整体设计，促进科学论证能力的进阶

学生的科学论证能力是不可能一步到位的，不同年级阶段的科学论证能力的具体要求也是不同的。教师通常都以课时为教学时间单位来设计教学，容易产生知识碎片化问题，不利于学科素养的提升。而素养的形成是一个逐渐递进的过程，其最小单位是活动，其次是课时、单元、学年，因此有计划、系统设计课程素养进阶路径，有助于提升学生科学论证素养水平。表3-3-1以高中物理课程标准的学习内容为依据，列举了可以进行科学论证能力培养的教学内容，教师可以参照课程标准的科学论证素养水平和高中学生的科学论证水平的具体表现，来判断学生的科学论证能力是否有进阶的发展。

表 3-3-1　基于课程标准判断学生科学论证能力的发展

| 学习内容建议 | | | 判断依据建议 | |
|---|---|---|---|---|
| 模块 | 内容 | 科学论证问题 | 科学论证素养水平（课程标准） | 科学论证水平具体表现 |
| 必修1 | 自由落体运动 | 讨论影响物体下落快慢的因素 | 水平1：能区别观点和证据 | 水平1：具有使用科学证据的意识，能区别观点和证据 |
| | | 猜测并验证自由落体运动是怎样的加速运动 | | |
| | 牛顿第三定律 | 讨论作用力和反作用力的关系 | | |
| | 牛顿第一定律 | 讨论力和运动的关系 | 水平2：能使用简单和直接的证据表达自己的观点 | 水平2：具有使用科学证据的意识，能使用简单和直接的证据表达自己的观点 |
| | | 讨论影响小球在对接斜面上升高度的因素 | | |
| 必修2 | 曲线运动 | 讨论物体做曲线运动的条件 | | |
| | 圆周运动 | 讨论线速度、角速度、周期、转速之间存在怎样的联系 | | |
| | 向心力 | 讨论影响向心力大小的因素 | | |
| | 行星的运动 | 行星为什么会绕太阳运动？科学家是如何认识的？ | | |
| | 万有引力定律 | 万有引力定律的发现过程 | | |
| 必修3 | 库仑定律 | 影响电荷间相互作用力的因素 | | |
| | 电场 电场强度 | 如何通过电场的表现来描述电场？ | | |
| | 电势能和电势 | 讨论静电力做功与路径的关系 | | |
| | 电势差 | 论证等势面和电场线的关系 | | |
| | 导体的电阻 | 如何定义不同导体对电流的阻碍作用？ | | |
| | 磁感应强度 磁通量 | 如何定量描述磁场的强弱？ | | |
| 选择性必修1 | 简谐运动 | 分析数据发现简谐运动的规律 | 水平3：能恰当使用证据表达自己的观点 | 水平3：具有使用科学证据的一般知识，能在简单的问题情境中科学地识别并使用证据，能对证据的科学性进行基本的评估 |
| | 单摆 | 探究单摆周期和摆长的定量关系 | | |
| | 波的干涉 | 讨论两列波出现干涉现象的条件 | | |
| 选择性必修2 | 楞次定律 | 探究影响感应电流方向的因素 | 水平4：能恰当使用证据证明物理结论 | 水平4：具有一定的科学使用证据的知识，能在问题情境中科学地获取证据，能运用证据对所研究的问题进行整体性描述、作出逻辑性预测和判断，并对证据与解释之间的关系进行科学的评估 |
| | 法拉第电磁感应定律 | 探究影响感应电动势大小的因素 | | |
| 选择性必修3 | 分子动理论的基本内容 | 分子动理论的基本观点及实验证据 | | |
| | 原子及其结构 | 科学家认识原子结构的历史进程 | | |
| | 光电效应 | 康普顿效益对光的粒子说的作用 | | |

需要说明,表3-3-1中只是提出一些教学内容的建议。根据课程标准的建议,在学生完成必修内容后,需要达到素养水平2,即在分析和论证过程中,能使用证据说明自己的观点。但在实际教学过程中,教师可以根据学生的实际水平,调整教学目标,通过创设简单的问题情境,培养学生科学地识别他人观点和证据,并使用恰当的证据证明自己的观点,从而发展学生科学论证能力。

教师必须对培养学生的科学论证的能力有整体的思考,才有可能使学生的科学论证能力获得进阶发展,使学生对科学概念加深理解,逻辑推理、批判性思维和交流能力获得提升。

小提示

◎ 教师要对科学论证的基本要素有清晰的认知。
◎ 要从课程整体和单元视角思考科学论证的素养的提升。
◎ 要理解课标要求并挖掘教材中的科学论证内容。

## 二、基于科学论证要素设计课堂活动,促进学生对物理概念的理解

在具体的每一课时教学中,教师应该如何设计课堂活动,使学生在学习物理概念的同时提升科学论证能力呢?其中,最关键的是要创设适切的问题情境,这里的"适切"是指该问题情境既能引起学生讨论科学问题,又能调动学生的已有知识储备和前概念。针对这一科学问题,通过基于证据的逻辑推理,修正前概念或发展新概念。发展科学论证能力的课堂教学主线如图3-3-1所示。

图3-3-1 发展科学论证能力的课堂教学主线

这一教学主线的基本含义是:创设适切的问题情境,在问题情境中提炼科学论证的问题,通过基于证据的逻辑推理活动,在问题解决中得出科学观点,即建构物理概念和规律。

【案例】

### 磁感应强度

问题情境:将磁针放入条形磁体周边的不同位置,磁针受到的作用不同。

| 课堂活动 | 设计意图 |
| --- | --- |
| 问题:如何定量描述磁场某点的强弱? | 在情境中提出科学论证的问题 |
| 问题1:电场看不见、摸不着,如果场源电荷为点电荷,我们该如何研究?<br>问题2:在电场中的A点放置点电荷,点电荷受到的力就是该点电场的强弱吗? | 回顾已有认知:电场性质的描述方法,为后续科学推理过程提供学习支架 |

续表

| 课 堂 活 动 | 设 计 意 图 |
|---|---|
| 问题3：场是客观存在的物质，与放不放置检验电荷无关，那为什么还要放置检验物？<br>问题4：为什么要用电荷作为检验物？你的依据是什么？<br>问题5：为什么最终要用电场力除以电荷量来描述电场强弱呢？直接用电场力来描述电场强弱为什么不行？<br><br>小结：思维路径如下图所示。<br><br>电场（不可见） —检验物/基本性质→ 电场力F → 电场强弱；检验物相关因素（电荷量q）<br>统一比较标准F/q<br><br>学生1：在磁场中放入磁体作为检验物（观点），因为磁体放入磁场中会受到磁场的作用（证据），困难是磁体在磁场中受到的力的大小如何判断，统一比较标准时，检验物（磁体）的相关因素不知道用什么物理量描述。<br>学生2：用库仑扭秤可以测量力的大小，难点是不知道用什么物理量描述检验物（磁体）的相关因素。<br>教师点评：要定量描述不可见的磁场，如果引入的检验物本身不定量则无法描述，所以引入的检测物必须定量。<br>学生3：建议检验物改用通电导线（观点），通电导线会产生磁场，会受到磁场力（逻辑推理），通过改变通入电流的强度、导线的长度，测量受到的磁场力是否改变（证据）。<br>小结：思维路径下图所示。<br><br>磁场 —电流元/基本性质→ 安培力F | 通过问题串引导学生基于证据的逻辑推理，得出描述场的一般思维路径<br><br><br><br><br><br><br><br>交流讨论研究磁场强弱的路径，引导学生类比，这是科学论证过程中必不可少的寻找证据的过程 |
| 问题1：可是用哪个物理量来定量地描述磁场强弱呢？请继续完善研究方案。<br>学生1：研究影响安培力的相关因素，是磁场强弱和电流元Il，但是我们不清楚安培力的大小与电流元Il是怎样的关系，是否要考虑电流元本身的质量和横截面积大小？<br>学生2：电流元的质量不同，不会影响放入磁场中受到的磁场作用力（证据），所以不用考虑质量（观点）。电流元本身考虑了电流的大小（证据），那么横截面积影响的是电阻的大小，电阻的大小就会影响电流的大小（逻辑推理），所以这里不需要考虑横截面积（观点）。<br>学生3：电流元的长度会影响它在磁场中受到的力的大小，那么电流元取较短的长度更好，但是这个电流元各点受安培力的大小不同，还是无法解决。<br>学生4：是否可以把磁场变得很大，但是如果磁场各点强弱不同，还是无法解决电流元长度的问题。<br>问题2：当电流元长度较短时，我们用电流元来检验这点的磁场强度，可以随意放置吗？<br>学生：要把电流元在各点都垂直于磁场方向放置，这样才能统一比较的标准。<br>问题3：那是否可以把电流元放入匀强磁场中，各点的磁场强弱一样，这样是否就可以解决电流元长度的问题？ | 引导学生设计方案，利用电流元探测磁场的强弱。<br>在科学论证过程中，需要通过分析和系统化的过程来决策，哪些证据是需要保留的，能作为支持观点的证据？哪些证据是需要废弃的？这个过程是提升学生归纳、分析、综合等科学思维的过程 |

续表

| 课 堂 活 动 | 设 计 意 图 |
|---|---|
| 小结：思维路径下图所示。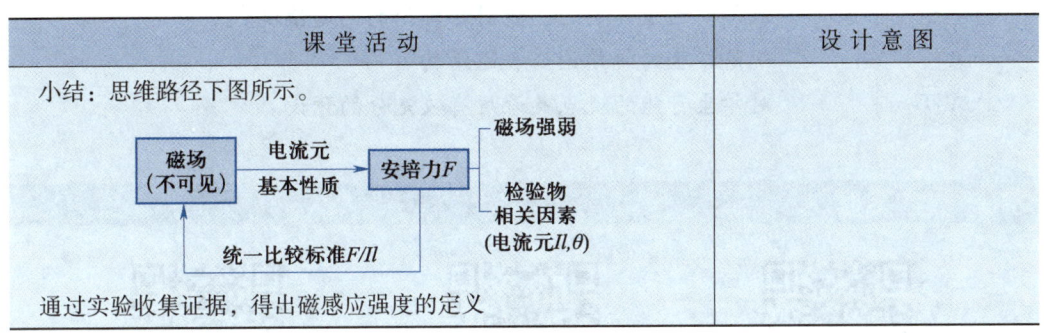<br>通过实验收集证据，得出磁感应强度的定义 | |

（案例提供：马凌燕　上海市西南位育中学）

### 案例分析

上述案例为"磁感应强度"教学中的一个环节。在以往的教学中，由于磁场本身看不见、摸不着，磁感应强度、电流元又都是抽象概念，所以很多教师把备课的重点放在"如何改进电流元在磁场中受到安培力的大小"的实验上，教学的重点围绕通过实验探究磁场强弱与安培力及电流元的关系展开。这样的教学设计更多的还是直奔知识目标而去的。

本节课的教学和以往有较大不同，教学的重点变为如何定量描述一个看不见、摸不着的磁场强弱分布，描述场的强弱的一般方法是什么。这节课的核心问题是"如何定量的描述磁场某点的强弱?"创设相应的问题情境：将磁针放入条形磁体周边的不同位置处，磁针受到的作用不同。并提出问题：如何定量描述磁场某点的强弱？然后通过回顾电场强度概念建立过程，提炼定量描述场的一般方法，再通过小组合作、对话辩论等一系列基于证据的逻辑推理活动，突破教学难点，即为什么要用电流元来研究探测磁场，得出磁场强弱的定量描述思路。

这样的设计使磁感应强度这一概念的引入更有逻辑，也是对描述电场的力的属性——电场强度、电场能的属性——电势等这类知识学习过程的延伸和拓展，有助于学生理解研究"场"这类物理概念的思路和方法。

### 问题解决建议

教师要通过问题情境激发学生开展科学论证的主动性，因此，问题情境的创设要贴近学生的生活，真实但不复杂，能激活学生相应的前概念，产生认知冲突或引起学生的争论，这对教师而言是一个挑战。

在指导学生进行推理论证时，需要培养学生学会运用规范的表述结构进行科学论证，例如：观察到……现象，提出……科学观点，理由：依据……证据推理得出。在这样不断培养的过程中，学生自然地学会区别观点和证据，能使用简单和直接的证据表达自己的观点。部分学生在反思自己观点和他人观点的区别与不足时，还能发展质疑、创新等科学思维。

对教师而言，在设计科学论证的教学中，还需要对学生可能的观点及矛盾有较充分的预设，从而在课堂中引导辩论，解决争论，筛选有效的科学证据，促进学生达成共识。

**小提示**

◎ 教师要创设真实的、能引起讨论的问题情境。
◎ 规范学生的科学论证表述结构。
◎ 对学生可能的观点及矛盾有较充分的预设。

### 3-3 数字资源

3-3-1 抓住科学论证要素促进科学论证能力进阶

3-3-2 伽利略对落体运动的研究课堂实录

3-3-3 自由落体运动的规律课堂实录

## 3-4　如何设计导向学生质疑创新能力的单元学习活动？

### 教学关键问题提出

质疑创新是科学思维的最高要求，是科学思维、科学探究两大素养中其他要素的综合应用与全面审视。同时，在单元教学设计中，单元学习活动从时间跨度、知识广度、能力高度等方面来看，是一种难度较高的教学设计。然而，恰恰由于单元学习活动具有时间跨度大、知识范围广、能力要求高等特点，使其成为培养学生质疑创新能力的理想载体。

新课程的教育理念，要求实现两大转变：教学方式和学习方式的转变。目前的教学现状是：不少学生习惯了"刷题"，反而对最能体现物理能力的思维表述和探究能力一筹莫展。当需要对具体问题做出评价性、建设性的判断时，学生普遍具有运用逻辑的意识，但又普遍缺乏驾驭逻辑的能力与自觉。具体表现在：其思维表述多为"我觉得……""我以为……"，而非"基于……原理或证据，得出……结论或判断"。不少教师对此也不知所措，并且容易先入为主地认为"逻辑思维"是缺少定式、无法训练的，"质疑创新"只是提出疑问和建议。

对于"如何设计导向学生质疑创新能力的单元学习活动？"这个问题，我们首先需要理清的是：质疑创新是能够培养的吗？以节为单位的课堂教学活动是否适合质疑创新能力的培养？为什么需要借助单元学习活动来培养学生的质疑创新能力？

### 教学关键问题分析

#### 一、质疑创新是能够培养的吗？

新版课程标准对科学思维和质疑创新的要求表述为：基于事实证据和科学推理对不同观点和结论提出质疑和批判，进行检验和修正，进而提出创造性见解的能力与品格。同时，课程标准对不同能力水平有不同的要求，以水平 3 为例，要求学生：能恰当使用证据表达自己的观点；能对已有观点提出质疑，从不同角度思考物理问题。

从逻辑学的范畴来看，质疑是一种动摇对方立论的方法，而一个立论（即证明）总是由论题、论据通过论证方式而构成的，因此，为了质疑对方立论，可以从下列三方面入手：质疑论题，质疑论据，质疑论证的方式和过程。

---

① 华东师范大学哲学系逻辑学教研室. 形式逻辑 [M]. 上海：华东师范大学出版社, 1996：234.

对应到物理当中，所谓"质疑"包含：

（1）质疑论题：推敲"模型建构"的合理性，检视"物理问题"是否为真命题。

（2）质疑论据：质疑演绎推理中所使用的一般原理是否适用于现在的特定问题，质疑归纳推理中所列举的特殊事实是否满足穷尽和独立原则。

（3）质疑论证方式和过程：查证文献、数据的来源出处是否可靠；直接取证的方法和工具是否正确合理，能否复现；演算是否正确；推理过程是否合乎逻辑；等等。

所谓质疑，不仅仅是对整个论证过程中各个要素的全盘审查，质疑本身就是一个重新立论的过程，高质量的质疑也是改进和创新的起点。学生如果不具备逻辑推理的基础知识，则容易陷入没有根据的猜疑中，真正有效的质疑也就无从谈起了。

质疑是以整个科学论证过程本身为研究对象所做的反思，逻辑和证据是质疑的前提。对于前提不明、缺乏证据、逻辑混乱的表述，不值得批驳质疑，也无从质疑。质疑本身也必须遵循推理论证的逻辑规则，质疑不遵循逻辑，就会成为胡乱猜疑，或者说是"抬杠"。

创新是建立在质疑基础上的高阶思维活动，创新从来不会凭空产生，正是在对已有问题的质疑和审视中遇到困难、形成疑问，才出现了解决问题、改进创新的契机。事实上，伽利略的工作就是从对亚里士多德观点的重新审视、检验和质疑中开始的。

可以说，质疑创新既是一种面对问题可以质疑、应当质疑的意识，也是一种会质疑、能质疑、质疑之后还能针对问题提出创见的能力。作为一种逻辑严密、路径清晰、要求具体的思维模式，质疑创新并非与生俱来的天赋，而是可以在较长的活动过程中，以具体的思辨或研究过程为对象，通过逐步深入的思考逐渐习得的一种具体技能，是可以培养的。

## 二、以节为单位的课堂教学活动是否适合质疑创新能力的培养？

不难发现，科学思维和科学探究既构成了质疑创新的基础，也成为质疑创新的对象。质疑创新可以认为是科学思维的最高要求，是对科学思维和科学探究做出综合应用与全面审视的高阶思维活动。

质疑创新思维活动并不是凭空产生的，它需要从分析情境、建构模型、提出问题、获取信息、搜集证据、推理论证，到解释、交流，全部完整呈现的活动过程，如图3-4-1所示。

而以节为单位的课堂教学，以完成一节课的教学目标为首要任务，其活动设计一般要包含情境创设、问题提炼、活动探究、规律得出、迁移应用等诸多要素，再要承载质疑创新这样的长程高阶思维活动显然是不现实的。

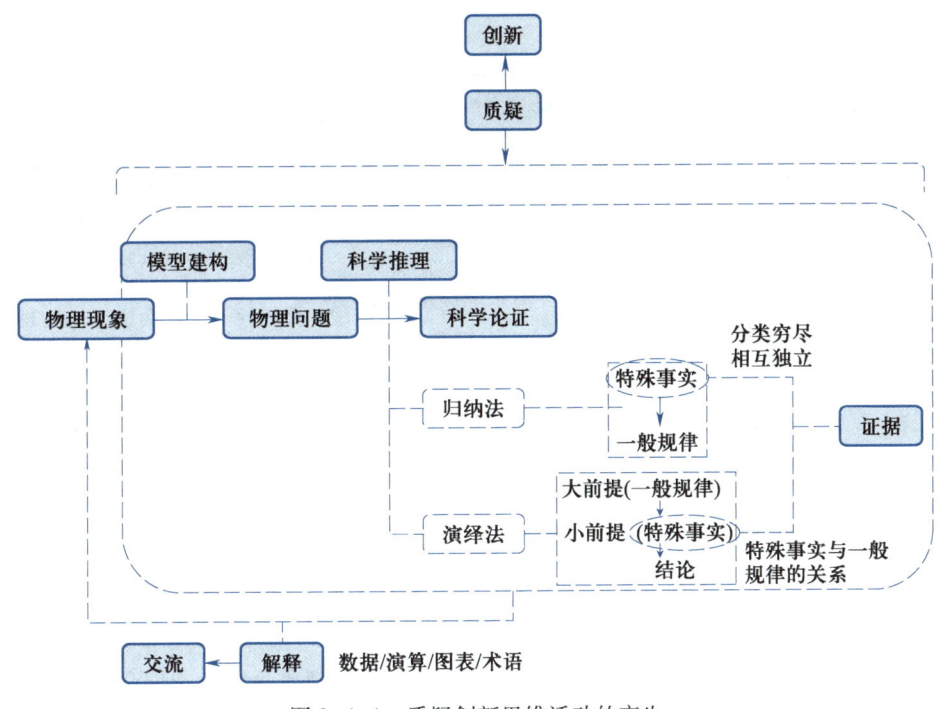

图 3-4-1 质疑创新思维活动的产生

### 三、为什么需要借助单元学习活动来培养学生的质疑创新能力?

单元学习活动是围绕着整个单元的教学内容而展开且存在内在逻辑关联的系列学习活动,包含但不限于课内教学活动,它与一般意义上的课内学习活动的不同之处在于:单元学习活动的时间跨度、知识内容、思维要求,以一个章节甚至多个章节所组成的单元学习整体为计量单位,活动范围包括课堂内外,学习过程呈现连续性、结构性、自主性的特点,突出学生的主体地位,教师在单元学习活动中并不占据主导地位,而是起到引导的辅助作用。

下面以《上海市高中物理学科教学基本要求》中第一单元"直线运动"的单元学习活动为例进行分析。

【案例】

#### 描述百米赛跑运动

**设计意图** 百米赛跑是学生生活中常见的一种直线运动情境,围绕百米赛跑设计的一系列活动,渗透了质点、时刻、时间、位移、速度、加速度等概念的学习和应用。本单元是高中物理的开端,在教师的带领下,学生围绕各类百米赛跑的资源,开展不断深入的学习,从描绘运动轨迹,到初步学会用 $v$-$t$ 图像记录一段直线运动,会用速度、加速度等物理量粗略描述一段直线运动。

**活动资源** ① 运动员一段百米赛跑的频闪照片;② 中国运动员苏炳添破百米赛跑纪录的视频;③ 运动员百米赛跑的分析数据;④ 学生运动会百米赛跑期间,侧面正对运动员拍摄的一段比赛视频;⑤ 视频分析软件(如 Tracker 软件);⑥ 阅读材料:先进的计时系统是奥运会最公正的裁判。

**系列活动设计**

| 对应课时 | 活 动 过 程 | 活 动 说 明 |
| --- | --- | --- |
| 第一课时 | **分析交流** 利用一段百米赛跑（部分）的频闪照片，分析交流运动员百米赛跑过程中哪些点能更好地反映运动员的整体运动。<br>**示范验证** 在学生讨论的基础上，用百米赛跑的视频和视频分析软件演示和验证学生的想法 | 学生经历了质点模型的构建过程，知道将物体抽象为质点的条件后，设计了一个解决真实问题的活动。<br>教师的演示和验证过程，既教会学生使用视频分析软件验证自己的想法，更引导学生体会证据是物理研究的基础 |
| 第二课时 | **观察讨论** 播放一段中国短跑名将苏炳添冲过终点，裁判宣布比赛成绩为 9.92 s 的视频。讨论 9.92 s 是表示时间还是时刻 | 引导学生从不同视角分析：一是将 9.92 s 理解为运动员跑 100 米所需的时间，对应 100 m 的路程；二是假设起跑为计时起点，9.92 s 为刚好冲过终点线的时刻，对应终点线位置 |
| 第三课时 | **实例分析** 根据跑步者在不同时刻的位置数据，描述出他做直线运动中位移随时间的变化关系 | 学会用文字描述、数学式子、$x\text{-}t$ 图像三种方法来描述做直线运动的物体位移随时间的变化关系，体会图像对物体整体运动的描述更加形象、直观 |
| 第四课时 | **计算讨论** 通过计算运动员在最后 10 s 内、1 s 内、0.1 s 内的"速度"，讨论哪一个"速度"更接近最后撞线速度 | 通过计算一段时间内的平均速度，理解平均速度是对运动快慢的粗略描述，体会等效替代的思想。通过不断减小 $\Delta t$，理解瞬时速度的概念，体会极限方法 |
| 第五课时 | **问题解决** 学校运动会中运用实验工具获得一段运动员百米赛跑的 $v\text{-}t$ 图像，利用所学知识描述这段运动 | 这是运动的描述最后一节课，通过拍摄一段运动会百米赛跑的视频（起跑或者冲线）用视频分析软件获取 $v\text{-}t$ 图像，讨论速度是否变化，是否存在加速度，加速度是否变化等问题 |

**案例分析**

上述案例以百米赛跑的真实情境贯穿整个单元，通过对运动数据的不断深入挖掘，涵盖了整个章节从质点、位移、时间时刻、平均速度、瞬时速度、加速度，到 $x\text{-}t$ 图像、$v\text{-}t$ 图像的全部知识内容，让学生在同一个的物理情境下不断深入探究，从活动中获得物理规律，又将所得到的规律和方法应用于下一环节的活动，逐步发展学科素养。

单元学习活动既是联系课程标准与课堂教学的纽带，又是课堂教学与知识体系的延伸。一个单元的学习过程，能够在一个或一系列具体的物理情境下逐步展开，容纳学生长程、渐进、系统性的思维活动。无论从时间跨度、知识体系，还是从学生活动的充分程度来看，单元学习活动都能够较好地帮助学生形成高阶思维，培养学生的质疑创新能力。

 问题解决路径与教学示例

### 一、在"探究—交流—引导—反思"的过程中形成质疑创新的契机

在前面的分析中已经提到,科学思维和科学探究既是质疑创新的基础,也是质疑创新的对象。质疑创新是对一系列学习任务的系统性思考和检验,是建立在充分探究和交流的基础上,通过教师适当的引导,引发学生反思、猜想,进行再探究的单元学习活动过程(图3-4-2)。

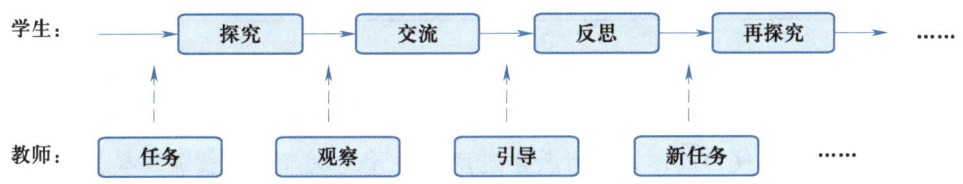

图 3-4-2 导向质疑创新的单元学习活动模式

在此过程中,随着单元教学内容的不断深入,学生对物理概念、物理规律的理解不断深化,应用能力不断提升,还可能不断提出新问题,形成新任务。

【案例】

"地球自转"诉"自动扶梯"案
——"直线运动"单元系列活动

本案例根据直线运动的教学进程:质点、位移和时间,平均速度、瞬时速度、加速度,运动图像,匀变速直线运动的规律等章节,分为5个阶段"立案调查""控方陈词""辩方陈词""侦查取证""宣布判决"逐步展开,每节课大约需要 5~10 min 交流、讨论。

活动情境:下列哪个物体在 1 min 内的运动最接近匀速直线运动?请说明你判断的理由。

A. 大楼跟着地球一起运动

B. 自动扶梯上的人随扶梯运动

| 活动阶段 | 活动内容 | 活动目标 | 活动资源 | 教学进度 |
|---|---|---|---|---|
| 活动1<br>立案调查 | 学生进行初步的逻辑表述 | 能运用简单的概念解释现象 | 直言三段论 | 1. 质点、位移和时间<br>2. 匀速直线运动的图像 |
| 活动2<br>控方陈词 | 撰写报告:"地球自转"诉"自动扶梯"案控方陈词 | 无限逼近与极限证据意识 | 电梯安全国家标准 | 3. 平均速度和瞬时速度 |
| 活动3<br>辩方陈词 | 教师评估"控方陈词"的合理性 | 证据意识,质疑创新 | 教师给出"控方陈词"的范例 | 4. 练习使用(DIS) |

续表

| 活动阶段 | 活动内容 | 活动目标 | 活动资源 | 教学进度 |
| --- | --- | --- | --- | --- |
| 活动4 侦查取证 | 侦查人随自动扶梯上楼过程中速度大小的变化情况 | 会使用DIS实验器材测量加速度，能用物理图像描述实验数据，具有实事求是的态度，能与他人合作 | 手机 相关测量App | 5. 加速度 6. 匀变速直线运动的规律 |
| 活动5 宣布判决 | 课堂交流汇报 | 能使用简单和直接的证据表达自己的观点；能撰写简单的报告，陈述科学探究的过程和结果 | 课堂时空 | 单元复习 |

**案例分析**

该活动——比较两种运动中的哪一种更接近匀速直线运动——虽然情境比较简单，但整个活动由5个阶段构成，并随着教学进度的展开逐步布置。教师还模拟了法庭调查案件的情境，增加学生的代入感和表现欲，培养学生的表达能力。

1. 第一阶段"立案调查"

教师并没有直接从匀速直线运动定义出发通过举证给出结论，而是让学生充分表达观点，在此过程中观察学生的思维过程，并适时给出三段论的一般逻辑范式，引导学生按照论证的逻辑规范自行明确问题、分析原理、寻找证据，最后并没有急于给出结论，而是从另一个视角提出对电梯运行轨迹是否为直线的质疑，保留了悬念，将思考和论证的机会留给了学生，留到了课后。

学生在活动中尝试借助基本概念通过简单分析和推理来立论，开始能区分观点和证据，知道什么是质疑，要质疑什么。此阶段学生普遍倾向于认为"自动扶梯上的人随扶梯运动更接近匀速直线运动"。

2. 第二阶段"控方陈词"

教师在学生线上交流时提供国家标准作为新的线索，掀起了新的一轮讨论，把学生从"论证"引向检索文献的"查证"。学生初步显示出证据意识，并尝试使用引用、说理、计算、图示等方法辅助论证（图3-4-3）。

学生尽管说理还不充分，计算也错漏百出，但几乎所有同学都掌握了或多或少的理由和证据，从支持B选项，变成支持A选项。学生开始初步感觉到理性思维的力量，能通过分析和推理，使用简单直接的证据表达自己的观点。至此学生逐渐了解了推理论证的基本要素，具备了思辨质疑的基础，初步形成了质疑创新的意识。

3. 第三阶段"辩方陈词"

教师提供了一份表达规范但存在漏洞的"控方陈词"给学生，既作为论述表达的范例，又作为质疑批驳的对象，让学生改变"控方"的立场，站在"辩方"的角度来给老师的论述"找茬"（图3-4-4）。

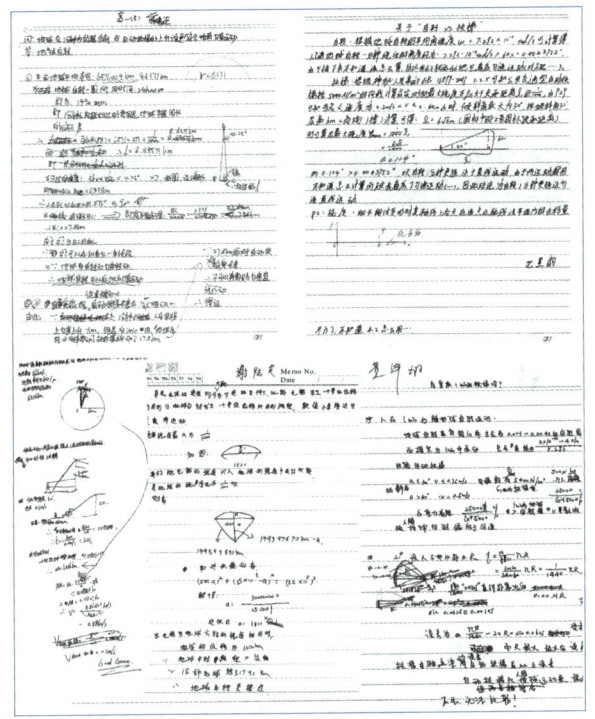

图 3-4-3　学生所提交的部分"控方陈词"

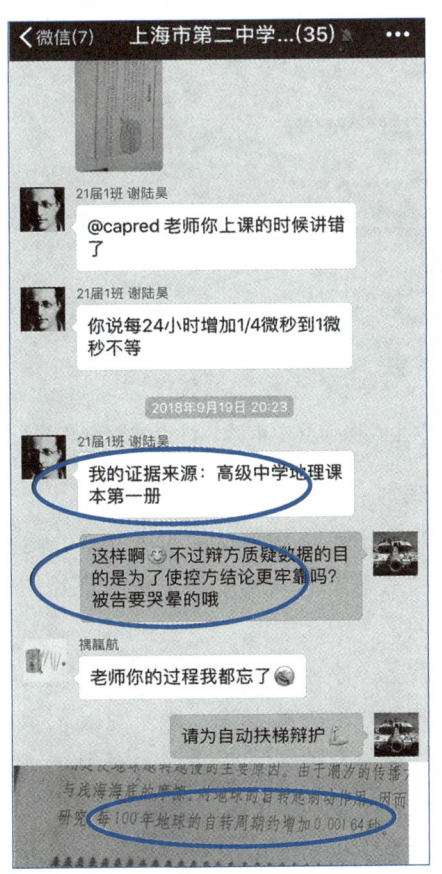

图 3-4-4　学生举证质疑地球自转数据错误

部分学生开始能够跳到计算之外，抓住证据错误和论证过程的不严谨依据，稍微动摇了教师的立论，对已有观点完成了一次有效的质疑，并从不同角度思考物理问题（图3-4-5）。

图3-4-5　学生在微信群中审读、讨论"控方陈词"的部分内容

4. 第四阶段"侦查取证"

事实胜于雄辩，学生在学习使用DIS的测量速度后，运用手机App进行实地测量（图3-4-6），从书本上的"查证"走向真实环境中的现场"取证"（图3-4-7）。

5. 第五阶段"宣布判决"

活动5是在单元复习课上，小组进行汇报交流。学生为了处理测量到的数据，整个直线运动单元的物理知识和方法轮番上阵，终于通过图像的方法从加速度和时间的关系间接得到电梯运行的速度变化情况，得出了与最初直觉不相同的科学结论——一分钟内随地球自转的运动比随电梯运动更接近匀速直线运动。

从实际的教学效果看，学生初步尝试用已有物理知识和方法对比较复杂的实际问题进行解释，用物理概念、规律、术语、图表等解释、交流自己的探究过程和结果，开始认识到可以从多个视角审视检验结论,可以借助查证、推算、实验等多种方法解决问题。对整个单元的知识、技能、方法的掌握也得到了提升(图3-4-8)。

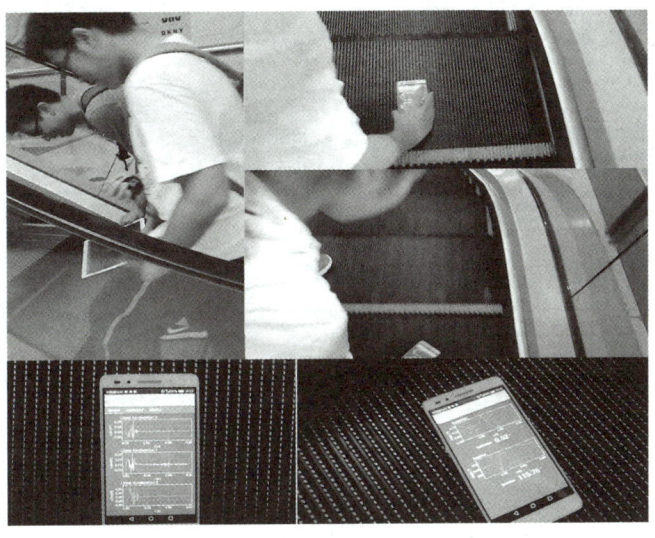

图3-4-6　学生实地测量

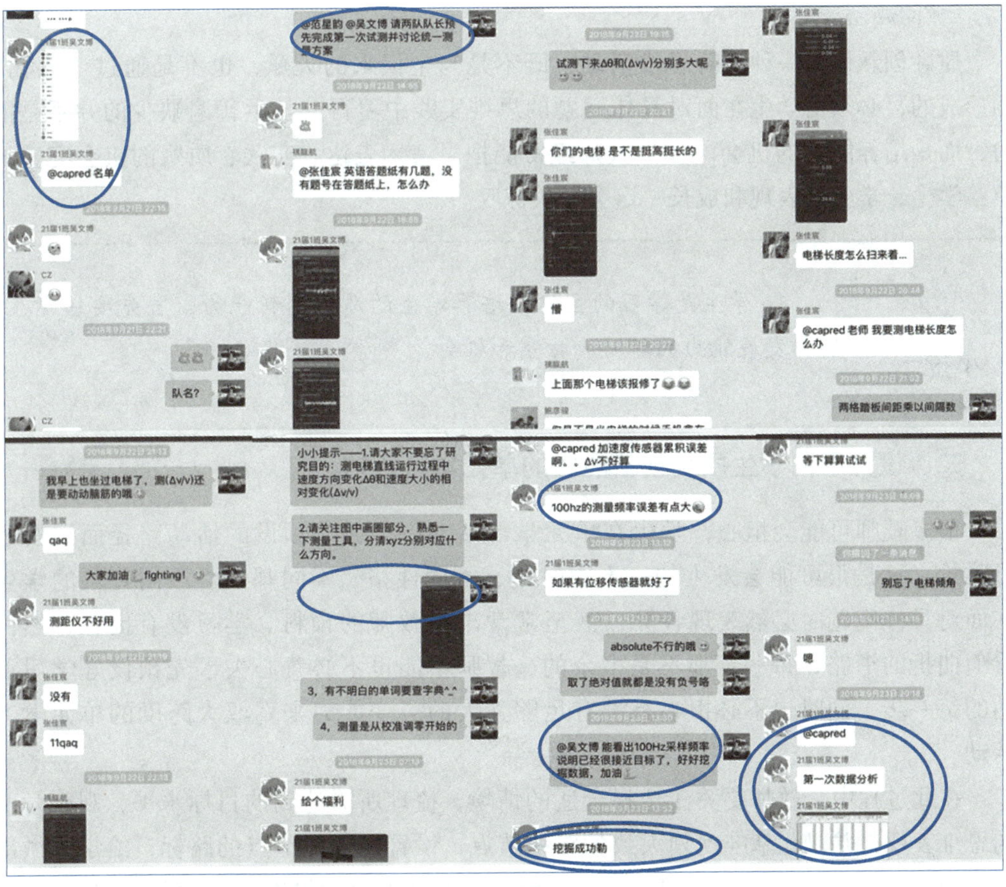

图3-4-7　学生组队、交流测量方法、探索数据处理方法

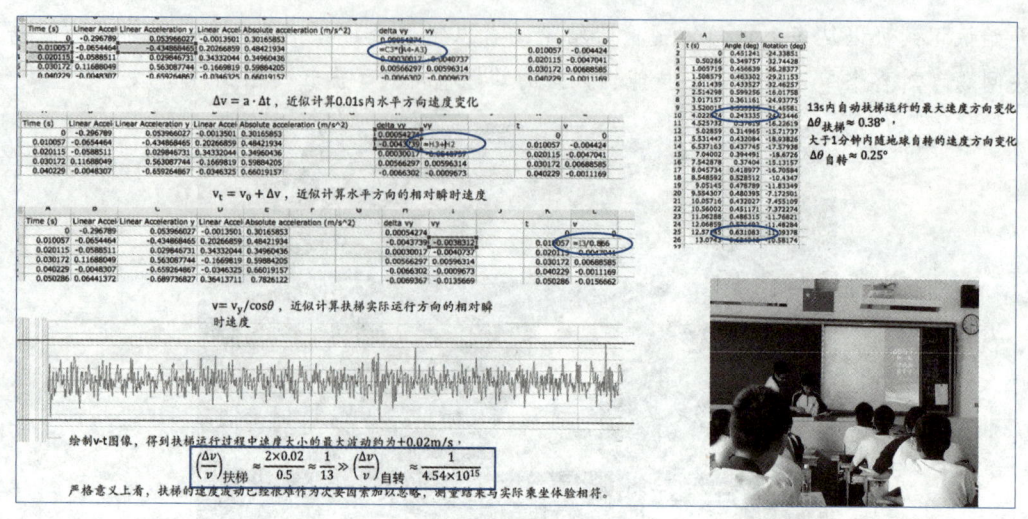

图 3-4-8　汇报交流

"探究—交流—引导—反思"过程在整个活动过程中循环出现，每一次论证既是对之前工作的反思，也是后续质疑检验的对象，串联起整个单元的学习活动，提高了学生质疑创新的能力。

### 问题解决建议

质疑创新作为一种高阶思维活动，既不是与生俱来的天赋，也不是通过"灌输"而形成的，必须由学生在面对具体问题的思维实践中习得。学生普遍缺少的并不是能力，而是培养能力的机会。如果教师经常能把思考、表达、实践、质疑的机会完整地留给学生，学生的表现和成长一定会令人惊叹。

小提示

◎ 学生是学习的主体，培养学生的质疑创新能力，首先要给学生留出发展能力的环境、时空和机会。

### 二、设计导向学生质疑创新能力的单元学习活动

很多教师可能会担心，学生在单元学习活动中会偏离预设的活动路径而一发不可收拾，这是很可能会发生的。不同时期、不同性格、不同基础、不同背景的学生在面对具体问题时必然表现各异，甚至常常出乎教师的预料。学习没有捷径，然而看似曲折的道路，每一步都不是多余的，教师不能也不必费心去事先预设好学习活动的每一步，同时也不必担心有没有足够强大的应变能力来驾驭大跨度的单元学习活动。

在此过程中，教师要关注选择合适的情境，梳理所需达到的目标水平，观察学生的思维表现，并以此基准规划大致的路线节点，设置好通向节点的路标，给学生做出适切的评价与引导。导向学生质疑创新能力的单元学习活动的设计过程一般包含以下几个环节。

### 1. 情境创设

由于真实情境往往具有一定的复杂性，生活中看似简单的情境，随着研究的深入，很快就会需要调用本单元的全部相关知识，甚至更大范围的知识。以前面提到的案例为例：从情境设置上来看，电梯运行和地球自转，一个触手可及，一个每时每刻参与其中，对于学生而言不存在距离感。问题设置方面，匀速直线运动是学生从初中开始就非常熟悉的物理模型，两个运动又都很接近理想的匀速直线运动，至于"谁更接近?"，每个学生都有话可说、有理可辩、有事可做。在有争有辩、你来我往的过程中，自然就形成了立论、质疑、反思、创新的环境。再深究下去，实际问题的复杂性就开始呈现出来了，需要学生调用有关直线运动的各种知识、方法，从而涵盖整个单元的学习内容，形成以物理学科为基础的质疑创新过程。

一个适切的情境选择既能引发学生的亲切感和投入感，又能给学生的活动提供足够的活动上限，是设计导向学生质疑创新能力的单元学习活动时应当首先考虑的问题。

### 2. 目标梳理

关于高中学生在质疑创新方面所应达到的水平，在新版课程标准中的具体表述如表 3-4-1 所示。

表 3-4-1 质疑创新的水平等级与能力表述

| 水 平 等 级 | 能 力 表 述 |
| --- | --- |
| 水平 1 | 知道质疑和创新的重要性 |
| 水平 2 | 具有质疑和创新的意识 |
| 水平 3 | 能对已有观点提出质疑，从不同角度思考物理问题 |
| 水平 4 | 能对已有结论提出有依据的质疑，采用不同方式分析解决物理问题 |
| 水平 5 | 能从多个视角审视检验结论，解决物理问题具有一定的新颖性 |

在前面的案例中：

第一阶段要求学生按照逻辑规范表达自己的观点，并由教师提示其中的疑点，这一活动所指向的能力目标是水平 1——知道什么是质疑，以及质疑的是什么。

第二阶段要求学生通过查证、分析检验自己的观点，指向的是水平 2——具有质疑和创新的意识。学生经历质疑的过程，了解质疑的方法，形成质疑的意识，了解质疑是研究问题形成观点的必要环节。

第三阶段要求学生改变立场，站在"电梯"的一方对支持"自转"的理论进行批驳，指向的是水平 3——能对已有观点提出质疑，从不同角度思考物理问题。

第四阶段要求学生跳出查证和推算，通过实地探测获取证据，提出更进一步的观点，则是指向水平 4——能对已有结论提出有依据的质疑，采用不同方式分析解决物理问题。

第五阶段的小组汇报更是要求学生综合各方面的证据，创造性地从实际数据中获取信息，综合论证形成观点，这已经接近水平 5 的要求了，即能从多个视角审视检验结论，解决物理问题具有一定的新颖性。

质疑创新是一种起点高、上限高的思维能力，并且具有严格的逻辑规范。教师在单元学习活动的设计中，既不可随意降低标准让学生随意猜测，更不能任意提高标准到学生无力达成、心生挫败，而应根据学生的实际能力水平设定具有一定挑战性的适切目标，对学生的阶段评价也应以相应水平表述为依据，引导学生分阶段逐步达成目标要求。

### 3. 路径规划

质疑创新是一种综合能力，科学思维中的其他要素——模型建构、科学推理、科学论证——都是质疑创新的基础，无论其中哪项能力的缺失都会影响质疑创新的达成。此外，由于物理知识、逻辑判断，甚至数学计算的欠缺，也会阻碍质疑创新能力的发展。在单元学习活动的设计中，绝不能抛开这些因素，空谈质疑创新。这就要求教师在活动前对学生在这些方面的能力水平有较为清晰的预判，才能有针对性地设计出合理的活动路径。活动过程中，教师还应根据学生的表现分析背后所存在的问题，发现问题解决问题，为学生提供必要的帮助，并不断调整活动的目标和内容。

一个导向学生质疑创新能力的单元学习活动的开展，既离不开教师的设计和规划，也离不开学生的参与和成长，可以说是教师和学生在活动过程中共同生成的结果，也是教与学的共同转变和促进。

**小提示**

◎ 教师要认真研读课程标准中关于学科核心素养的各级水平划分的具体表述，将其作为设置活动阶段目标和过程评价的依据。

◎ 观察学生在学习活动中的表现，倾听学生的表达，并与学科核心素养各级水平划分的具体表述相对照，分析学生在思考和认知过程中遇到的困难或出现的问题，从中挑选一到两个问题，生成下一步的活动内容、要求和目标。

## 3-4 数字资源

3-4-1 匀变速直线运动单元活动设计案例

## 3-5 如何设计促进学生科学思维发展的学习活动？

 教学关键问题提出

科学思维是具有意识的人脑对科学事务（包括科学对象、科学现象、科学过程、科学事实等）的本质属性、内在规律及事物间的相互联系和关系的间接和概括反应，是物理学科核心素养的核心内容。而物理学科的科学思维是从物理学视角对客观事物的本质属性、内在规律及相互关系的认识方式；是基于经验事实建构物理模型的抽象概括过程；是分析综合、推理论证等方法在科学领域的具体运用；是基于事实证据和科学推理对不同观点和结论提出质疑和批判，进行检验和修正，进而提出创造性见解的能力与品格。科学思维主要包括模型建构、科学推理、科学论证、质疑创新等要素。

不论是观察与实验、学习物理知识，还是物理问题的提出和解决，都需要运用分析、综合、抽象、概括、分类、比较和逻辑推理等科学思维方法。那么，如何发展学生的科学思维呢？为什么通过学习活动才能更好地来发展科学思维？怎样的学习活动才能发展学生的科学思维？

 教学关键问题分析

思维是智力和能力的核心，而科学思维是人们对客观事物进行分析、推理，从而概括、总结出事物的本质及内在规律的思维及方法。科学家高士其先生曾说："科学的发展史就是一部思维的发展史，要培养一个人成才很重要的一个因素在于思维，在于科学的思维。"培养学生的科学思维是物理教学的重要任务，也是此次课程改革的重点。一方面科学思维能力是以科学知识为基础，另一方面科学思维能力又不能归结于科学知识，是学生通过对科学知识的概括、内化或类化等智力活动形成的比较稳固的心理特征。[①] 因此，我们需要研究在物理教学中如何才能更好地培养学生科学思维能力。

### 一、为什么通过学习活动才能更好地来发展科学思维？

心理学将学习定义为通过获得经验而产生的行为或行为潜能的相对持久的变化。由此可知，学习的发生是离不开活动的，这是教育教学的通常组织形式。关于"学习活动"的定义，有学者认为，学习活动是指学习者以及与之相关的学习群体（包括学

---
① 胡卫平，罗来辉. 论中学生科学思维能力的结构 [J]. 学科教学，2001（2）：27-31.

习伙伴和教师等）为了完成特定的学习目标而进行的操作总和。① 这样的定义强调学习活动的操作性，但不够重视活动过程中师生互动而产生的动态性、生成性问题和知识。还有很多学者从学习活动的环境和目标两个方面界定学习活动，他们认为，学习活动是学习者与学习环境的相互作用，既包括学习者为达到学习目标所需完成的学习任务及其所有操作，也包括学习者在操作过程中所形成和发展起来的认知技能和情感态度。这一表述忽略了学习者与相关学习群体之间的相互作用，而课堂中的学习活动通常发生在师生互动、生生互动之中。所以，我们比较认同李青博士的定义：学习活动是一个或多个学习者为了达到预先设计的学习目标在一定环境中的活动。在他的定义中，学习活动主要包括活动、目标、资源、学习者和情境五个要素，其中的活动是整个学习活动的中心，而情境是其他要素发生作用的环境（或者说是场）。② 这一表述既注意到学习发生的操作性，还考虑到学习活动过程中的生成性和动态性。

科学思维这一素养的发展与学习活动存在内在的关联性。③ 首先，学生的素养本身就是内隐和潜在的。教师只有通过观察学生在学习活动中的行为表现，才能去判断其素养水平及是否有所提升。其次，学生的学科素养具有概括性特征，是在一定时期的物理学习和生活经验中抽象、概括形成的。再次，学生的学科素养具有相对的稳定性，当学生具有一定的物理科学思维素养，会不自觉地运用物理学的方法去观察世界，运用物理知识分析、解决问题，这就是素养对学生行为产生的影响。最后，学生的学科素养无法符号化，因此具有较难传递的特征，所以学生学科素养的形成具有特殊的机制。国内外关于素养发展的机制的普遍观点是：学生能动参与活动，并亲身经历和完成活动过程，是学生素养形成的机制。④ 综上所述，学生学科素养的发展需要通过学习活动来实现，学生在学习活动中习得科学思维的方法，通过较长时间的学习经历才能形成较为稳定的科学思维素养。教师要通过情境的激发、活动的设计来促进学生科学思维能力的提升。

## 二、什么样的学习活动才能发展学生的科学思维？

以思维对象的不同，科学思维可以分为科学形象思维、科学抽象思维、科学直觉思维，其中科学形象思维是先导，科学抽象思维是核心。学生以科学表象为思维对象时，进行的就是科学形象思维。如果学生以物理概念或规律为思维对象，通过抽象、推理、判断等科学思维，从不同方面、不同层次理解概念或规律的内涵、外延及其与其他概念的区别，逐步形成对物理概念或规律的完整认识，此过程中进行的就是科学抽象思维。而科学的直觉思维，是人脑不借助于推理而是综合运用已有知识，由直觉经验做出迅速猜想或领悟的思维。在科学史上，很多创新性的发现都是源于科学家的

---

① 杨开诚. 学生模型与学习活动的设计 [J]. 中国电化教育，2002（12）：16-20.
② 李青. 学习活动建模 [D]. 上海：华东师范大学，2005.
③ 陈佑清. 在与活动的关联中理解素养问题 [J]. 教学研究，2019（6）：60-69.
④ 陈佑清. 教育活动论 [M]. 南京：江苏教育出版社，2000：98.

直觉思维，例如，普朗克为解释黑体辐射现象提出能量子假说后，众多科学家都尝试修改经典物理理论来解释它，爱因斯坦却根据非凡的直觉，选择另一条道路，创立了"光量子假说"，发展了量子理论。科学的直觉思维要以大量的科学抽象思维和科学形象思维为基础，才可能产生突然的灵感和顿悟。所以，我们需要培养学生的科学形象思维和科学抽象思维。

根据学习活动的五要素，首先，教师要创设真实的情境，引发学生的认知冲突，这一过程中学生更多的是通过感性认识发展科学形象思维；其次，通过真实情境设计逻辑递进的连续性问题，引导学生在问题解决中运用分析、综合、概括、抽象、类比、比较、等效代替等科学思维方法，发展科学抽象思维，形成物理概念或理解物理规律。

 问题解决路径与教学示例

### 一、创设真实情境，促进科学思维的进阶

创设物理真实情境的素材一般有两类，一是生活素材，二是实验情境。教师要根据学生需要学习的物理知识和技能来筛选素材，还要考虑能否提升学生的科学思维，优先选择学生能够亲身经历的情境，因为学生能主动参与活动，并亲身经历和完成活动过程，是学生素养形成的机制。教师要创设贴近学生实际的真实情境，引导学生由浅入深地分析情境，激发学生主动地探究、发散地思考，通过新旧知识或经验的相互作用，提出问题，建立模型，探索解决问题的方法，从而促使学生主动建构知识，提高认知能力和思维能力，促进学生科学思维的进阶发展。

【案例】

**匀变速直线运动的规律**

**情境** 上海中心超高速电梯中的显示屏实时录像。

**问题** 上海中心是上海市地标式的摩天大楼，里面有好几台超高速电梯，电梯中的显示屏实时记录电梯的瞬时速度、到达的楼层等信息。同学们根据视频中的数据判断一下，电梯在上升过程中经历了哪些运动？

学生：通过速度的数值变化，可以观察到电梯先加速再匀速最后减速。

**问题1** 如果需要更准确的定量描述，我们还需要知道电梯的加速度、位移等物理量，根据视频中拍摄的速度大小变化，同学们能进一步计算电梯的加速度大小和上升的高度吗？

学生：要计算电梯的加速度大小和上升的高度，先要判断电梯是不是匀变速直线运动，是否可以用匀变速运动的规律来计算加速度和位移，所以我们需要记录下不同时刻，电梯运行的速度，然后分析速度随时间的变化情况。

**任务1-1** 记录电梯运行的相关数据，基于证据分析判断电梯的运动。

教师引导学生记录电梯运行的相关数据的方法：将视频中的时间记录下来，再将

视频中不同的时刻对应的电梯速度也记录下来,电梯启动的时刻是(0.82 s),为了将问题简化,启动后每隔3 s记录一次对应的瞬时速度。

学生记录,填写表3-5-1,发现在第一阶段和第三阶段,电梯每隔3 s的速度变化量几乎相等,速度均匀增加或减小,接近理想的匀变速直线运动,由此得出结论:可以运用匀变速直线运动规律来计算加速度和位移。

表3-5-1 电梯运行的时间和速度记录表

| 时间 $t/s$ | 速度 $v/(m·s^{-1})$ | 时间 $t/s$ | 速度 $v/(m·s^{-1})$ |
| --- | --- | --- | --- |
| 0.82 | 0 | 30.82 | 17.9 |
| 3.82 | 2.8 | 33.82 | 15.5 |
| 6.82 | 5.5 | 36.82 | 13.1 |
| 9.82 | 8.2 | 39.82 | 10.7 |
| 12.82 | 10.8 | 42.82 | 8.3 |
| 15.82 | 13.6 | 45.82 | 5.9 |
| 18.82 | 16.3 | 48.82 | 3.5 |
| 21.82 | 18.0 | 51.82 | 1.1 |
| 24.82 | 18.0 | 53.42 | 0 |
| 27.82 | 18.0 | | |

**任务1-2** 描述电梯的直线运动。要求:描述每段运动时,需要描述运动的性质,如果是匀变速运动,要指出加速度的大小;如果是匀速运动,要指出速度的大小。

学生:电梯从静止开始先做了21 s的匀加速直线运动,加速度大小为 $0.86 \text{ m/s}^2$;然后做了9 s的匀速直线运动,速度大小为18.0 m/s;接着做了22.6 s的匀减速直线运动,加速度大小为 $0.79 \text{ m/s}^2$,直至到达最高层。

**任务1-3** 估算电梯上升的高度。

学生:第一段,选择匀变速直线运动的位移公式直接计算,

$$x_1 = \frac{1}{2}a_1 t_1^2 = \frac{1}{2} \times 0.86 \text{ m/s}^2 \times (21 \text{ s})^2 \approx 189.6 \text{ m}$$

得到匀加速运动的位移 $x_1$ 是189.6 m。

第二段匀速运动,

$$x_2 = v_{21} t_2 = 18.0 \text{ m/s} \times 9 \text{ s} = 162 \text{ m}$$

得到匀速运动的位移 $x_2$ 是162 m。

第三段减速到零,

$$x_3 = \frac{v^2 - v_{30}^2}{2a_2} = \frac{0^2 - (17.9 \text{ m/s})^2}{2 \times (-0.79 \text{ m/s}^2)} = 202.8 \text{ m}$$

计算得到匀减速运动的位移 $x_3$ 为202.8 m。

电梯上升的高度是三段位移加起来,即 $x = x_1 + x_2 + x_3 = 554.4 \text{ m}$。

教师再次指导学生观察电梯显示屏,圈出电梯高度这一信息:从地下2层上升到

地上 118 层，电梯实际上升的高度为 559 m，学生发现估算值和真实值只有近 1% 的误差。

**问题 2**　如果我们想更精确地描述电梯的运动，知道电梯分别从哪个时刻开始做匀速、减速运动，该怎么办呢？

学生：从表格中看到 18.82 s 还在加速，21.82 s 已经开始做匀速运动了，所以开始做匀速运动的时刻应在 18.82 s 和 21.82 s 之间；27.82 s 时还在做匀速运动，而 30.82 s 时速度已经减小为 17.9 m/s 了，开始做减速运动的时刻应在 27.82 s 和 30.82 s 之间。也就是说，可以借助匀变速直线运动的规律推测开始做匀速、匀减速运动的时刻。

**任务 2-1**　更精确地确定电梯分别从哪个时刻开始做匀速、减速运动。

教师：需要精确计算加速阶段的加速度，所以选择初速度为零加速到速度为 16.3 m/s，得出加速度约为 0.9 m/s²。

学生：运用匀变速直线运动的速度公式 $v_t = v_0 + at$，根据 18.82 s 时的速度为 16.3 m/s，得出又经过 1.89 s（即 20.71 s 时）电梯速度达到 18 m/s 并开始匀速。同理，学生得出电梯 30.70 s 时开始减速。根据判断所得的加速时刻、减速时刻重新计算电梯上升的高度，得到的高度为 560.35 m，和实际值 559 m 非常接近。

**任务 2-2**　用更简便的方法描述电梯上升的整段运动。

学生：用 $v$-$t$ 图来描述，将数据由表格转换成图像。

教师引导学生先将数据表中的速度和时刻在 $v$-$t$ 图中描点，然后用直线将这些点连接起来，要注意让尽量多的点都落在直线上，个别偏离的点应比较均匀地分布在线的两侧，从而减小误差。

学生运用已有知识，图线和 $t$ 轴包围的面积就等于物体运动的位移，电梯上升的高度在图中就等于梯形的面积，根据梯形面积的计算公式可以算出，这段位移的大小为 559.8 m，真实值为 559 m，几乎没有误差。

（案例提供：焦晓源　复旦大学附属中学）

**案例分析**

学生在学习了匀变速直线运动相关规律之后，教师通过创设真实情境，基于情境提出问题：判断电梯在上升过程中经历了哪些运动？这个问题是高一物理第一章、第二章的核心问题（如何从运动学角度描述物体的直线运动？）的具体体现和综合运用。通过这两个单元的学习，学生形成描述物体运动的科学思维方法，即通过文字、数学函数、图像等描述运动，这样的科学思维方法将会迁移到后续描述曲线运动、简谐振动等内容的学习中。

教师把基于真实情境提炼核心问题进一步分解为具体的、逻辑递进的连续性问题，这些问题对学生科学思维的要求是由简单到复杂的，对科学概念或规律的理解逐步深入。教师通过由易到难的任务设计，引导学生逐步深入挖掘物理情境中的信息，寻找科学论证的证据，基于证据进行运动模型的建模，得出结论。学生科学思维的水平，从表象的形象思维，向科学抽象思维转变。课堂伊始，学生是直观地根据两三个特殊时刻的速度变化用文字描述电梯的运动，处于科学思维水平 1：能说出物体的运动模型，知道得出电梯的运动结论需要有证据和推理。因此，教师提出要更准确地定量描述电梯的运动及相关物理量的大小，引导学生在真实情境中提取所需信息，用简单和直接的证据进行分析推理，得出科学观点，用数学函数描述电梯的多段运动，此时学生达到科学思维水平 2。最后教师提出要更精确地知道电梯匀速运动、减速运动的时刻，再次挖掘信息，引导学生运用数据进行分析推理，建立电梯上升过程的运动模型，并选择恰当的物理规律来分析数据，用数学函数和图像来精确描述电梯的运动。此时学生的科学思维甚至达到水平 3、水平 4。教师通过这一真实的物理情境，设计层层递进的问题和任务，促使学生在问题解决中加深了对物理规律的理解，在学习活动中实现了科学思维能力的提升。

### 问题解决建议

创设真实情境的目的是激发学生的思维活动，根据"最近发展区"理论，情境的创设要基于学生已有认识，这样学生才能在解决问题时自发地将已有知识和技能迁移到新情境中。对于偏远地区的学生，可能他们对厢式电梯不熟悉，这时可能以汽车的运动来创设情境，更能激发学习的能动性。同时，真实情境的创设要能引发学生的认知冲突，激活思维，有利于学生产生疑惑提出问题。

小提示

◎ 教师要寻找物理和生活的关联或从学生身边的社会、生活的热点问题，创设真实情境。
◎ 创设的真实情境，要能引发问题，激活思维。
◎ 学习活动中问题或任务的设计要有逻辑关联和递进关系。

## 二、改进学习活动方式，提升学生提出问题的能力

学习活动是通过不同的活动方式实现的，学习活动方式是学习者为完成一定学习任务所采取的、与特定学习对象相互作用的、由特定学习过程、学习形式与学习状态有机构成的一系列战略性学习手段。[①] 而学生素养的发展需要通过多样化的学习活动方式来实现。特别是物理学科，发展科学思维素养的学习活动前提是学生对情境有疑惑，主动提出有质量的需要研究的问题。有学者认为，如果教育只能开始于别人对问题的陈述，就否定了人类最基本的需要：对自主的追求。新版课程标准要求高中学生要能在学习和日常生活中发现问题，提出合理的猜测与假设。而学生能提出问题，首先，要能在已有认知基础上对真实情境的信息提取和解读；其次，要对问题的研究条件和目标有明晰的认识；最后，要能用物理的语言表述问题。下面就以牛顿第三定律为例，探讨通过学习活动方式的改进，如何激发学生能动地提出问题的意识。

---

① 廖哲勋，罗祖兵. 试论学习活动方式的本质含义和重要作用 [J]. 课程·教材·教法，2013（1）：3–11.

【案例】

## 牛顿第三定律

| 改 进 前 | 改 进 后 |
|---|---|
| 情境：大人和小孩掰手腕。<br>提问：作用力与反作用力之间有怎样的关系？大人和小孩掰手腕，很容易就把小孩的手压着桌面上，他们施加给对方的力大小相等吗？<br>实验：两个弹簧测力计互拉，定量研究作用力和反作用力的大小和方向关系。<br>步骤1：A测力计固定，B测力计拉A测力计。<br>现象：当两测力计静止时，两测力计示数相同。<br>步骤2：B测力计固定，A测力计拉B测力计。<br>现象：当两测力计静止时，两测力计示数相同。<br>步骤3：A、B测力计互拉。<br>现象：当两测力计静止时，两测力计示数相同。<br>结论：相互作用的弹力，大小相等，方向相反。<br>提问：那么一对相互作用的摩擦力是否也满足上述关系呢？<br>情境：光滑水平面上，上下叠放两个物体，它们之间相互作用的摩擦力是否相等？<br>提问1：能否设计实验来探究两物体之间的摩擦力关系？<br>提问2：没有办法直接测摩擦力，有没有办法进行间接测量？<br>小组讨论，交流实验方案 | 复习回顾：牛顿第三定律的内容。<br>提问：你们认同这样的表述吗？<br>学生：如果认同，请以小组为单位，展现实验和分析过程，验证小组认同的观点。<br>学生分为正方、反方、评论方进行辩论。<br>**正方：**<br>观点：相互作用力总是在同一直线上。<br>实验1：两根橡皮筋勾住，一端固定在铁架台上，另一段用力拉。<br>现象：发现两根橡皮筋趋近于直线。<br>分析：把这两根橡皮筋看作成是两个相互作用的物体，当它们共同处于静止状态的时候，两根橡皮筋处于同一直线上，作用力与反作用力在同一直线上。<br>实验2：改变施加在其中一根橡皮筋上的拉力方向。<br>现象：发现另一根橡皮筋也会随之改变方向，当它们再次处于稳定状态时，两根橡皮筋也回到同一直线上。<br>结论：相互作用的两个力总是作用在同一直线上。<br>**反方：**<br>观点：正方的结论只能得出相互作用的接触力（弹力）总是作用在同一直线上。那么其他接触力呢？还有非接触力呢？<br>实验：玻璃板上绘制白色直线，直线两端放置铁架台，将A、B两个相互吸引的环形磁铁水平放置在玻璃板上，拴上细线，细线一端固定在铁架台上。<br>现象：拨动A磁铁，使之偏离原来的位置，由于受到B磁铁的吸引，A会立刻回到原位，栓磁铁的这两根线与玻璃板上所绘的白色直线重合并且处于绷直状态。<br>结论：说明两个磁铁相间受到的吸引力处于同一直线上，同时方向也是相反的。<br>**评论方：**<br>正方的实验说明弹力之间的相互作用总是处于同一直线上，方向相反。反方的实验有个问题，我们发现玻璃板的摩擦有时会导致A无法回到原位，也就不能通过细绳的方向反映相互吸引力的方向。<br>教师：有没有能反映磁铁相互作用，转动更灵活且摩擦足够小的实验呢？大家各组讨论一下。<br>此时正方小组有同学提到用小磁针，一下启发了大家的思维，小组经过热烈讨论后，提出下面的方案：在白纸上画一个大圆，把a磁针放在圆心，b磁针放在圆周上，观察两磁针指向，发现在同一直线上，移动b磁针，虽然a、b磁针会摆动，静止后仍在同一直线上 |

（改进案例提供：徐蓓蓓　上海淞江二中）

**案例分析**

虽然改进前的情境也是基于学生的生活经验，相互作用的物体清晰明确，也能激发学生的疑惑并提出问题，但情境的问题指向的是相互作用力的大小关系，缺少对相互作用力方向关系的研究。后面具体探究的问题都是教师提出并抛给学生的，使学生的思考和探究受到局限，实质上还是以教师为中心的活动，以教师讲解为主，即使讨论也是以教师为中心的。改进后，基于学生在初中阶段对物体间的相互作用就有定性了解，知道相互之间的作用力是成对出现的，可以说对牛顿第三定律的认识虽熟悉却不完整，所以教师设计学习活动的重点不是放在定律的得出，而是将其设计为科学论证活动，深化学生对作用力与反作用力的认识。学生经历探究过程，获取实验证据，基于证据理解作用力与反作用力方向的特点。此过程中，论证的大观点虽然是教师基于牛顿第三定律提出的，但研究的问题，具体研究的过程，以及问题的质疑和改进，都是以学生为中心的活动。

### 问题解决建议

上述案例给我们的启示之一是：教师创设情境、提出问题，可以利用新旧知识的联系，通过旧知识的复习挖掘新问题，通过新问题的解决激活科学思维，实现学习新知。启示之二是：多样化的学习活动方式可激发学生参与学习的主动性，当问题是学生自己希望探究的问题时，思维的活跃程度是非常高的，并且容易激发创造性思维，对科学思维的发展有积极的促进作用。

总之，教师要基于物理学科的特点，通过多样化学习活动方式，激发学生学习的能动性；在学习活动中促进学生科学思维能力的提升。

**小提示**

◎ 利用新旧知识的联系创设情境，揭示新事物与原有认知之间的矛盾，从而激活学生提出问题的意愿。

◎ 创设增强感性认识的情境，提升学生情境信息提取能力，学生应用原有知识和经验审视情境，产生提出问题的欲望。

◎ 根据学生建构知识、解决问题的逻辑，创设多种方式的学习活动，发挥学生的主观能动性，增强主动提出问题的意识。

## 3-5 数字资源

3-5-1 匀变速直线运动的规律课堂实录1

3-5-2 匀变速直线运动的规律课堂实录2

3-5-3 牛顿第三定律

# 单元 4 关于"科学探究"的教学关键问题

## 4-1 如何引导学生从实际情境中提炼出有价值的研究问题？

### 教学关键问题提出

课程标准指出："科学探究"是指基于观察和实验提出物理问题、形成猜想和假设、设计实验与制订方案、获取和处理信息、基于证据得出结论并作出解释，以及对科学探究过程和结果进行交流、评估、反思的能力。

创设合理的真实情境，有助于学生在头脑中产生对物理问题的初步想法，提出符合情境的有价值的问题。而有价值的研究问题才能转化为可探究的科学问题，才能引发学生的深度思考，切实开展科学探究活动。

在传统的教学中，知识是本位，教师是主体。教学过程大多按照教师的教学设计展开，最终达成传授给学生学科知识的目的。这个过程往往忽略了引导学生发现并提出问题、解决问题，忽略了素养目标的落实。问题不是凭空想象的，而是在特定的环境中生成的。要使学生能够生成问题，开展科学探究活动，首先需要教师创设良好的问题情境，并进行适当的引导。基于此，教师必须解决好这样几个问题：如何创设合理的问题情境，引发学生的深入思考，提升学生的提问能力？如何通过合理的设问，使学生能够提出有价值的研究问题？

### 教学关键问题分析

爱因斯坦曾经说过："提出一个问题往往比解决一个问题更重要。""提出问题"是科学探究的基本要素之一，培养学生的提问能力，有助于学生创新意识和创新精神的培养。

科学探究源于有价值的科学探究问题，有价值的科学探究问题源于真实的生产生活情境。要使学生能够提出有价值的科学探究问题，教师就要在教学设计和教学实施过程中重视情境的创设。

#### 一、探究中"问题"的学习价值体现在哪里？

课程标准对"科学探究"素养首先提到的就是"问题"。提出问题是开展探究活动的首要环节，是促使学生进行科学探究的源头。

亚里士多德曾说过："思维从疑问和惊奇开始。"问题是思维的导向。有了问题，才有基于问题的猜想、假设等科学探究活动。可见，"好问题"是开展科学探究的关键和前提。而实际教学中，受时间、课时安排、教学内容、考试评价等因素的限制，教师往往感到在短时间内很难使学生提出可研究的问题，很难开展有效的科学探究活动。

出现上述问题，一方面是由于教师对物理学的理解不准确、不深入、不透彻，另一方面是由于教师对科学探究的认识和理解不到位、不深入，甚至想当然地认为"科学探究"就是"实验探究"，导致在课堂上往往以"讲"代"探"，以"问"代"探"，这种情况可以说是较为普遍的。

科学探究并不是只在实验教学中用到，而是贯穿物理教学的整个过程。物理学科所说的"科学探究"，无论是物理知识的教学，还是物理问题的解决，首先都要引导学生发现和提出问题，进而经历科学探究的过程。学生在产生疑问时提出问题，才能理解物理概念建立的物理意义。当苹果下落时，如果牛顿不去思考并提出问题："为什么苹果会掉下来？"万有引力定律又怎能被发现呢？如果奥斯特发现电流周围产生磁场后，法拉第不去思考"磁是否也能生电"，并以此坚持不懈地深入研究，又怎能得出法拉第电磁感应定律？可以说，物理概念的建立、物理规律的得出，都与科学家们敏锐的洞察力，以及敢于质疑、勇于探索的精神密不可分。

## 二、提出问题，为什么要创设情境？

提出问题是开展"科学探究"的起始，有了问题，才能想办法解决问题。除此之外，不同的问题对即将开展的科学探究所起到的作用各有不同，我们还要关注"什么样的问题"，以及"问题是否具有实际意义"。因此，提出的问题要具备以下两点：（1）问题是否与物理学有关；（2）问题是否可以转化为可探究的问题。

从广义上说，物理学探索的是大自然所发生的现象及其规则。为了能够解释自然现象，问题必然要来源于大自然，也就是我们所处的自然环境——实际情境。学生在学习物理之前，头脑中已经形成大量经验性常识，储备了一定的分析、解决问题的方法。但如何引导学生从情境中发现和提炼出有实际意义的问题，才是物理学科核心素养落地的关键。这就要求学生具备一定的提问能力，掌握一般的提问技能，如比较、归纳、抽象等，使问题的指向性更强。

下面通过一个案例，对提出问题的实际意义加以说明。

【案例】

### 电容器的电容

在"电容器的电容"的教学设计中，教学目标明确提到通过观察常见电容器的构造，建构电容器模型；了解电容器的类型、特性及作用。在传统的教学设计中，教师往往先给出一些常见的电容器，设置问题，使学生认识电容器的构造，再通过给电容器充电，使学生直观地观察到电容器储存电荷的作用。

这样的教学设计，更多的还是直接给出了什么是电容器，以及电容器的构造。但是电荷储存在哪里？什么样的装置可以储存电荷？一个导体是否也能储存电荷？怎样才能储存电荷？等等，大多数学生仍感到十分困惑。学生缺少经过自己思考提出问题、通过理论与实践进行探究的过程，对电容器的认识不够深刻，很难提高问题意识和创新意识。

在新课程理念的指引下,教师更加注重创设实际情境引发学生思考,关注了电容器的作用和自主建构电容器模型的过程。基于学生已有经验和知识,还可以更加突出学生主体作用,促进学生在情境中思考,在思考中提问,在提问下探究。真正引导学生在实际情境中提出有实际意义的问题。

比如教师可以创设这样一个实际情境:给出一个食堂用的金属餐盘,激发学生的好奇心,学生看到后首先想到餐盘是用来盛饭的。接下来,教师可以设置以下几个问题,引导学生更深入地思考并提出更多有实际意义的问题。

(1) 这个装置除了用来盛饭,能用来盛电荷吗?
(2) 为什么放在桌子上的金属餐盘很难带上电荷?
(3) 储存电荷的装置应具有怎样的结构?

问题(1)既激发了学生的学习兴趣,又使学生认识到电荷是可以用容器储存起来的。接下来,学生会进一步思考并提出问题:怎么使金属餐盘带上电荷?问题(2)使学生认识到孤立导体的带电情况很容易受到周围的影响,比如与大地相连,就很难带上电,或带电情况不稳定。接下来,学生会继续思考并提出问题:怎样才能留住金属餐盘上的电荷呢?问题(3)使学生初步认识电容器的模型,使学生认识到任何两个彼此绝缘又相距很近的导体都可以成为电容器,如图4-1-1所示。

这样的问题,能够促使学生进一步提出具有实际意义的问题,帮助学生从本质上认识、理解,以及建立电容器的模型。学生在学习电容器这部分内容之前,对单个导体带电情况的认识较为深刻。以此作为研究的起点,既符合学生的认知,也为学生深刻认识和理解电容器奠定了基础。教师的上述引导,

图4-1-1 自制电容器

可以帮助学生从实际情境中学会思考、提问,并进行实践研究,从而提升学生的问题意识。

问题教学的精髓在于教学设计始于问题且终于问题,以问题为中心组织课程和学习环境,开启整个教与学的历程。要使学生能提出真正有价值的实际问题,教师可以遵循这样的问题设计路径,创设实际情境,即:明确教学内容—创设真实情境—关注事物间联系;针对学生的问题生成过程,可考虑如下路径:基于情境引发思考—基于思考生成物理问题—基于问题进行科学探究。

有了上述情境和问题,接下来,教师可以在此基础上进一步引导学生思考:

(4) 你能用垃圾桶设计出一个电容器吗?

可制作如图4-1-2所示的电容器。通过这一过程,使学生认识到电容器可以有不同的类型,再次经历自主建构电容器模型的过程,加深学生对电容

图4-1-2 自制垃圾桶电容器

器的认识和理解，提高学生的建模能力。

教师创设实际情境，合理设置问题，引导学生思考。学生在思考中产生疑问，这样才能真正生成有实际意义的问题。

**案例分析**

上述案例中，基于实际情境，教师通过问题的引导，使学生不断深入思考，不断产生疑问、生成问题。这一生成问题的过程远比教师提问的价值高得多。学生生成问题，就会想办法解决。这一思考问题的过程也远比学生单纯思考教师的提问要深刻得多。而在此基础上，学生经历模型建构过程，对物理知识的实际意义有更深入的理解，才能真正落实物理学科核心素养。

### 三、如何使"疑问"变成"有价值的问题"？

学生在"真情境"中，才能提出"真问题"。有了"真问题"，才有"真探究"，经历了"真探究"，才能培养学生的科学思维、科学探究能力，促进物理学科核心素养的发展。

所谓"真问题"，指的就是有价值的研究问题。学生必须将头脑中形成的最初的疑问，转化为有价值、可研究的物理问题。有价值的物理问题的提出，首先要有问题意识，即学生能够在一定情境中产生对物理问题的初步想法。其次要有一定的生活经验，具有运用物理知识和方法解释简单现象或解决简单问题的能力。最后要有问题表达的能力，即能从物理学的角度准确表述问题。

综上分析，要使"疑问"转变为"问题"，并提出有价值的研究问题，前提是教师创设适切的问题情境。问题情境的创设可从社会生活、物理实验、资料阅读等不同的角度切入。无论创设怎样的问题情境，都应从学生主体出发，基于学生的生活经验和已有的知识背景，以学生获取知识、掌握方法，提升能力为终点。

## ✏️ 问题解决路径与教学示例

问题是思维的导向，提出问题的目的就是要追寻事物或现象的本质。培养学生的提问能力，也是核心素养落实的具体体现。一般情况下，课堂教学常遵循"情境—问题—提炼—转化"的主线，引导学生生成有价值的研究问题。

### 一、创设问题情境，提升问题意识

教师通过设置合理的问题情境，使学生不断产生疑问，生成新的问题。教师的设问可以为学生的思维搭建台阶，促使学生不断深入思考，从而培养学生的问题意识。

依据教学内容的不同，问题情境的创设可以分为下面几种不同的方式。

#### 1. 实验情境

物理作为一门实验学科，有着丰富的实验情境和素材。物理实验既可以为学生提供直观的感性认识，也是培养学生观察能力的重要途径。学生通过亲身体验，生成一系列问题，通过不断思考，发现问题的本质。

## 2. 生活情境

创设合理的生活情境，不仅可以让学生意识到物理与生活息息相关，还可以激发学生思考与提问。但值得注意的是，情境的创设要基于学生的认知和已有经验，这样才能使学生提出与物理相关的、有价值的研究问题。

## 3. 利用认知冲突创设问题情境

情境的创设基于教学内容和学习者分析两方面。教学内容的设置是循序渐进的。学习者在学习新的知识、规律或方法时，头脑中会有一些错误或模糊的认知。可以利用认知冲突，使学生产生疑问，进而提出问题。

【案例】

### 光的偏振现象

学生在生活中对偏振现象是有过一些了解或体验的。但是探究偏振现象的产生原因，以及如何研究偏振现象，对学生而言是一个全新的挑战，如果没有合理的引导，学生会感到无从下手。如果教师能够创设合理的情境，并设置合理的问题引导，学生认识并掌握偏振现象的有关知识就能水到渠成。

下面以一节课堂实录为例，呈现教师的实际情境创设，引发学生的思考，以及问题的生成。

情境：教师手拿"私人订制款"眼镜，如图4-1-3所示。

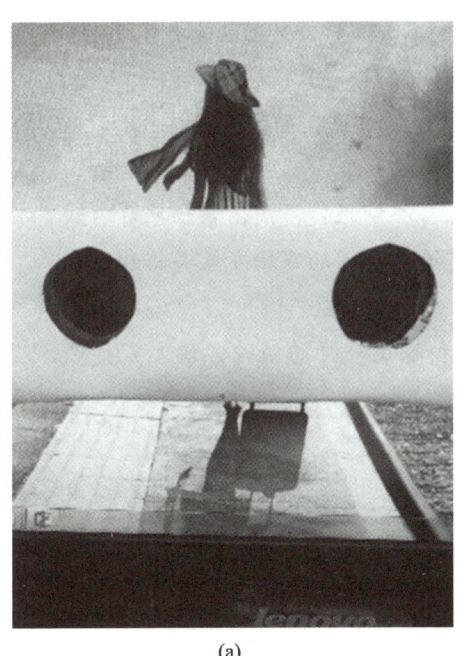
(a)

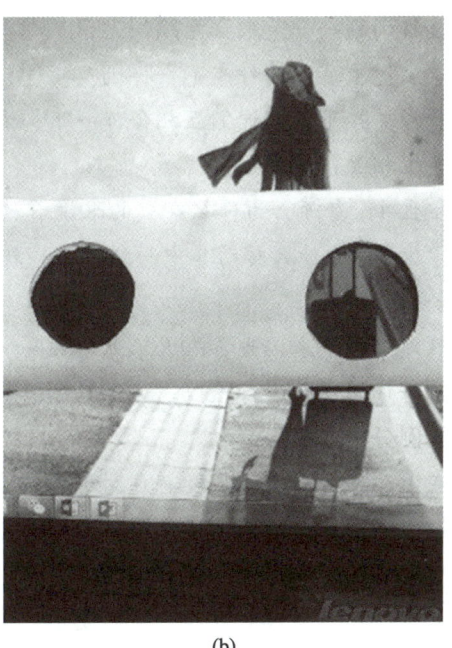
(b)

图4-1-3 "私人订制款"眼镜

教师：大家用我的这副眼镜观看电脑播放的视频和周围的景物，保证你能看到一个不一样的世界。

学生情绪高涨，跃跃欲试。

教师将眼镜分发给学生后，学生开始各种尝试。

学生1：老师，为什么我戴上眼镜看视频，眼前一片黑啊？

学生2：老师，为什么我用这副眼镜看视频，一半黑一半亮啊？

学生3：不是吧？为什么我戴上眼镜都能看得到？

学生1：老师，我把眼镜翻转过来看视频，为什么这次两边又都能看到了？

学生2：为什么我把眼镜翻转过来，原来黑的一半能看到了，反而刚才亮的一半看不到了？

学生3：老师，我转动眼镜时发现视频的亮度逐渐变暗了！并且我把眼镜翻过来就看不到了。

学生1：老师，为什么我的眼镜看不到视频，却能看清周围的事物？

学生2：为什么我用眼镜看视频两边不一样，但是能看清周围的事物？

……

教师：刚刚大家观察到的各种现象，用的都是自己手中的一副眼镜，为什么现象各不相同呢？你认为问题出在哪儿了？

学生：镜片。

学生：应该还有电脑吧。

教师：非常好！同一副眼镜，看周围事物是亮的，看视频是黑的，这说明和视频有关。但是具体说来，我们能看到事物，最根本的原因是有光。看视频和看周围事物，眼镜接收到的一个是来自电脑的光，一个是来自太阳光。由此，你有什么疑问？

学生：难道这两种光不一样吗？

教师：接下来，你们互相合作一下，看看有没有什么新的发现。

学生相互借用眼镜。

学生4：老师，为什么在我的眼镜前放上另一副眼镜，周围事物也看不到了？

学生5：为什么转动其中一副眼镜，就能看到周围的事物发生亮暗的变化？

……

教师：接下来，我再给大家每人发一个和眼镜一样的镜片，请大家再次体验和观察，并将你的疑问进行梳理。

**案例分析**

在上述案例中，教师没有通过介绍立体电影的讲授方式，直接引入偏振现象或提到偏振片，而是通过创设与学生认知有冲突的实验情境，使学生在亲身体验的过程中不断有新的发现，促使学生深入思考、产生新的疑问。可以说，情境设置合理，激发了学生的好奇心和求知欲。教师创设了"真情境"，学生提出了"真问题"。学生既能感受到物理源于生活，同时又能不断思考，生成一系列问题。

教师在设计这一环节活动时，预设的教学目标是：

（1）观察光的偏振现象，认识光的偏振现象。

（2）通过观察实验现象，能分析出偏振现象发生的影响因素。

本节课的教学从实际效果看，很好地实现了教学目标。

可见，提升学生的问题意识与创设合理的问题情境是密不可分的。创设与学生已有认知产生冲突的实验情境或生活情境，设计让学生身处其中的环节，使学生自主生成问题，则可以达到更好的教学效果，更有利于素养目标的达成。

🔍 **问题解决建议**

在上述情境的创设中，学生活动较为开放，但又在教师的掌控之中。学生活动围绕眼镜、视频和周围环境展开。学生在实验过程中提出的问题，都是基于观察到的现象自然而然产生的疑问。为了使学生能够深入思考，教师还需要做适当的问题引导，例如当学生发现不同操作所观察的现象不同时，教师继续追问："刚刚大家观察到的各种现象，用的都是自己手中的一副眼镜，为什么现象各不相同呢？你认为问题出在哪儿了？"此时学生会进一步思考产生实验现象的原因，进而才有可能思考如何研究。为了后面能够引导学生进一步开展科学探究，教师又设置了这样一个问题："我们能看到事物，最根本的原因是有光。看视频和看周围事物，眼镜接收到的一个是来自电脑的光，一个是来自太阳光。由此，你有什么疑问？"接下来让学生再次实验，进行深入思考，进而生成新的问题。

教师创设出好的情境，有助于学生产生好的问题，从而推动科学探究的开始。

小提示

◎ 教师对教学内容要有全面深刻的理解。
◎ 对学情的分析要准确。
◎ 对要达成的教学目标有清晰的认知。
◎ 对问题要从多角度充分预设。
◎ 对学生可能发生的实际情况要有充分的预设。

## 二、巧设问题链，生成有实际意义的新问题

物理与生活紧密相连，物理概念的建立和物理规律的形成，都离不开实际情境。而学习掌握的物理概念和规律，最终又用来解决实际问题。学生在运用知识解决实际问题的过程中，往往不能提出具有实际意义的问题，也就很难进一步研究并解决问题。有些学生虽然能够提出一些问题，但是无法找到问题间的联系，以致无法解决实际问题。此时，教师通过设置合理的问题引导，可以使学生的思路茅塞顿开，引发深入思考，从而生成新的问题。

【案例】

### 竖直面上的圆周运动

**情境：** 游乐场里有各种有趣的娱乐项目，其中过山车因其刺激性强而受到很多年轻人的喜爱。在保证乘客安全的前提下，既要让乘客有更好的体验，还要保证车能一次又一次顺利通过不同的竖直圆轨道。

**教师：** 实际的过山车运动情况复杂，为了能更好地研究过山车的运动情况，我们用如图 4-1-4 所示的竖直圆轨道，来模拟过山车的运动。请同学们来体验一下，小球如何才能顺利通过圆轨道最高点做圆周运动？

问题1：你做了哪些操作，小球是如何运动的？

学生1：释放小球时，不能保证小球总能顺利通过竖直圆轨道。

学生2：我尝试并发现，从右侧倾斜直轨道的不同位置释放小球，小球运动到圆轨道左侧的高度不同。从右侧释放的高度越高，小球越有可能通过最高点。说明小球要通过最高点，速度应该有最小值，那么这个最小值是多少呢？该怎么求出来？

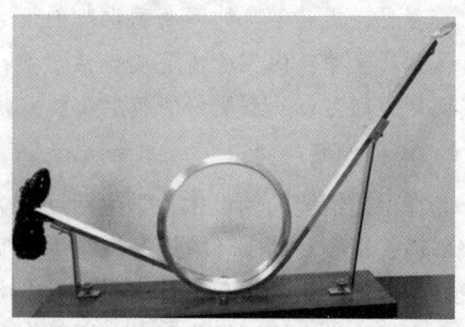

图4-1-4　竖直圆轨道

问题2：要使过山车顺利通过竖直圆轨道，需要满足什么条件呢？

学生：速度足够快。

问题3：要是速度不够快，会发生什么？

学生：可能到不了最高点。

学生：要是到最高点，小球还有速度吗？

学生讨论：到最高点是否还有速度？

问题4：运用你前面学过的知识，分析一下小球从最低点运动到最高点的过程中，其速度是如何变化的？为什么会有这样的变化？

学生：小球速度的变化与它的受力有关，应该先分析小球的受力情况吧？

问题5：你认为乘客为什么会有刺激的感受呢？请结合物理知识进行分析。

### 案例分析

本案例是一节物理概念、规律的应用课，具体涉及有关力与运动关系的问题，这也是高中物理研究的核心。学生已经学习过如何分析力与运动关系的方法，这节课则再次巩固如何解决力与运动的实际问题。这也是学生后续学习所必须掌握的内容。

过山车运动本身源于生活实际，很多学生都有过亲身的经历，但是没有从物理学的角度对过山车的运动进行过分析，而只是感受了过山车所带来的刺激。教师首先借用小球与竖直圆轨道的模型，引导学生把实际情境转化为物理模型，为学生后面从物理学角度进一步分析做了铺垫。在学生体验的基础上，通过较为开放的设问，给予学生充分表达和质疑的机会。在学生有了结论后，再通过设问，引导学生认识到力与运动的关系，进而运用牛顿运动定律和圆周运动的知识解决问题。

问题2和问题3的设置，使学生认识到，小球通过最高点是有条件的，并且小球能通过最高点，必须可以到达最高点。由此，学生产生了新的疑问，到达最高点的速度是否可以为零呢？有了上述生成的问题，则可以引导学生进一步研究小球在最高点的速度。学生在分析完小球运动过程中的运动情况和受力情况后，用问题5呼应问题情境，引导学生解决问题。

**小提示**

◎ 对学情分析要深入、到位。
◎ 问题设置要有明确的指向性。

### 三、提炼有价值的研究问题，转化为可探究的科学问题

学生自我生成的问题比教师的设问更有意义。但并不是学生生成的所有问题都与教学内容相关，都有可研究的价值，或者说都是可探究的科学问题。引导学生在情境中发现与物理相关的问题，生成并提炼出与本节课相关的、有价值的研究问题，才是开展科学探究的首要目标。

可探究的物理问题可以基于现象直接提出的问题，也可以是经过思考后，可拓展和深入研究的问题。教师创设的情境，只有能促使学生进行深度思考，才可能提出具有可探究意义的深层次问题。

【案例】

**牛顿运动定律的应用**

教学目标：学生在真实情境中能用牛顿运动定律解决实际问题，并掌握应用牛顿运动定律解决问题的基本思路和方法。

教学内容：牛顿运动定律应用的两类主要问题。

情境：播放冰壶比赛视频。

问题1：刚才看的视频中，中国队得分了吗？

学生1：不知道，怎么判断冰壶运动是否得分呢？

学生2：根据中国队的冰壶进入得分区的情况，计算分数。

学生3：老师，那为什么还要用冰壶撞击对方的冰壶呢？

教师总结：非常好！依据冰壶进入得分区的情况，计算各队得分进行评判。接下来，我们先来了解一下冰壶比赛规则和计分标准。

**比赛规则**：每场由两支球队对抗进行，每队由4名球员组成，轮流交替掷壶。冰壶场地如图4-1-5所示。每队主将可在对方冰壶达到大本营圆心线后，调整对方冰壶的运动。

**计分标准**：以场地上冰壶距离大本营营垒圆心的远近决定胜负，胜者每冰壶1分，积分多的队为胜。冰壶从掷壶位置开始自由滑行，直至进入大本营（即得分区），才能计入成绩。

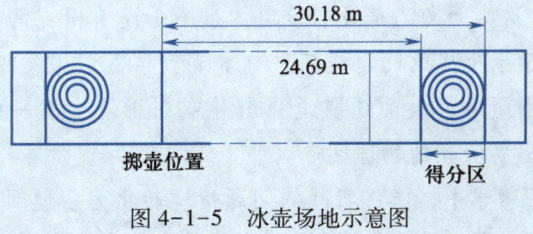

图4-1-5 冰壶场地示意图

学生：明白了，运动员要努力使冰壶进入得分区，并靠近大本营营垒的圆心。

问题2：如果你是运动员，怎样做才能赢得比赛？

学生：要赢得比赛，运动员投壶的力度既不能太大也不能太小。

教师：接下来，我们一起来研究冰壶怎样才能进入得分区吧。

学生：老师，冰壶被投掷出去之后，一边旋转一边前进，我们没学过转动的问题，而且我发现冰壶也并不是沿直线运动的。

学生：研究冰壶的运动，是不是得简化处理？

教师：说得好！冰壶的实际运动十分复杂，我们可以将复杂的问题简单化。

问题3：该怎样简化冰壶的运动呢？

学生：能忽略冰壶的转动吗？

学生：可以吧？我们只是想研究冰壶能不能进大本营，怎么进都行吧？

教师：很好！那我们把冰壶的运动看作直线运动，在运动过程中不考虑冰壶的旋转。

学生：老师，我还有个问题，为什么有时运动员会在冰壶前使劲用刷子刷冰面呢？

学生：是让冰壶滑得更远些吧？

问题4：这个问题非常好！运动员刷冰面改变了什么呢？

学生：改变了冰壶与冰面间的动摩擦因数。那岂不是冰壶在运动过程中有可能经过不同的接触面？

**案例分析**

上面的案例中，有情境、有设问，更重要的是，学生在情境和设问中不断生成新的问题。而教师合理的设问始终将讨论围绕物理问题展开。很多学生对冰壶运动的比赛规则并不了解，此时学生很容易基于情境提出"怎么判断冰壶比赛是否得分？"这样的实际问题看似与物理问题关系不大，却是后面开展物理问题研究的有价值的问题。学生了解了冰壶的比赛规则后，自然会思考怎样做才能得分。接下来就需要具体研究冰壶的运动，讨论冰壶运动速度的范围。学生对冰壶复杂运动的疑问，对运动员刷冰面过程的质疑，都是有价值的物理问题。将实际问题模型化，复杂问题简单化，都是学生在解决实际问题过程中要掌握的科学方法。而学生在"常规性问题"基础上的进一步思考，刷冰面的目的是什么？进而提出"那岂不是冰壶在运动过程中有可能经过不同的接触面？"这样的"发展性问题"。

教师在教学过程中要全面关注学生生成的各种问题。有些学生会观察到，冰壶在运动过程中会出现与对方冰壶发生碰撞的现象，于是提出问题："怎么研究两个冰壶碰撞后，冰壶的运动情况呢？"又或是"冰壶从被掷出到碰撞后停下来，那碰撞的过程又怎么分析呢？"等等。这些问题不是没有价值，也不是没有研究的实际意义，而是教师要结合教学内容，将学生生成的问题提炼出与本节教学密切相关的有价值的研究问题。当然，学生在提出了问题后，教师还要适当引导或纠正学生的一些不准确表述，以便使学生能够准确表述出要研究的物理问题。

在物理规律的应用教学中，能将实际的问题情境转化为物理问题的过程是十分重要的。而要真正解决实际问题，又是与学生生成并提炼出的有价值的研究问题息息相关。

任何有价值的问题都不是凭空产生的。在发散的思维和问题中，能够筛选出与要学习和研究有关联的、有价值、有实际意义的问题，彰显了教师扎实的教学功底和对知识全面、深刻的理解。运用恰当的语言，准确地表述问题，则需要学生的不断尝试和教师的正确引导。

小提示

◎ 情境创设以学生为出发点，但不宜太过复杂。
◎ 教师的设问可适当增大其开放度，但注意控制在教师能把握的范围。

### 4-1 数字资源

4-1-1 电容器的电容

4-1-2 光的偏振激光

4-1-3 牛顿运动定律在冰雪运动中的应用

## 4-2 如何逐步提升学生获取与处理证据的能力？

### 教学关键问题提出

课程标准在课程目标中明确指出，通过高中物理课程的学习，学生应"具有设计探究方案和获取证据的能力，能正确实施探究方案，使用不同方法和手段分析、处理信息，描述并解释探究结果和变化趋势"。学生不仅有获取证据的意识，还应能够使用不同的方法，分析、使用证据。课程标准还要求，使学生"具有使用科学证据的意识和评估科学证据的能力，能运用证据对研究的问题进行描述、解释和预测；具有批判性思维的意识，能基于证据大胆质疑，从不同角度思考问题，追求科技创新"。

"科学是建筑在证据和理性思维的基础之上的。"[①] 在科学研究的过程中，提出问题是科学探究的前提，基于问题做出的猜想和假设，都需要通过获取和处理证据进行科学论证。在知识建构的过程中，信息是最基本的元素，收集证据与处理信息的意义在于主体能主动地选择信息、建构意义。以往的教学普遍存在重结果、轻过程的现象。课堂教学更多以教师传授知识为主，即使是实验教学，往往也是通过教师的设问，引领学生的思维，学生按照教师预先设定的教学流程来学习。这样的学习过程很难提高学生的能力，更不可能落实学科核心素养。新课程改革后，教师更加关注学生科学思维、科学探究能力的提升，包括学生的提问能力、获取和处理证据的能力等。要真正提升学生的探究能力，教师在教学过程中，还应梳理和关注以下几个问题：在物理学中证据的具体内涵是什么？为什么要增强证据意识？获取证据的途径有哪些，处理证据的方法有哪些？怎样在教学过程中培养和提升学生获取与处理证据的能力？

### 教学关键问题分析

#### 一、证据与证据意识的内涵

证据是能够证明某事物的真实性的有关事实或材料。《美国百科全书》和《面向全体美国人的科学》把科学理解为"科学为系统化的实证知识"，可见证据对科学的重要性。从科学的视角看，证据反映了科学的本质，而科学的发现又源于问题、证据和推理。

---

① 赵凯华，张维善．新概念物理读本：第一册 [M]．北京：人民教育出版社，2006．

证据的获取离不开证据意识。伽利略在提出"重的物体和轻的物体谁下落的快"的问题之后，提出了自己的猜想，并设计"伽利略理想实验"加以论证。在做了大量实验后，运用科学方法对获取的证据进行逻辑推理，提出了运动物体在不受力作用下的运动，为牛顿提出的牛顿第一定律奠定了基础。

在德国物理学家普吕克尔发现了阴极射线之后，人们对阴极射线本质的认识有两种观点。汤姆孙提出了自己的猜想，并通过设计阴极射线管实验，寻找阴极射线本质的证据。在进一步对证据进行实验分析后，最终发现了电子。

由此可见，要推动科学的发展，还要具有证据意识。在高中物理学习中，证据意识具体体现在获取证据、运用证据和处理证据等方面。学生经历提出问题，通过不同途径寻找证据，并运用科学方法分析、处理证据的过程，能反映学生探究能力的水平。可以说，证据意识是物理学科核心素养的重要体现，也是评价学生探究能力的重要依据。

## 二、围绕获取和处理证据的能力要素，强化证据意识

特级教师黄恕伯认为，在各个探究环节包括考试环节都要渗透证据意识的培养，这是新课程深化的一个方向。在科学探究过程中，要重视培养学生的证据意识。一个完整的科学探究过程，首先基于问题、猜想和假设，进一步寻找证据；然后基于证据，对现象或问题进行分析、解释；最后通过相互交流，进行表述并反思。

在以往的教学中，教师往往先通过设计表格、学案等方式引导学生获取证据，再指导学生分析和使用证据。这样的过程教师依然是主体，探究更关注结果，很难提高学生的科学探究能力。教师设计的表格和学案，往往约束了学生的思维，甚至会使学生不需要独立思考，只要按照教师的引导一步步推进就可以了。针对获取的证据，教师依次进行分析、推理，也通过引导式问题指导学生完成。一些教师认为，这样也是一种探究，因为引导式问题对学生的思维是有启发和引领作用的。这说明教师自身对获取和处理证据的认识还不深入，因此在教学中很难培养学生的证据意识，也很难真正开展科学探究活动。

要提高学生的证据意识，可分别从提升学生获取证据的能力和处理证据的能力两方面进行思考。从国内外课程标准文件的分析来看，获取证据的能力要素和处理证据的能力要素各有不同，综合说来，获取证据的能力要素包含：① 基于问题能设计合理的实验方案；② 基于实验方案设计能正确使用实验器材，进行实验操作；③ 能用恰当方式收集、存储数据。处理证据的能力要素则包含：① 能使用图和表格呈现信息；② 能对数据的准确性、科学性进行分析；③ 能分析实验误差。

下面通过案例具体说明如何关注获取证据和处理证据的能力要素。

【案例】
### 探究感应电流的产生条件

在"探究感应电流的产生条件"教学中，由于学生在初中学习过相关知识，知道"导体切割可以产生感应电流"，因此，很多教师直接给出实验器材和实验记录表

（表4-2-1），然后让学生按照要求完成实验，最后得出结论。

**表4-2-1 "探究感应电流的产生条件"实验记录表**

| 演示实验 | 实验现象 | | | |
|---|---|---|---|---|
| 探究实验1 | 磁铁动作 | 表针摆动方向 | 磁铁动作 | 表针摆动方向 |
| | N极插入线圈 | | S极插入线圈 | |
| | N极停在线圈中 | | S极停在线圈中 | |
| | N极从线圈中抽出 | | S极从线圈中抽出 | |
| 探究实验2 | 开关和变阻器的状态 | | 线圈B中是否有电流 | |
| | 开关闭合瞬间 | | | |
| | 开关断开瞬间 | | | |
| | 开关闭合时，滑动变阻器不动 | | | |
| | 开关闭合时，迅速移动滑动变阻器的滑片 | | | |
| 结论 | | | | |

学生的思维被限定在教师的教学设计中。在学生获取证据后，教师引导学生得出结论。学生对为什么要设计这样两个实验探究方案，选取哪些实验器材，怎样进行实验操作，以及如何处理证据，如何分析得出结论等问题并不清楚。在实际教学中甚至还会出现，即使教师在探究实验2中给出电路图，仍有一些同学不能正确连接实验器材的情况。这主要是因为教师并没有从提出问题出发，引导学生基于问题设计实验方案。学生虽然也能获取一些证据，但由于学生不清楚实验的目的和原理，有可能使得到的证据的可靠性不强。

如果教师能够围绕获取证据的能力要素进行教学设计，通过问题引导学生思考做什么、怎么做，自然就提升了学生获取证据的能力。基于上述分析，我们可以做如下问题引导：

（1）奥斯特实验告诉我们，电会生磁，那么磁如何生电呢？
（2）要研究磁如何生电，我们应该选取哪些实验器材？
（3）根据选出的实验器材，请你先明确哪部分是产生磁场的场源，以及产生感应电流的回路。

探究实验设计思路如图4-2-1所示。

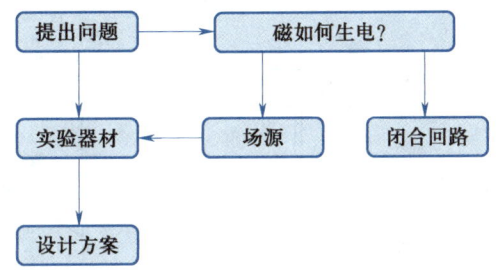

图 4-2-1 探究实验设计思路

问题（1）是明确要探究的问题。提出问题是开展科学探究活动的首要环节。基于问题的实验方案设计，是获取证据的前提，准确的实验操作是获取证据的保障。问题（2）帮助学生思考并自主选择实验器材，为实验方案设计做准备。问题（3）有效引导学生进行合理的实验方案设计，并保证正确进行实验操作。三个问题很好地呈现了获取证据的能力要素，可以较好地提升学生获取证据的能力。

**案例分析**

上述案例说明提升学生获取证据的能力并不难。首先，教师要重视对学生证据意识的培养，要重视在物理概念、物理规律建构过程中，对学生实验能力、获取证据能力、处理证据能力的提升。强化学生的证据意识，首先要从问题入手。通常我们在提出问题后，就要想办法解决问题，解决问题的过程就是寻找证据、使用证据、分析得出结论、进行反思的过程。在寻找证据的过程中，要让学生明确寻找什么样的证据，怎样寻找证据。可以说，证据是科学探究活动的核心。只有培养学生的证据意识，才能提升学生的科学探究能力，才能使核心素养真正落地。

处理证据的过程，是科学论证的过程。一般是将实验数据或其他方式获取的证据，以图或表格等形式呈现出来，结合已有的定理、定律，进行分析、推理，得出结论。下面以"探究加速度与物体受力、质量的关系"为例，对处理证据能力要素做一说明。

**【案例】**

探究加速度与物体受力质量的关系

在"探究加速度与物体受力、质量的关系"实验中，利用如图 4-2-2 所示的实验装置，学生根据获得的实验数据，可作 $a$-$F$ 图进行分析。一般情况下，由于学生实验操作和实验本身误差的存在，使得 $a$-$F$ 图有可能不通过原点，如图 4-2-3 所示。此时，教师往往引导学生分析总结出："在实验误差允许的范围内，物体的加速度与物体受到的外力成正比。"

而事实上，若真在实验误差允许范围内，得到的 $a$-$F$ 关系与纵轴的截距不会有很大的偏差。从得到的数据来看，问题并不是出在实验误差上，教师要引导学生处理好实验数据，提升处理数据的能力，还要考虑处理证据的能力要素，可以通过设问引导学生自主分析。

(1) 实验研究的是小车的加速度与哪个力之间的关系？

(2) 基于实验操作和理论分析，哪组实验数据应该是最可靠的？

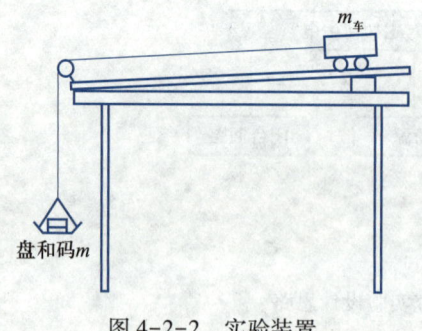

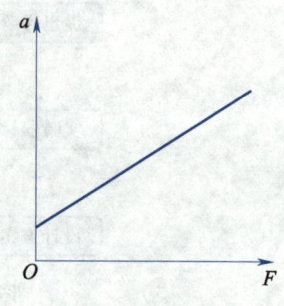

图 4-2-2　实验装置　　　　　　　图 4-2-3　a-F 图

(3) 图中的纵轴截距说明了什么？

问题 (1) 使学生明确研究的问题，知道实验目的是获取小车的加速度与其受到的外力，为后面的分析做好铺垫。问题 (2) 在平衡摩擦力后，小车起始时静止，若外力为零，小车应仍静止。在问题 (2) 理论分析的基础上，能分析出问题 (3) 的纵轴截距应为零。而实验中纵轴并不为零，则说明小车起始时实际有加速度。依据牛顿第一定律能够分析出，小车由静止释放时，应该有外力作用，改变了小车的运动状态。

接下来教师可以继续追问：

(4) 猜想一下，这会是什么力呢？问题出在哪儿？

学生在进一步思考后，能从理论上分析出可能是因为木板抬得太高了。那么，是不是只有这一个原因呢？很多教师也是这样分析和处理实验数据的。应该说，教师对证据的处理还缺少准确性，对产生误差原因的分析还不全面。

仅从是否刚好平衡摩擦力的角度分析，若直线不过原点，此时 $m_{车}g\sin\theta \neq F_f$。对小车受力分析如图 4-2-4 所示，依据牛顿第二定律，有

$$F + m_{车}g\sin\theta - F_f = m_{车}a$$

得

$$a = \frac{1}{m_{车}}F + \frac{1}{m_{车}}(m_{车}g\sin\theta - F_f)$$

$$a = \frac{1}{m_{车}} \cdot F + \left(g\sin\theta - \frac{F_f}{m_{车}}\right)$$

当 $m_{车}g\sin\theta > F_f$ 时，直线与 $y$ 轴正半轴相交，其纵截距为 $g\sin\theta - \frac{F_f}{m_{车}}$，如图 4-2-5 (a) 所示。

图 4-2-4　小车受力分析

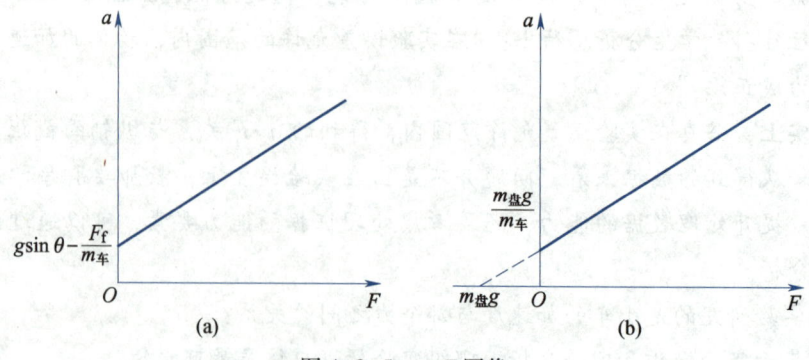

图 4-2-5　a-F 图像

若实验刚好平衡摩擦力，即 $m_{车}g\sin\theta = F_f$，且实验满足 $m_{车} \gg m$，分析小车受到的合外力为 $(m_{盘}+m_{码})g$。根据牛顿第二定律，有

$$(m_{盘}+m_{码})g = m_{车}a$$

$$a = \frac{1}{m_{车}}m_{码}g + \frac{1}{m_{车}}m_{盘}g$$

若实验未计入托盘质量 $m_{盘}$，只考虑砝码重力提供小车所受合外力 $F$，则有

$$a = \frac{1}{m_{车}}F + \frac{1}{m_{车}}m_{盘}g$$

此时，$a$-$F$ 图像纵轴截距为 $\dfrac{m_{盘}g}{m_{车}}$，如图 4-2-5（b）所示。

在处理数据进行误差分析时，要对所有可能产生误差的原因逐一进行分析。

**案例分析**

通过上面的案例可以看到，要提升学生的证据意识，提升学生获取和处理证据的能力，首先教师自身要对物理学有深入的理解，清楚获取和处理证据能力的具体要素，以及如何在教学过程中引导学生独立思考，寻找证据、使用证据，分析得出结论，最后基于证据进行交流与反思。

### 三、提升获取和处理证据能力的方法

科学探究是一个获取证据并利用证据对假设进行论证的过程。要提升学生获取和处理证据的能力，首先要让学生对寻找证据的目的、方法、过程、用途等有全面的认识和理解。收集证据的主要方式有观察法、实验法、文献法等。观察法是人们有目的、有计划地感知和描述客观事物的一种科学认识方法，是科学研究过程中的一种基本的认知活动。实验法不同于观察法，它是人工控制条件下对物理现象的研究过程，而非自然条件下的观测。文献法可以通过图书、期刊、学术网站和论坛等渠道收集证据。

观察法是基于事实直接获取证据。物理源于生活，可利用观察法，从大量的生活情境中，获取研究问题的证据。比如开普勒得出的开普勒定律，就是基于第谷观察记录的大量天文学数据，对行星运动的猜想，并通过科学推理、论证而建立的。在当时虽然没有望远镜，但是第谷凭借肉眼观察，坚持不懈获取的证据，确实有着很高的精确性和可靠性。在利用观察法获取证据时，要明确研究对象，即观察什么，以及收集什么样的证据，确保获取的证据具有较高的可信度和较强的可靠性。通过实验法获取证据的前提是合理设计实验方案，会选择合理的实验器材，能正确进行实验操作。在获取证据的过程中，要明确研究对象，明确要获取什么样的证据，以及要注意收集数据的时间和顺序。比如，在"测定玻璃折射率"的实验中，首先要明确实验中的研究对象，即入射光线和折射光线；然后想办法找到入射光线和出射光线；最后确定介质中的折射光线。厘清二者的因果关系，确定收集数据的顺序，再进行实验，从而获取证据。

处理证据的主要方式有：① 利用图形、图像、表格等呈现数据；② 依据物理概念、物理规律，运用科学方法对数据进行科学论证；③ 借助信息科学技术分析、解释、评估证据的意义和价值；④ 反思交流。运用图、表格等呈现数据的方式，更直观化，

便于对比、寻找到物理量之间的关系。比如高中物理中有关的探究类实验，涉及研究两个物理量之间关系的问题，往往都通过图像呈现。不仅如此，运用图像还可以评估收集数据的可信度和可靠性，也可以在差异中引发新的思考，发现新的问题，从而评估证据的意义和价值。对数据的科学论证往往与学生的科学思维水平密切相关。学生的分析推理能力、归纳概括能力等，都会直接影响证据的使用。在科学探究活动中，教师应做充分的分析和预设。实际教学中，由于受到课时、教学内容等影响，借助信息科学技术分析、处理证据可以简化数据处理的过程，使学生有更多的时间经历科学探究活动，提升学生的探究能力。

### 问题解决路径与教学示例

科学探究活动包括问题、证据、解释、交流等四个要素。获取和处理证据并不是孤立行为，这一过程向前关联着问题，即获取什么证据，首先要明确研究的问题，进而才知道要收集什么证据。同时，证据向后关联着解释，即恰当、合理、科学地处理证据，才能对问题或现象做出合理的解释，才能有效地交流。可见，证据贯穿整个科学探究的过程，具有非常重要的作用。

要增强学生的证据意识，教师必然要进行合理的教学设计，开展有意义的教学活动。因此，可按照如图 4-2-6 所示的教学主线和路径，设计科学探究活动。

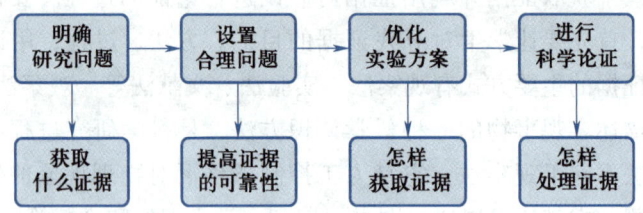

图 4-2-6 科学探究活动的教学主线和路径

基于上述教学主线，下面结合具体的教学活动设计案例，阐述怎样获取证据以及处理证据的路径。

#### 一、优化实验方案，获取可靠证据

实验的设计和操作过程，是寻找证据的方式之一，也是实际教学中教师常用来培养学生的科学探究能力的主阵地。因此，利用实验开展科学探究活动既十分必要也十分重要。为了确保证据的真实性和可靠性，实验的设计要简单、合理、易于操作。若实验方案不尽如人意，则必须做出调整。只有证据是真实可靠的，才能保证科学探究活动的顺利开展。

【案例】

**探究感应电流的产生条件**

在"探究感应电流的产生条件"实验中，教师在学生已有认知的基础上，不断创设引发认知冲突的问题情境，使学生从不同角度，基于不同的问题，设计实验方案，

从而得到更多可供支持实验结论的证据。

**实验1**：初中物理电磁感应演示实验，如图4-2-7所示。

(a) 导体切割磁感线产生感应电流　　　　(b) 磁铁插入或拔出条形磁铁

图4-2-7　电磁感应演示实验

问题1：初中我们学习过导体切割磁感线可以产生感应电流，是不是切割磁感线就一定能产生电流呢？

问题2：你能设计一个实验进行验证吗？

学生有些茫然。

教师介绍励磁线圈，将其作为场源，给出线圈和电流计。

**实验2**：将闭合线圈与灵敏电流计相连，形成闭合回路，将闭合线圈置于磁场中，并垂直于磁场方向做切割磁感线运动。如图4-2-8所示，观察实验现象。

问题3：实验中线圈切割磁感线了吗？是否产生了感应电流？

学生：切割，但没有产生感应电流。

问题4：既然切割磁感线也可以不产生电流，说明切割磁感线不是"磁生电"的本质。也就是说，不切割磁感线也有可能产生电流？

学生利用如图4-2-9所示实验装置，分组完成实验探究。

图4-2-8　实验2装置　　　　　　　图4-2-9　学生实验装置

**实验3**：保持线圈$S$不变，改变励磁线圈中电流大小，改变$B$的大小。

教师将另一线圈与灵敏电流计相连，并将线圈置于励磁线圈的磁场中，如图4-2-10所示，改变线圈中的电流$I$，引起励磁线圈内的磁场$B$改变，观察实验现象。

**实验4**：线圈面积$S$不变，改变$B$。

问题5：仍用图4-2-8所示的实验装置，如果磁场不变，还能产生感应电流吗？

学生尝试转线圈：可以。

问题6：除了转线圈有没有其他方法呢？

学生尝试捏线圈。

问题7：捏线圈产生了什么影响？

学生：线圈形状变了，是不是面积变化了？

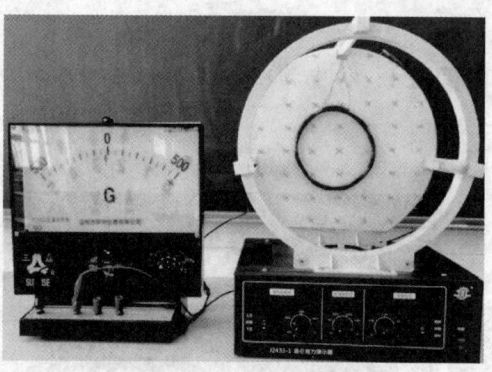

图4-2-10 实验3、实验4装置

教师：请总结上述实验及现象。

学生：实验1切割磁感线产生电流；实验2切割磁感线不产生电流；实验3不切割磁感线可以产生电流。

问题8：不切割磁感线也可以产生电流，那"磁生电"的本质又是什么呢？分析实验2、实验3和实验4三个实验的具体操作，并进行小结。

问题9：如果穿过闭合回路的磁场和线圈的面积都发生变化，有感应电流产生吗？

学生发表不同看法。

**实验5：** 线圈面积$S$和穿过线圈的磁感应强度$B$同时变化。

教师用如图4-2-11所示装置演示。该装置白色模型模拟了圆柱形磁铁周围磁感线的空间分布。线圈与灵敏电流计相连形成闭合回路。实验中，使线圈与模型紧密贴合，并沿模型改变线圈面积。

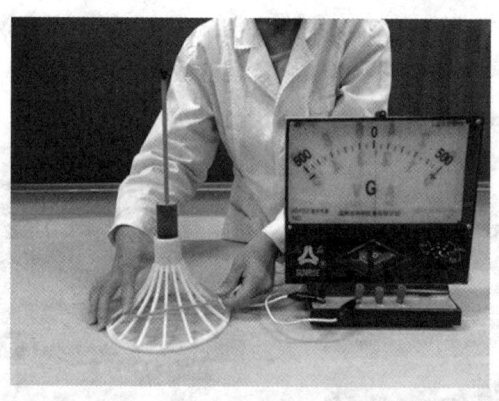

图4-2-11 实验5装置

问题10：当穿过闭合回路的磁场和回路面积都发生变化时，可以不产生感应电流，说明了什么呢？

学生：说明磁场变化和线圈面积变化都不是产生感应电流的条件。

问题11：综合上述实验现象、实验小结，可以概括出产生感应电流的条件吗？

学生梳理证据，概括并得出结论。

教师总结探究感应电流产生条件的思路，如图4-2-12所示。

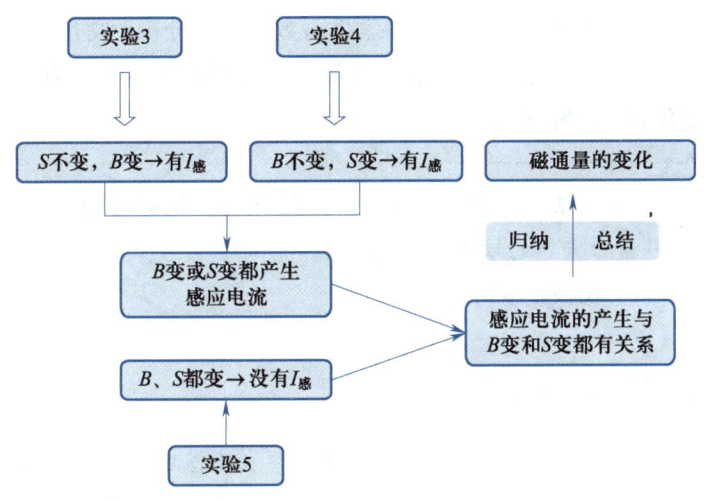

图 4-2-12 探究感应电流产生条件的思路

（案例提供：王春梅 北京交通大学附属中学）

**案例分析**

在"探究感应电流的产生条件"实验中，教师基于学生已有的认知，不断创设具有认知冲突的问题，促使学生进一步思考，提出自己的猜想，并设计实验获取证据；最后引导学生使用证据，通过科学推理论证得出结论。学生优化实验方案，正确进行实验操作，获取更多的实验数据，增强了证据的可靠性。学生恰当使用证据，通过严密的逻辑推理和科学论证，对证据进行分析概括，最后得出结论，同时有效提升了获取和处理证据的能力。

教师在这一教学活动中，预设的教学目标是：

（1）通过创设认知冲突的问题情境，引导学生优化实验方案。

（2）能根据实验方案，正确进行实验操作，记录实验数据。

（3）经历逻辑推理和论证过程，能恰当使用证据，概括得出结论。

上述案例中，学生在教师的设问下，顺利完成了科学探究，较好地实现了教学目标。从问题出发，教师采取不同的策略，优化实验设计，使学生在不断猜想、寻据、论证的过程中，获取更多可靠、可信的实验数据。多角度、多层次获取的证据，为学生科学论证得出结论奠定了很好的基础。可见，实验方案的优化，是学生开展科学探究活动的重要前提。

**问题解决建议**

在优化实验方案时，围绕要研究的问题，分析现有方案获得证据的可靠性、可信度。物理概念、物理规律的得出，是基于对大量实验的分析或对事实的科学论证得出的。因此，首先要明确研究的问题是什么，从而明确搜寻哪些证据。如果通过现有实验方案不能收集到这些证据，教师可通过设置合理的问题，指导学生优化实验方案。而问题的解决与否或能否得出正确的结论，就要基于优化的实验方案来获取证据。从学生已有认知出发，通过创设具有认知冲突的问题，完善学生对问题的认识，促使学生不断实验获取新的证据。在这一过程中，问题层层深入，循序渐进，使学生的思考不断深入,强化了学生的证据意识。最后学生对数据进行分析,得出了正确的结论。

只有实验方案可行、易于操作、效果明显,才能获取更可靠、有价值的证据,有助于学生开展更有效的探究活动。

◎ 备课时,教师要从多角度设计实验探究活动,使教学目标指向学科核心素养的培养。

◎ 挖掘更多的实验素材。

## 二、运用科学方法,科学处理证据

开展科学探究活动的过程,都蕴含着科学思想和方法的应用。常用的科学方法一般包括控制变量、图像、等效替代、化曲为直、近似等。在处理数据的过程中,选择恰当的科学方法进行推理论证是得出正确结论的重要保证。学生在运用科学方法处理证据的过程中,既提升了证据处理能力又提升了科学思维能力。

【案例】

### 开普勒定律

开普勒定律的得出,是我们无法通过实验来获取证据的。教学中,教师可以给出一些史实资料,让学生通过整理数据,间接获取证据,然后引导学生运用科学方法处理证据,得出结论。

教师:请大家结合史实资料,整理与行星运动有关的证据。

学生整理出的数据如表 4-2-2 所示。

表 4-2-2 行星运动的相关数据

| 行星 | 半长轴 $a/10^6$ km | 公转周期 $T$/d |
|---|---|---|
| 水星 | 57 | 88 |
| 金星 | 108 | 225 |
| 地球 | 149 | 365 |
| 火星 | 228 | 687 |
| 木星 | 778 | 4333 |
| 土星 | 1426 | 10759 |
| 天王星 | 2869 | 30686 |
| 海王星 | 4495 | 60188 |

教师总结:虽然我们不可能也不方便再现第谷历时数年才获得的关于行星运动的宝贵资料,但科学发展的道路始终是十分曲折的。基于第谷的观测数据,我们可以利用表格将获得的数据呈现出来,以便后面更好地分析这些数据,得出结论。

问题1:接下来让我们像科学家一样思考,哪些方法可以分析行星运动的半长轴和公转周期间的关系?

学生：从表格中看，行星运动的半长轴越大，其公转周期越大，其他没有什么直接关系了。

问题2：不同的行星，运动的半长轴不同，周期也不同。随着半长轴的增大，公转周期也增大。二者之间有什么关系吗？

学生：不是正比。是不是二次函数？

问题3：怎么分析论证你的猜想？

学生1：写出数学关系式。

学生2：画图像。

教师总结：好！图像更直观，但不具体；数学关系式更准确。

问题4：如何建立坐标轴？横坐标、纵坐标分别表示哪个物理量？

学生3：$T$-$a$ 图。

学生4：应该是 $a$-$T$ 图吧？

教师引导：通常我们用横坐标表示自变量，纵坐标表示因变量。我们说行星距离太阳越远，其公转的周期就越长。

学生：是 $T$-$a$ 图。

教师：那就请大家尝试画图并写出二者之间的数学关系式吧。

学生：根据表中数据，画出 $T$-$a$ 图，如图 4-2-13 所示。

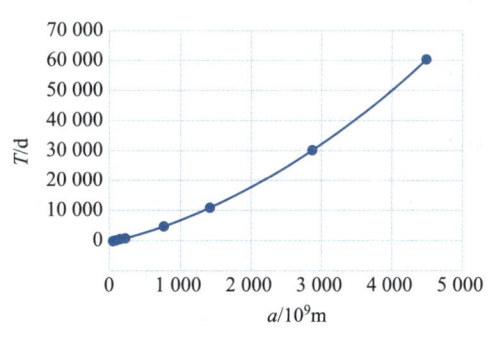

图 4-2-13　$T$-$a$ 图

问题5：根据你所画出的图像，能分析出行星公转周期 $T$ 与其半长轴 $a$ 间的关系吗？

学生：不能，但能确定不是正比例关系。

学生：有点儿像二次函数，应该画 $T$-$a^2$ 图。

问题6：接下来怎么办呢？请大家继续尝试。

学生：调整坐标轴，画出 $T$-$a^2$ 图，如图 4-2-14 所示。

学生：这次图像又向下弯了。

问题7：这说明什么问题？

学生：应该也不是 $T$-$a^2$ 的关系。

教师总结：依据我们的猜想，分别得到了两个图像，但都不能准确反映出公转周期 $T$ 与半长轴 $a$ 之间的关系。且得到的 $T$-$a$ 图像向上弯，$T$-$a^2$ 图像向下弯。综合上述分析，你有什么新的猜想吗？

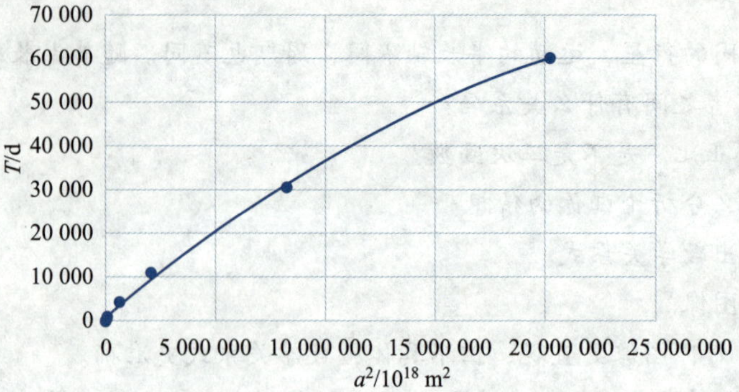

图 4-2-14　$T$-$a^2$ 图

学生：老师，是不是可以尝试画一下 $T$-$a^{3/2}$ 图。
教师：那就进一步验证一下吧。
学生：再次调整坐标轴，画出 $T$-$a^{3/2}$ 图，如图 4-2-15 所示。

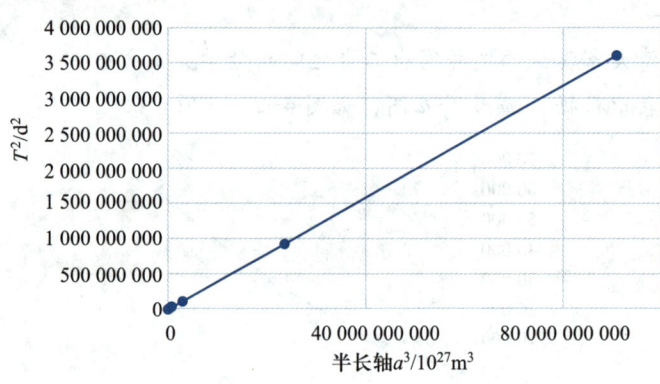

图 4-2-15　$T$-$a^{3/2}$ 图

问题 8：这一次你能得出什么结论？
学生：行星公转周期 $T$ 与半长轴 $a$ 的 3/2 次方成正比。
问题 9：如果写出数学关系式，该如何表示呢？
学生：$T = k \cdot a^{3/2}$。
教师：半长轴 $a$ 的 3/2 次方，在分析问题时会带来很多不便，我们可以把它整理一下，得到 $\dfrac{a^3}{T^2} = k$。

**案例分析**

在这个案例中，教师充分挖掘教学中有关的科学探究活动，提升学生的科学探究能力。教师对教学内容的理解和对处理证据的教学策略的认识，比较深刻、到位。教师通过问题链设置，在引领学生思维的同时，充分利用文献获取的证据，促使学生经历一次又一次猜想、论证的过程，并最终得出结论。体现了科学方法在分析问题、处理数据、得出结论的过程中所起的重要作用。

以往教师大多借助物理学史，从第谷持之以恒的观测记录，到开普勒勇于探索、大胆质疑、科学论证，结合给出的一些文献资料，得出开普勒第三定律。使学生了解物理规律发现的艰辛历程。这样的设计，如果缺少学生的参与，没有证据处理的过程，就很难提升学生的科学探究能力。

由于对获取证据的方式认识不清，很多教师误认为证据大多源于实验，因此忽略了利用文献获取证据进行探究的活动。即使有从文献中收集到的证据，教师也只是利用这些证据帮助学生分析、得出结论。无论以怎样的方式获取证据，如果没有运用科学方法进行分析论证的过程，都不可能得出正确的结论。学生在经历科学方法推理论证的过程中，既掌握了科学方法的应用，又形成了尊重事实、善于质疑的科学态度；既发展了思维能力和探究能力，又增强了社会责任感。

### 问题解决建议

上述教学设计，一是教师对教学内容有深刻理解，对物理学史有深入了解；二是教师对学生已有知识、已有方法的学情分析比较精准；三是教师对获取证据、处理证据等一系列科学探究活动的认识和理解较为深入。因此，教师能将教学内容与教学活动进行很好的对接，巧妙设问，层层递进，在启发学生思维的同时，提升学生获取证据、处理证据的能力。

教学过程中，教师要不断加强自我学习，勇于大胆尝试。只有教师不断提升自己获取和处理证据的能力，才有可能提升学生获取和处理证据的能力，才能使物理学科的核心素养真正落地。

**小提示**

◎ 教师在备课时要多追问自己。
◎ 深入挖掘教学内容，挖掘学科核心素养的提升点。

### 4-2 数字资源

4-2-1 电磁感应现象及应用1

4-2-2 电磁感应现象及应用2

4-2-3 探究加速度与力、质量的关系

## 4-3 如何在有限的课堂时空中创设有利于学生解释与交流的活动任务？

### 教学关键问题提出

课程标准在课程目标中明确指出，通过高中物理的学习，学生应"能正确实施探究方案，使用不同方法和手段分析、处理信息，描述并解释探究结果和变化趋势；具有交流的意愿与能力，能准确表述、评估和反思探究过程与结果"。例如，基于证据分析相关的现象或原因；使用课程标准要求的方法和技术来分析数据；对收集到的证据的可靠性进行评估；评价证据是否支持所用的结论；准确表达自己的探究问题、过程和结果；选择和应用适宜的媒介与他人进行有效交流；对他人的探究过程和结果能提出建设性的意见。

在以往的教学中，实验探究更多的是关注实验技能的培养和实验结论的得出，很多教师忽视"解释与交流"在探究活动中的教学价值。随着课程改革的深入以及学生发展的需要，教师们在规范科学探究的过程方面，也尝试着增加"解释和交流"环节的比重。在教学实践中，教师不得不解决这样的问题：在有限的课堂时空中，一定要规划时间实施"解释与交流"环节吗？"讲实验"难道不能提升学生的"解释与交流"能力吗？如何创设有利于学生解释与交流的活动任务？从而真正使教学方式发生变革，使学生在解释与交流过程中，不断丰富物理观念，提升科学探究能力和科学思维能力，逐步形成科学态度。

### 教学关键问题分析

哲学家基切尔和萨尔蒙曾认为，科学研究的基本目的就是为自然现象提供解释。原子构成的研究过程是群体合作的一个典范，很好地体现了"解释与交流"的重要作用。科学家们既在交流中相互合作，又在解释与反思中逐步认识到原子构成的科学本质，建立了较为完善的原子模型。卢瑟福为了论证汤姆孙的原子结构"枣糕模型"的合理性，做了 α 粒子散射实验，在实验观测到的现象和获得的数据的有力支撑下，提出质疑，经过科学论证，完全否定了"枣糕模型"；又经过分析、评估、反思、抽象、概括，建立了原子核式结构模型。当用经典的电磁理论解释卢瑟福的原子核式结构模型遇到困难时，玻尔在反思、评估了证据的可靠性的基础上，在普朗克关于黑体辐射的量子论和爱因斯坦关于光子的概念的启发下，把微观世界中物理量取分立值的观念应用到原子系统，提出了自己的原子结构假说……纵观现代科学的发展历程，就是科学家们在观察和实验基础上，对物理现象、实验数据、实验结论进行分析和论证的解释过程。科学的发展从来都离不开群体合作，在相互交流、评估、反思过程中，科学理论不断获得新的突破。

"解释与交流"是物理科学探究活动的重要组成部分，在教学中对落实核心素养有着不可替代的作用。处理、分析实验数据的过程，需要不断进行解释，解释就是分析论证的过程，对学生的推理论证的科学思维能力能够起到很好促进作用；评估、反思的过程，有助于学生的质疑创新能力的发展，有助于学生深入认识事物的科学本质，从而形成科学态度；准确使用物理语言对探究思路、探究过程和结论进行表述，是物理观念在学生头脑中提炼和内化过程；对科学探究过程和结果进行交流，能增强学生的合作意识，使学生在团队中能够提出建设性建议，这对学生的团队意识和逐步形成良好的学术道德规范至关重要。

## 一、为什么说实施"解释与交流"的教学过程是重要的教学任务和内容？

一些教师认为，在有限的教学时间内完成科学探究中的解释、交流、评估和反思的各个环节是不太现实的。所以把课前学案设计的着眼点放在概念、规律、实验结论的理解上，在预习中生成的问题绝大多数属于应用层面的问题。让学生通过课前预习能够理解实验原理和熟悉实验步骤，课堂上就能够"高效率"地完成探究活动，并顺利得出实验结论。实验过程中也有一些解释和交流环节，但基本上是较为简单的解释，不需要深度分析、概括、推理就能够得出实验结论。这主要是因为教师缺乏对科学探究活动中"解释与交流"教学价值的深刻理解，不能采取相应的教学策略，也就不能在真正意义上发展学生的"解释和交流"的能力。科学研究是艰辛、漫长的，对学生来说，虽然不能原样经历，但教学中学生若没有体验过程，科学思维能力和探究能力从何而来？

"解释与交流"在学生核心素养的达成上具有重要意义，因此，教师首先在观念上要有所转变。物理教学要"以人为本"，教学重点是发展学生终生发展所需要的能力。教学过程中培养学生的"解释与交流"能力，就是核心的教学任务和内容，不是可有可无的。

科学探究活动的设计与实施要注意科学性和实效性。教师要精心设计和实施每一段科学探究活动，尽可能挖掘其教学价值，要对学生的"解释与交流"能力发展有系统的教学安排；要把"解释与交流"贯穿学生探究活动的教学全过程；根据所教学生的实际情况和要完成的探究活动的特点设计相应的问题及活动。有的教学内容一课时完成不了，就用两课时，要合理分配教学时间，绝不能本末倒置，不要急于得出实验结论和物理规律，然后就把很多教学时间都留给了知识的应用上。只有合理安排教学时间和设计有针对性、情境化、具有挑战性的任务及问题，引发学生深度学习，才能真正达成教学目标。

## 二、"讲实验"能根本上提升学生的"解释与交流"能力吗？

一些教师认为，学生"解释与交流"能力的培养通过大量实验题的训练也能"达成";通过实验题的分类训练,也可以使学生在处理实验数据和分析实验误差过程中提高分析论证能力;通过对实验过程及结论进行评估及反思,从不同视角审视实验方案优劣、实验过程的合理性、实验证据和实验结论的可靠性,培养学生的质疑、创新能力。这样考虑,问题究竟出在哪里?

从学生终生发展所具备的关键能力的培养来看,新授课中的科学探究过程是学生提升能力的主要途径。学生是否经历过真实的探究活动和科学思维过程,是有很大区别的。在一个真实的实验情境中,学生经历了对自己设计的实验方案的实施、实验仪器的组装、探究问题的提出、在探究过程中不断解决生成问题、真实实验数据的分析与处理、同伴交流、反思过程,这些都是真实的情感体验过程,这样才能使情感内化,逐步形成能力。若缺乏这一过程,学生能力发展就缺乏根基和成长的土壤。另外,质疑创新能力也是经历亲身体验过程才能获得的一种情感体验,需要不断经历才能逐步培养起来。在陌生的实验情境和实验原理下的能力考查,通过"刷题"是不能很好地解决的。讲实验题属于知识的应用范畴,不是形成过程,应用只是对知识和规律的加深理解过程,以及实验方法的固化过程。一些教师反思自己的这方面教学时,往往从训练的方法及自己在某些知识点总结的不够全面来分析,没有从探究过程中培养学生"解释与交流"能力的角度来反思。

【案例】

### 一道实验题的错误原因分析

小红同学在探究小车加速度 $a$ 与所受合外力 $F$ 的关系时,设计并采用了如图 4-3-1 所示的实验装置。其实验操作步骤如下:

a. 挂上砝码盘和砝码,调节木板的倾角,使质量为 $m_{车}$ 的小车拖着纸带沿木板匀速下滑;

b. 取下砝码盘和砝码,测出其总质量为 $m$,并让小车沿木板下滑,测出加速度 $a$;

c. 改变砝码盘中砝码的个数,重复步骤 a 和 b,多次测量,作出 $a$-$F$ 图像。

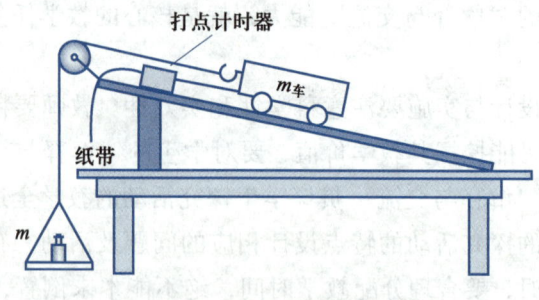

图 4-3-1 实验装置

① 该实验方案_____满足条件 $M \gg m$(选填"需要"或"不需要");

② 若小红同学实验操作规范,随砝码盘中砝码个数的增加,作出的 $a$-$F$ 图最接近图 4-3-2 中的_____。

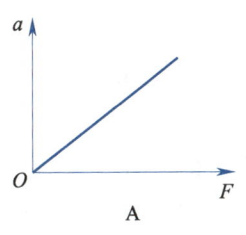 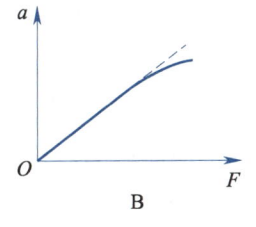 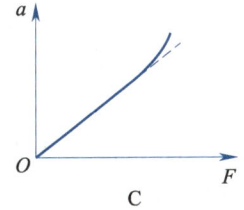

图 4-3-2　$a$-$F$ 图

分析：很多学生平时对牛顿第二定律的实验题做过不少练习，但为什么还会出现考试时看不懂题、无从下手的现象呢？究其原因，就是在日常学习活动中缺失科学探究规范方法的形成过程，没有真正形成推理论证、质疑创新的科学思维能力。学生在"探究加速度和力、质量的关系"的课上，若没有对探究方案的解释、评估、交流过程，只是按教材或教师提出的方案进行实验，没有经历自己的思维加工过程，那么学生对实验原理就不能清晰理解，就不能真正理解实验条件为什么要满足条件 $m_车 \gg m$。若课上学生没有对自己实验获得的实验数据进行分析推理的过程，以及对证据的可靠性进行反思、评估过程，学生就不能真正理解图线变弯的物理意义，只会停留在特定的实验条件下几种情况的记忆上，当遇到新的实验情境时，就会感到无从下手。不少学生根据已有的经验和知识，首先把 A 选项排除了。

**案例分析**

这个案例很好说明"讲实验"不能从根本上提升学生的"解释与交流"能力。讲实验，不可能穷尽所有实验方案，若出现新的问题需要学生创造性地解决时，就要用到平时积累的科学探究方法及形成的思维能力。事实上，学生按照设置的活动任务进行规范的探究活动，对探究活动的每一个环节都能做出必要的解释与交流，能力才能提升。从案例可以感悟到：教学的重点应该是在探究活动中形成方法和提升能力，而不应该是匆忙完成实验后在练题上狠下功夫。方法和能力的获得只能靠不断实践和体验，并在活动任务中逐步形成。

### 三、如何创设有利于学生解释与交流的活动任务，来提升"解释与交流"能力？

基于"解释与交流"的教学价值和课时相对有限的双重考虑，解决的突破点在于创设有利于"解释与交流"的活动任务，教学设计是关键。也有教师提出，中学物理课堂上的探究属于假探究，没有必要在课堂上花时间去做，比如，楞次定律、法拉第电磁感应定律是复杂、抽象的物理规律，不可能在短时间内真正探究出来，还不如省下时间通过知识应用来巩固规律。教学中的探究活动不同于科学家当时在研究某一科学问题时呈现出来的研究过程，侧重在真实的实验情境下，在教师的引领下，学生参与的有目的、有计划的探究活动，承担着提升学生能力的主要任务。

所以，教学设计尤为重要，教师对每一个有效的活动任务对应的"解释与交流"能力目标要做到心中有数，对学生的能力培养要做到系统化。并且，在设计每一个探究活动时，都要有所侧重，有时面面俱到教学效果反而不会好。比如，探究加速度和力、质量关系的实验，可以在实验方案的设计上有所侧重，学生在方案确定的讨论与交流中，不断进行分析论证、评估、反思，从而设计出科学合理的探究方案。在验证机械能守恒定律的实验中，可以侧重具体的测量、数据处理、误差分析以及实验结论的得出，培养学生基于证据（实验数据）进行分析、论证的能力；通过对证据可靠性的分析，培养学生质疑、创新能力。楞次定律的实验则侧重解决探究过程中出现的困难：感应电流与原磁场的复杂关系，侧重培养学生抽象、概括、归纳推理能力，也能很好地发展学生的质疑、创新能力。测量电池电动势和内阻的实验，不同实验小组可以采取不同的实验方案进行实验，针对实验方案、探究过程和实验结论设置小组汇报、辩论、展示实验报告等活动任务进行交流和评估，相互提出建设性的建议，选出最优的实验方案，侧重发展学生评估、反思、交流、合作的能力。

 问题解决路径与教学示例

有利于学生解释与交流的活动设计可以从以下三个方面进行。

### 一、基于证据的分析，使论证过程外显化

一方面，在分析实验数据时进行解释与交流，归纳概括出物理规律，就是对获取的信息进行加工的一个逻辑推理过程。比如：在归纳推理得出楞次定律时，当学生经过实验得出四种情况下原磁场的方向和感应电流的方向后，发现很难找到二者之间必然的规律。这时，教师设计一个小组讨论活动，并辅以问题引领：电荷之间的相互作用是通过电场发生相互作用的。那么，条形磁铁在形成回路的线圈中运动时，二者又是通过什么发生相互作用的呢？我们应考虑引入哪一个中间量把原磁场的变化和感应电流的方向建立关联呢？通过讨论这一活动环节的设计，使学生真正明白我们为什么要研究感应电流的磁场方向和原磁场方向的关系。这样的教学安排就使得思维过程外显化，可以用图4-3-3来表示。在四种情况下得到的实验结论就是"列举事实"的过程，中间活动设计及问题设计就是"丰富事实"的过程，经过归纳概括"形成结论"。教师通过外显化活动任务设计可以增强学生解释与交流的能力，可以在探究活动中提升其科学思维能力。中学物理课堂上的探究活动确实不同于真正的科学研究活动，应协调二者的关系，设计有针对性的问题或活动设计来引领。

图 4-3-3 思维过程的外显化

另一方面，在分析实验现象时进行解释与交流，分析现象背后的原因，审视实验过程及实验结论，就是提升学生科学论证能力的过程。如何在活动任务中实现论证过程外显化呢？比如，通过实验探究超重、失重的概念的教学过程中，设计有利于学生解释与交流的活动任务时，可以进行以下论证过程外显化的活动及问题设计。首先要根据事实证据：人下蹲时的运动状态变化为速度先向下增大，然后减小，最后为零。其次要明确理论依据：加速度的定义式、牛顿运动定律。再次要有明确的推理过程：

人的速度向下增大时，具有向下的加速度；人的速度向下减小时，具有向上的加速度。对各阶段分别利用牛顿第二定律，可以推出该阶段人的支持力大小变化；再根据牛顿第三定律可知台秤的示数变化。人最后静止在台秤上，根据受力平衡可知，台秤的示数最终稳定不变。最后论证观点，总结台秤的示数变化情况。这一论证过程的外显化，可以用图 4-3-4 来表示。

图 4-3-4　论证过程的外显化

### 问题解决建议

在教学过程中，需要把分析、论证过程通过活动及有价值的问题设计尽可能外显化。因为学生的能力提升需要在活动体验过程中感悟、内化，也需要有一个相对清晰的思维路径。

只有引导学生进行真实有效的讨论交流，通过表达从而实现分析论证过程的外显化，才能逐渐发展学生的解释与交流能力。

小提示

◎ 教师要给予学生充分的时间讨论交流与分析处理实验数据。
◎ 要引导学生思考与分析实验现象背后的原因。
◎ 要设计使学生的分析论证过程外显化的必要活动或问题。

## 二、对探究方案、实验过程和结论进行评估与反思

以往的教学常常忽略这方面的相关活动设计，造成学生的交流与解释能力不能有计划地提升；尤其缺乏通过评估与反思论证证据的可靠性来发展学生质疑创新能力的过程。探究活动的活动任务要从方案的制定、实验过程、实验结论三个方面进行设计，还要考虑科学思维能力同步提升，这两方面不能割裂开来。在课堂上要真正通过活动任务的实施，使学生的探究活动深度发生，做到真评估、真反思。一开始学生可能会不适应或没有认真对待，教师可以通过以下两个途径来不断强化学生的评估与反思意识：活动任务的设计要充分考虑到学生已有认知及能力基础，必要时可以进行课前学习诊断；加强课堂组织，助力学生养成良好的习惯，逐步形成高效的课堂模式。

【案例】

### 实验：探究加速度与力、质量的关系

教师如何通过活动设计来提升学生的评估与反思能力。以下是探究牛顿第二定律（方案设计）的部分教学实录。

教师：如何知道小车所受到的力呢？下面各小组讨论，可以参考大屏幕上展示的将在实验时给同学们提供的实验器材。

学生：在桌上有一根细线，可以把细线的一端拴在小车上。细线绕过滑轮下去以

后，可以挂一个或多个钩码，它受的力是不一样的。

教师：大家还有没有别的方法？

学生：用弹簧秤，看它的读数就可以了。

教师：哪一种方法更好一些呢？

学生：第一种。

教师：那么第二种方法的缺陷在哪儿？

学生：在运动过程中弹簧秤不好控制、不易读数。

教师：用钩码牵引小车是一个不错的方法。用钩码牵引小车，这个力是不是小车所受到的合力呢？

学生：不是，还有摩擦力。

教师：大家小组讨论如何解决摩擦力的问题。

学生：用弹簧秤拉着小车匀速运动，拉力等于摩擦力。

教师：拉力等于摩擦力，看来这是一个不错的想法。但是这个方法在实施过程中的可行性如何？

学生：在运动过程中不太好测量。

教师：还可以采取什么方法呢？

学生：把木板的一端垫高，把摩擦力抵消。

教师：这样，再有一根细线牵引着小车运动的话，拉力就等于小车所受的合力。

教师：如果改变小车的质量，还需要重新平衡摩擦力吗？

学生：需要。因为加砝码以后重力就增大了，重力垂直于斜面的分力也就增大了。

教师：那么摩擦力呢？

学生：不需要。重力沿斜面向下的分力大小为 $mg\sin\theta$，等于摩擦力的大小。摩擦力等于 $\mu mg\cos\theta$。满足的平衡关系不变。

教师：以上我们讨论的都是如何平衡摩擦力的问题，若不平衡摩擦力可以吗？

学生讨论得出：用气垫导轨。

教师：我们已经平衡了摩擦力。牵引小车的细线的力和钩码的重力一样大吗？

学生讨论并回答。

教师：同学们有两种不同的答案。小车做加速运动，这两个力肯定是不相等的。刚才讨论了用钩码牵引小车，是一个不错的办法。但是钩码的重力和牵引小车的力确实不相等。那怎么办呢？我们就通过实验探究，看它们究竟相差多少。

教师：这是一个弹簧测力计和一个小车，我们要记录当小车运动时弹簧测力计的读数。你们看清楚了吗？

学生：没看清楚。

教师：因为它太快了，不可能看清楚。这里有一个力的传感器，用它能准确测力。

师生共同实验，得到实验数据：用 0.95 N 重的钩码牵引小车，运动时绳上拉力大约是 0.74 N。同学们看，这两个力一样吗？不一样。

教师：是不是拉车钩码的力太小了？不行我们换大的试一试。用 1.47 N 重的钩码牵引小车。运动时绳上拉力大约是 1.00 N。

学生：相差得更大了。

教师：那么用一个钩码。记录数据 0.47 N，运动时绳上拉力大约是 0.39 N。

学生：相差得小了。

教师：我们又得到一组数据，拉车钩码的重力是 0.24 N，最后测出来的大约是 0.21 N。通过这些数据能得出一个什么样的结论呢？

学生：质量越小，相差越少。

（案例提供：张晓　北京市第二十中学）

**案例分析**

上述案例在对探究牛顿第二定律实验方案的确定过程中贯穿了对学生评估、反思、交流能力的培养。课堂上教师不急于让学生按固定的实验方案进行实验、得出结论，而是在探究过程中设计切实可行的活动任务，注重提升学生的科学思维能力和探究能力，抓住了教学的主要内容和本质，这体现了教学方式的真正变革。

在讨论得出小车所受外力的过程中，学生根据已有的实验器材进行评估，给出两种方案，学生经过交流和反思发现用弹簧测力计的缺陷，最终确定了用钩码通过细线牵引小车。在如何平衡摩擦力的讨论过程中，首先是明确了为什么要解决这个问题，然后是通过什么途径去解决，此教学过程发展了学生的推理论证能力。寻找用气垫导轨进行实验的评估过程，提升了学生从不同角度审视探究方案的能力。在确定用钩码牵引小车的实验方案后，又对这一方案通过活动设计进行了综合评估，从讨论用弹簧测力计的缺点，到创造性地用传感器比较拉车钩码重力和绳上拉力的关系，整个交流、反思、评估过程引发了学生深度思考，发展了学生的质疑、创新能力。这一活动任务设计不同于以往：先告诉学生小车质量要远大于拉车钩码的重力的实验条件。其改变是：学生在面对探究过程中出现的问题时，能够主动通过实验探究的方法去解决。这样做无疑为学生日后科学探究活动提供了方法指导，改变了学生的思维观念；同时也培养了学生善于发现问题和解决实际问题的意识和能力。

### 🔍 问题解决建议

确定探究方案的活动设计可以从以下几个问题着手：① 根据要探究的问题需要测量哪几个物理量？通过什么途径进行测量？各种测量方法的优劣评估。② 若按预设的方案实施，可能会出现什么困难？在反思中怎么完善？③ 根据现有的实验条件如何进行实验方案的选择和优化？

探究过程的活动设计可以从以下几个方面进行：① 在实验过程中可能会出现哪些和预期不同的实验数据？实验小组通过反思和评估中完善并发现新的问题。② 对实验操作过程的规范性和科学性的评估。③ 实验数据处理、综合分析得出结论方法的评估。

对实验结论的审视和评估的活动设计可以从以下几个方面进行：① 证据对实验结论的可靠性的分析。② 在评估实验误差的基础上得出实验结论。③ 实验结论对所研究的物理问题的支撑作用的评估与反思。

### 三、将表达、交流、合作和评价贯穿教学全过程

活动设计要给学生设置表达与交流的机会，使学生在表达与交流过程中，提高科学思维能力，通过对物理概念和规律的提炼和加工，形成较为完善的物理观念。探究过程中交流与合作是必不可少的，是科学发展的需要，也是学生必须具备的关键能力。在教学过程中，根据学生的实际情况，设计多维的、能促进学生发展的评价，并贯穿教学全过程。

小提示

◎ 通过设计小组合作探究的活动任务以及小组汇报展示的环节，培养学生表达、交流的能力。教学中应适当在这一环节多分配时间，若课时紧，则可以适当增加用计算机处理数据的比重。

◎ 建立多样化的评价机制，包括：课前诊断，课上在合作、表达、交流中的表现，完成实验的整体情况，课后测评。要根据学生的实际情况给予激励性评价。

◎ 要在整个教学过程的每个环节设计让学生表达和交流的活动，在设计活动任务的同时设计好评价目标、评价方式、评价内容及评价指标，在不同环节应有所侧重。

#### 4-3 数字资源

4-3-1 如何解决小车所受到力的问题

4-3-2 牵引小车细线的力和钩码的重力一样大吗

# 4-4 如何有效利用实验报告逐步提升学生科学探究素养？

## 教学关键问题提出

科学探究是人类探索和了解自然、获得科学知识的主要途径和方法；是通过多种方法寻找证据，运用创造性思维和逻辑推理解决问题，并通过评价和交流等方式形成共识的过程；是基于观察和实验提出问题，形成猜想和假设，设计实验与制定方案，获取和处理信息，基于证据得出结论并做出解释，以及对科学探究过程和结果进行交流、评估、反思的能力。高中阶段的学生应正确掌握科学探究的方法，并且能通过科学探究获取物理知识与解决相关问题。

学生发展科学探究能力，需要经历科学探究过程。但在以往的教学中，面对高考压力与课时不足等情况，不少教师用讲授实验来取代学生的自主探究过程，或将学生实验调整为教师的演示实验，导致学生科学探究的缺失；或者虽然也采用探究的方式，引导学生经历科学探究过程来学习物理概念、规律，但这些探究活动均是在教师的直接干预下进行的，甚至有时教师会先将实验原理与步骤讲述完，再演示一遍，学生按照规定步骤逐一进行实验操作即可，缺乏科学探究的主动性。随着新版课程标准将"科学探究"作为高中物理的课程目标之一提出后，教师必须解决这样几个问题：怎样的教学策略或方法能够有效地培养学生科学探究素养？面对仍然是纸笔测试形式的高考，纸笔类及讲授式的实验练习是否能发展学生的科学探究素养？

## 教学关键问题分析

学生各种能力的发展，是和他们在学习中的相关行为联系在一起的，要发展某种能力，就必须经历相关的过程。科学探究能力的培养，渗透在物理教学的整个过程中。无论是物理知识的教学，还是物理问题的解决，都要引导学生发现和提出问题，根据问题收集和选择有用的信息，基于证据和逻辑对问题做出合理的解释，准确表述解决问题的过程与结果。所以，要使学生发展科学探究能力，就要让学生经历发现、提出问题的过程，具有收集证据、解释证据的行为，让学生表述解决问题的方法、过程和结果，把培养学生科学探究能力的目标落实到学生探究活动的设计与实施中。同时，在科学探究过程中，学生可以掌握分析、综合、比较、分类、抽象、概括、推理、类比等思维方法，发展思维能力、实践能力和创新能力，以及运用科学语言与他人交流和沟通的能力。

## 一、教师主导下的探究过程经历对科学探究培养有何局限性？

教师意识到学生经历科学探究过程是很重要的，在备课时才会设计学生的探究活动，才能落实核心素养的培养要求。但在实际教学中，由于教师要在有限的课堂时间内完成一定量的教学内容与教学任务，经常无法放手让学生主动经历探究过程，学生的探究活动在一定程度上变成了在教师"操控"下的程序性、机械性的实验操作，成了被动式的体验项目。从探究性问题的发现与提出，到如何猜测与如何设计方案，记录哪些数据以及如何处理数据，从哪些角度分析数据等，教师往往会给予过多的指导与提醒，导致学生的探究过程基本是在教师的干预和引导下进行与完成的，学生缺乏主动性，失去了独立思考与研究的过程，无法按照自己的想法设计实验，甚至没有自己的想法，进而也影响了实验探究的积极性。这与课程标准要求的"引导学生经历科学探究过程，体会科学研究方法，养成科学思维习惯，增强创新意识和实践能力"显然是背道而驰的。

所以，教师主导下的学生科学探究活动，本意是有效引导学生开展探究过程，但实际教学中却容易出现学生无法积极主动、自主地开展探究活动，无法充分地合作交流、评估反思等，很难实现科学探究素养的培养。此外，有些教师为了追求课堂教学的进度，将学生实验变成由教师来操作的演示实验，比如，观察电容器充放电现象，经常以教师演示实验的形式进行，学生在教师的引导下进行有针对性的观察。这种看似高效的教学操作，实则剥夺了学生在自己动手操作实验中主动发现问题与思考解决问题的机会与权力，因为学生只有在动手操作实验时才能够暴露一些错误，进而分析与改正这些错误，也才能提高学生解决问题的能力，促进学生质疑与创新思维的发展。

之所以会出现这样的现实问题，主要是因为教师对物理实验教学的目标定位理解不够深入，对物理学所蕴含的思想方法与育人价值没有认真揣摩，将教学目标局限在短时间内教会知识点的层面上。高中物理课程的学习旨在落实立德树人的根本任务，培养学生物理学科核心素养，为学生的终身发展奠定基础。学生自主经历科学探究过程，不仅是科学探究素养培养的途径，也是学习物理观念、发展科学思维、形成科学态度与责任的一种手段和途径，是一种综合能力，是物理学习和科学研究的一种方式。所以，教师应该留给学生时间，让学生主动进行科学探究活动，不剥夺学生的思考与交流过程，让探究活动真实发生。

## 二、纸笔类实验练习是否有利于发展学生科学探究素养？

在以纸笔测试为主的高考选拔方式背景下，有些教师将学生实验变成了"纸上谈兵"，那么纸笔类实验练习能否有助于发展学生科学探究素养呢？首先，纸笔练习的主要功能是检测与反馈学生的学习效果，检测学生对相关实验原理的理解，但在培养学生问题意识与主动进行实验获取证据的能力等科学探究要素上具有一定的局限性；其次，有些学生在实验习题作答时存在死记硬背结论等情况，也有些学生动手实践操作的能力较差，而纸笔实验练习无法甄别这类学生的真实实验能力；最后，科学探究不仅是一种过程，更是一种物理研究与创新性发现的方式，学生经历科学探究过程，更重要的是有利于在该过程中体会与掌握物理研究的方法，以及发展创新思维。

例如，"测定电源的电动势和内阻"是高中物理必修3的学生必做实验之一，该实验中选用电压表和电流表作为测量仪器进行实验时，电压表直接接在电源两端与仅接在外电阻两端，这两种接法所导致的误差程度是不一样的。如果以讲练的形式学习该实验，学生可能直接记住电表的正确接法而不理解这样接的原因，但通过学生的习题作答无法甄别学生的真实水平。如果学生经历了真实的实验操作与实验数据的得出过程，通过实验数据的对比与分析，就会引发学生主动对电表不同接法的实验方案进行探讨与误差分析对比，如此一来，学生既更加深刻地理解了实验原理，也锻炼了分析推理能力与问题解决能力，同时有助于质疑创新意识的发展。再如，许多物理概念与规律的发现都是在科学探究过程中实现的。卢瑟福在进行的 α 粒子散射实验中，发现绝大多数 α 粒子的运动方向没有受到影响，但少数 α 粒子发生了大角度散射，这一结论与汤姆孙的原子结构"枣糕模型"相矛盾，由此实验现象产生了大胆的质疑与新的猜想，建构了原子核式结构模型；而且在当时年代的技术条件限制下，该 α 粒子散射实验的精巧设计，很好地扩展了人类探索的视野，是物理发展史上的一个里程碑。所以，在科学探究过程中会伴随新问题的发现、质疑与创新的产生，以及科学研究方法的应用，而这些都是纸笔实验练习所无法实现的。

### 三、为什么说实验报告可以有效培养学生科学探究素养？

首先需要明确，实验报告不能脱离实验而单独存在，即必须在真实经历实验过程的前提保障下，实验报告的撰写才有意义。当前学生很少有主动撰写实验报告的意识与习惯。其实，学生从准备实验到操作实验再到实验完成，整个过程中若能独立完整地撰写实验报告，对实验进行系统的梳理与总结，包括明确实验原理、梳理实验过程及实验内容、设计表格记录与分析实验数据结果等，从而逐渐学会组织实验报告的内容，设计和绘制图像、表格，了解有效数字、误差来源等，这一过程有助于规范和养成正确开展科学探究的习惯，可以更有效地促进学生科学探究素养的培养。同时，撰写实验报告的过程可以使学生独立思考实验原理及实验中的问题，学习挖掘与分析实验数据证据，对实验结果进行描述，从而归纳概括出实验结论，并尝试用简洁的语言准确表达实验结果。这一撰写过程会调动学生的主动性和积极性，逐渐养成实事求是的习惯，还可以训练与培养学生的综合分析能力、逻辑归纳能力和文字表达能力，从而有助于培养学生核心素养。

科学探究的四个要素是问题、证据、解释和交流。提出问题是科学探究的前提，进行实验与获取证据是科学探究的过程，解释和交流则是科学探究关键性的总结过程。实验报告的撰写，不是在实验完成后才进行的；撰写起始于问题的提出与实验的设计，贯穿实验进行与证据获取的过程，完成于解释和交流后的总结里。学生撰写实验报告的过程包括：在实验进行前，首先撰写实验问题与实验原理，设计出合理的实验过程，以及尝试设计、绘制合适的图像或表格用以记录实验数据；在实验过程中，补充与规范实验操作过程，准确记录实验数据及实验中出现的问题；实验操作完成后，分析解释物理量之间的关系，或尝试用简明扼要、科学准确的语言概括某现象的内在规律，以及解释交流相关问题等，如实撰写在实验报告中。所以，学生撰写实验报告的过程是科学探究能力规范养成的重要过程。此外，在撰写实验报告时，学生要宏观规划与合理组织实验内容提纲，并用合适的文字表述提纲的具体内容，对探究过程的记录也能体现与表征实验探究方法是否具有科学性，探究结论是否具有可靠性，是否对实验有进一步深入分析与思考、对问题进行质疑论证等，从而增强实验能力与问题解决能力。所以实验报告撰写的整个过程，是科学探究素养全面发展的过程。

##  问题解决路径与教学示例

### 一、通过引导，规范实验报告步骤，培养撰写意识与习惯

学生面对实验时，很少有主动撰写实验报告的意识与习惯；受课时紧张、教学任务重等现状的限制，教师也不常安排学生撰写实验报告，更少专门安排时间辅导与点评学生的撰写情况。这对培养学生科学探究素养而言，是一种极不规范的行为。

撰写实验报告是培养学生科学探究素养的有效途径。教师首先要引导学生学会撰写实验报告，即明确实验报告的规范步骤，这也是明确科学探究开展的规范流程。在规范的步骤下，通过逐步撰写实验报告，培养学生撰写实验报告的意识与习惯。高中物理实验一般包括探究性实验、验证性实验、测量性实验等。不同实验类型下实验报告的撰写步骤可以稍有不同。

探究性实验，可以采用如图 4-4-1 所示的实验报告撰写步骤。

图 4-4-1　探究性实验的实验报告撰写步骤

验证性实验，可以采用如图 4-4-2 所示的实验报告撰写步骤。

图 4-4-2　验证性实验的实验报告撰写步骤

测量性实验，可以采用如图 4-4-3 所示的实验报告撰写步骤。

图 4-4-3　测量性实验的实验报告撰写步骤

【案例】

**探究两个互成角度的力的合成规律**

在建立"矢量运算满足平行四边形定则"这一认知时，需要学生先进行探究性实验，主动探究两个互成角度的力的合成满足怎样的规律。在该实验中，教师引导学生规范撰写实验报告。

【板书】 实验目的：探究两个互成角度的力的合成规律。

师生活动：准备一桶水，一位同学先单手提起；再和另一位同学一起提起，发现更轻松省力；但当两位同学提水桶的手臂之间夹角变大后，会出现更费力的情况。这三种操作都达到了相同的效果——提起水桶，即合力相同，那么两个互成角度的力的合成是如何运算的呢？我们知道，同一直线上两个力的合成，我们直接把两个力的大小相加或相减，进行代数运算即可得出合力大小。那么，两个力不在一条线上时，我们应如何求合力呢？这两个力的合成还满足相加减的代数运算规律吗？我们可以猜想两个互成角度力的合成仍满足或不满足代数运算，关键是要设计实验来检验猜想。

【板书】 猜想与假设：两个互成角度力的合成满足代数加减运算。

【板书】 实验思路：利用合力与分力的等效替代关系，让互成角度的两个力与单独一个力产生相同的作用效果，然后分析两个力与单独一个力在大小上的关系，从而验证猜想。

师生活动：力的作用效果包括两种，一是使物体发生形变，二是改变物体运动状态。前者更容易进行实验操作与采集数据，我们可以让互成角度的两个力与单独一个力分别作用，使橡皮筋产生相同形变量。

【板书】 实验器材：两个弹簧测力计、弹性橡皮筋、图钉、三角板、刻度尺、白纸、笔、木板。

学生讨论：我们应该怎样规划实验过程呢？

【板书】 实验过程

(1) 将弹性橡皮筋固定在白纸上，记录原长位置 $P$ 点。

(2) 取一个测力计，用该弹簧测力计将橡皮筋从 $P$ 点拉伸至任意某一位置，标记为 $O$ 点，读取并记录弹簧测力计的读数。

(3) 换用两个测力计互成角度地再次将橡皮筋从 $P$ 点拉伸至 $O$ 点，读取并记录两个弹簧测力计的示数及方向。

(4) 多次改变两个弹簧测力计之间的夹角，重复实验步骤3。

(5) 实验完成后，整理实验器材。

学生讨论：实验需要记录哪些数据？需要设计怎样的表格来记录数据？

【板书】 数据记录表格的设计：

| 一个弹簧测力计实验时的示数 | | $F_C=$ _____ | |
|---|---|---|---|
| 两个弹簧测力计实验时的示数 | 第一次实验 | $F_A=$ _____ | $F_B=$ _____ |
| | 第二次实验 | $F_A=$ _____ | $F_B=$ _____ |
| | 第三次实验 | $F_A=$ _____ | $F_B=$ _____ |

学生小组合作进行实验探究活动，并处理实验数据，尝试得到结论。

【板书】数据记录与分析：

| 一个弹簧测力计实验时的示数 | | $F_C = 1.5\ \text{N}$ | |
|---|---|---|---|
| 两个弹簧测力计实验时的示数 | 第一次实验 | $F_A = 0.7\ \text{N}$ | $F_B = 1.0\ \text{N}$ |
| | 第二次实验 | $F_A = 1.2\ \text{N}$ | $F_B = 1.5\ \text{N}$ |
| | 第三次实验 | $F_A = 1.6\ \text{N}$ | $F_B = 1.5\ \text{N}$ |

分析可得，两个互成角度力的合成不满足代数运算规则。

师生活动：代数运算是标量的运算规则，而力是矢量，不仅有大小还有方向，所以运算规则应体现出方向性。所以实验数据中应该包含各力的方向，要做出各力的图示。在力的图示中，有大小和方向的线段就代表了力。我们要从几何形状的角度寻找合力与分力的运算关系；为了猜想里面的几何规律，可以在图上适当添加一些辅助线。

分别过两分力的末端做彼此的平行线，观察由两个分力作为邻边组成的平行四边形与合力的特点，猜想合力可能是该平行四边形的对角线。

多组学生多次实验，验证这一观点，如图4-4-4所示。

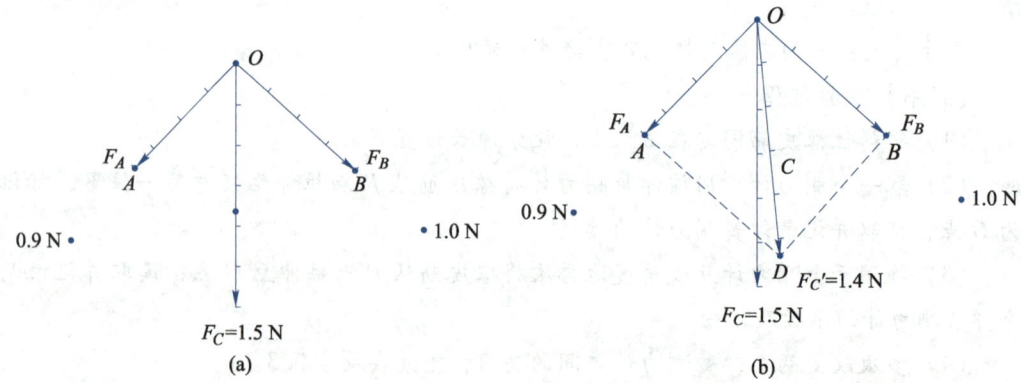

图4-4-4 学生实验作图示例

【板书】实验结论：在误差允许的范围内，合力 $F$ 是以两个分力 $F_A$ 和 $F_B$ 为邻边所做平行四边形的对角线；即两个互成角度力的合成满足平行四边形定则，合力 $F$ 是以两个分力 $F_A$ 和 $F_B$ 为邻边所做平行四边形的对角线。

师生活动：力 $F_C$ 的边与对角线有一定的偏差，做不到完全重合。应该换用更精密的器材重新进行实验，从而保证结果的准确性。

误差分析与问题讨论：为增进实验的精确性，换用更精密的传感器重新进行实验探究与数据采集。

软件采集数据后，以分力 $F_1$、$F_2$ 为临边做出平行四边形，图 4-4-5 中 $F$ 与两分力作用效果相同，且等大反向。可以观察到，在误差允许的范围内，该平行四边形的一条对角线就是两个力的合力。

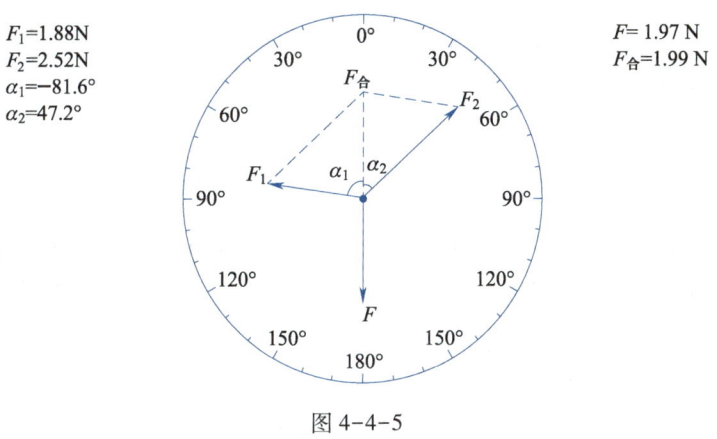

图 4-4-5

（案例提供：朱宁宁　北京市第二十中学）

**案例分析**

上述案例中，教师在组织学生进行实验探究的过程中，通过 PPT 展示或板书等形式，直观地呈现了如何规范撰写探究性实验的实验报告。因为该实验是在高一上学期进行的，学生还不会规范撰写实验报告，需要教师对实验报告的格式及规范进行指导。教师将格式指导融入探究活动的组织与进行中，在本节课结束时，组织学生回顾板书内容，点明这就是撰写实验报告的过程以及实验报告撰写的逻辑与格式；然后布置课后作业，要求学生规范写出本实验的实验报告。从而本节课达到了一举两得的效果，一是在课上引导学生梳理了实验探究的几个主要环节，有助于实验的开展；二是直接指导了实验报告的撰写，也让学生体会到实验报告的撰写是贯穿在实验前后整个过程中的，包括实验前的问题提出、问题猜想与假设、实验过程设计及表格设计，实验中的数据记录，实验后的结论及误差分析。从而通过实验报告的撰写培养学生科学探究素养。

**问题解决建议**

学生学会规范撰写实验报告需要一个过程，刚开始需要"手把手"地教，即结合一个具体的实验，详细指导实验报告的逻辑程序；然后在实验中，鼓励学生按照实验报告格式撰写，并对学生的作品进行鼓励和点评。在引导与点评时，要预防学生出现"华而不实"的情况，避免仅遵从程序但没有实质性的内容，要引导学生重视实验思路及对实验分析思考的体现与展示，让学生认识到，撰写实验报告是为了更深入地理解与思考实验，是用文字的形式与外界交流自己的实验逻辑及对实验的认识，说明实验过程及实验结论，从而通过实验报告撰写的过程，培养学生主动写实验报告的意识与能力，养成科学探究的规范性习惯，提升科学探究能力。

小提示

◎ 教师要对实验报告的撰写意义有明确的认识。

◎ 对实验报告的撰写步骤（发生于实验全过程，而非实验后）有正确理解。

◎ 组织学生完整经历实验探究过程，并指导撰写实验报告及进行点评。

## 二、逐渐放手，增加实验留白，培养学生自主思考与撰写能力

上例中的实验是学生进入高中后经历的第三个学生实验，学生还不具备独立撰写完整实验报告的能力，所以教师在实验课上指导学生规范撰写实验报告，让学生学会根据规范模板完成实验报告。

学生撰写过几次详细模板指导下的实验报告后，之后的实验报告可逐步适当增加留白，由学生尝试补充空缺项，并在实验中记录数据，在实验后形成完整的实验报告。

【案例】

**"探究加速度与物体受力、物体质量的关系" 实验报告**

| 实验名称 | 探究加速度与物体受力、物体质量的关系 |
|---|---|
| 实验目的 | （1）探究同一个物体在受到不同力的作用时，加速度与受力的定量关系；<br>（2）探究同一个力作用在不同质量的物体上时，加速度与物体质量的定量关系 |
| 猜想与假设 | |
| 实验思路 | 第一次保持质量不变，让物体在大小不同的力作用下，测量每次运动时的作用力和加速度，获得二者的定量关系；第二次保持作用力不变，让不同质量的物体在相同力的作用下运动，测量每次运动时加速度和物体质量，获得二者的定量关系 |
| 实验器材 | 带定滑轮的木板、薄垫块、小车、细绳、钩码、打点计时器、纸带、交流电源、天平（含砝码）、刻度尺 |
| 实验过程 | |
| 数据记录与分析 | （1）小车质量 $m$ 一定时，加速度 $a$ 与受力 $F$ 的关系<br><br>\| 实验序号 \| \| \| \| \| \|<br>\| 拉力 $F$ \| \| \| \| \| \|<br>\| 加速度 $a$ \| \| \| \| \| \|<br><br>（2）拉力 $F$ 一定时，加速度 $a$ 与小车质量 $m$ 的关系<br><br>\| 实验序号 \| \| \| \| \| \|<br>\| 质量 $m$ \| \| \| \| \| \|<br>\| 加速度 $a$ \| \| \| \| \| \|<br><br>利用数据，做出图像： |

续表

| 实验名称 | 探究加速度与物体受力、物体质量的关系 |
|---|---|
| 实验结论 | |
| 误差分析与问题讨论 | （1）本实验的误差主要来源是什么？<br>（2）为什么要垫高木板的一侧？<br>（3）为什么所挂钩码的质量要远小于小车质量？ |

## "验证机械能守恒定律"实验报告

| 实验名称 | 验证机械能守恒定律 |
|---|---|
| 实验目的 | 通过具体实验数据，验证机械能守恒定律 |
| 实验原理 | 在只有重力做功的系统内，运动过程中机械能守恒 |
| 实验思路 | 建立重物自由下落过程的运动模型，在下落速度不太大的情况下，空气阻力可以忽略，在重物自由下落的轨迹上取两个位置，测出重物在这两个位置的动能和势能，计算这两个位置的机械能，证明它们近似相等 |
| 实验器材 | |
| 实验过程 | |
| 数据记录与分析 | |
| 实验结论 | |
| 讨论 | |

**"测量电源的电动势和内阻"的实验报告**

| 实验名称 | 测量电源的电动势和内阻 |
|---|---|
| 实验目的 | 测量电源的电动势和内阻 |
| 实验原理 | |
| 实验思路与电路图 | |
| 实验器材 | |
| 实验过程 | |
| 数据记录与分析 | |
| 实验结论 | |
| 误差分析与问题讨论 | 还有哪些实验方案可以实现实验目的？相应的实验误差分析？ |

**案例分析**

上述三份实验报告表格中，"探究加速度与物体受力、物体质量的关系"是必修1中的实验，学生在该实验之前已经历了包括"探究两个互成角度力的合成规律"在内的三次实验探究。在前三次实验中，教师均对实验报告的撰写进行了详细的指导与引导，学生主要是将实验数据进行分析与整理，填写在实验报告表格中，对实验报告有了初步的认识，对撰写实验报告也有了初步的体会。在此基础上，学生进行"探究加速度与物体受力、物体质量的关系"实验时，实验报告表格给学生多预留了一些空间。学生根据自己对实验的认识与实验操作，填写实验假设、实验过程、实验数据及分析等，并自己尝试概括实验结论，对一些误差问题进行分析交流，重点落实科学探究中证据、解释和交流要素的培养。"验证机械能守恒定律"的实验是必修2中的实验，该实验提供给学生的实验报告表格有更多留白，促进学生主动思考与设计实验过程、主动分析实验数据、撰写实验报告。"测量电源的电动势和内阻"的实验是必修3中的实验,相比前两个案例,学生撰写该实验报告具有更多的自主空间,从实验原理分析,到实验方案的确定与器材的选取,再到数据的搜集记录与数据的处理方式等,均由学生独立完成,所以,学生撰写该实验报告的过程,既对该实验有了深入的认识,又锻炼与培养了科学探究能力。在问题讨论中,教师引导学生思考与分析实验方案中的误差问题,深入培养学生的解释与交流能力,以及推理和论证的科学思维。

随着学生实验探究的经历逐渐增多,实验报告撰写的经历也累计增加。教师就可以逐渐放手让学生自主撰写完整的实验报告,逐渐提高实验报告的撰写能力,从而实现培养学生科学探究素养的目的。

### 问题解决建议

教师之所以这样循序渐进地设计实验报告的表格,是因为对两个问题的思考:每一个实验报告希望重点培养学生的什么能力,以及哪方面科学探究素养?学生的实验报告撰写能力发展到了何种程度?前一个问题是从核心素养培养目标层面进行的实验报告价值思考,后一个问题是从学生实际学情层面进行的实验报告学生可操作性分析。

在有序地引导学生主动撰写实验报告后,教师还要对学生的作品进行耐心与鼓励式的点评,包括展示、相互探讨等多种形式的点评,从而激发学生的积极性与主动性,加强科学探究的规范性,把实验报告的撰写融入科学探究的整个过程,从而更有效地发挥实验报告对培养学生科学探究素养的价值。

只有教师自身正确认识了实验报告对培养学生科学探究素养的价值,以及如何巧妙地将实验报告的撰写融入实验探究中,才可能利用实验报告更有效地培养学生科学探究素养。

**小提示**

◎ 教师要规划与明确每个实验报告重点锻炼与培养的科学探究素养。

◎ 基于学情,为学生提供符合能力水平的实验报告样式参考,增加留白。

◎ 及时反馈与评价学生的实验报告作品,多进行鼓励式点评。

### 4-4 数字资源

4-4-1 探究两个互成角度力的合成规律

4-4-2 实验报告设计示例

4-4-3 课堂教学片段

# 单元 5 关于"科学态度与责任"的教学关键问题

## 5-1　高中物理要求学生对科学本质的认识有哪些？

### 教学关键问题提出

在科学教育研究和实践中，科学本质是指对科学知识、科学研究过程、科学方法、科学精神、科学的历史、科学的价值、科学的限度等方面最基本特点的认识，是一种对科学本身全面的、哲学性的基础认识。①

认识科学本质是现代社会对公民具备科学素养的要求，新版课程标准提出了发展学生物理学科核心素养的课程理念和目标，在科学态度与责任方面明确将认识科学本质作为第一要素。但在过去的教学中，由于应试的压力，科学本质教育并没有得到应有的重视，就算在教学中有所涉及，往往也是零散的、无意识的，教师往往更加重视知识和原理的教学，很难做到有意识、有目的和体系化地将科学本质教育融入日常教学中。随着新版课程标准将"认识科学本质"纳入高中物理课程目标，教师在教学实践中必须主动思考和解决以下几个问题：什么是科学本质？科学本质具有怎样的特征？科学本质在教材中是如何体现的？高中阶段学生可以接受的科学本质包括哪些方面？如何利用有限的课堂时间，整合教学资源，促进学生理解科学本质，提高学生的科学素养？

### 教学关键问题分析

科学教育的最终目标是培养具有科学素养的人，科学本质是科学素养的核心内容之一。美国科学促进协会在《面向全体美国人的科学》一书中指出，基础科学领域对科学本质的理解包括三个方面。一是科学知识的本质：世界是可以认知的，科学是可变的，科学知识的持久性，科学不可能解决所有的问题。二是科学研究的本质：科学讲究证据，科学是逻辑和想象相结合的产物，科学用作解释和预测，科学试图确定和避免偏见，科学反对权威。三是科学事业的本质：科学是一种复杂的社会活动，科学由学科内容组成，由不同机构研究，科学研究中有着普遍接受的道德规范，科学家在参与公共事务时，既是科学家也是公民。科学本质教育对学生认知、能力和情感等多方面的发展具有重要的促进作用。深入理解科学知识的本质，使学生以正确的科学观面对现有知识和未知事物，能基于证据和逻辑发表自己的见解，实事求是，不迷信权威。深入理解科学探究的本质，将有助于学生形成良好的思维习惯，并能合理地运用

---

① 廖伯琴. 普通高中物理课程标准（2017版2020年修订）解读[M]. 北京：高等教育出版社，2020：59.

已学知识科学地探究并解决问题。深入理解科学事业的本质，有助于学生正确认识科学、技术、社会、环境的关系，形成科学态度和责任感。在高中物理教学过程中，要通过知识的学习和科学探究，让学生逐步全面、深入理解科学的本质，形成科学本质观。

## 一、教师的科学本质观对科学本质教育有怎样的影响？

科学教育要使学生准确地理解科学本质，教师首先应当建立正确的科学本质观。所谓本质是指事物的内部联系，是指事物的性质和发展趋势，或事物内在比较稳定的、深刻的东西。所谓科学本质，就是指科学的根本属性。而学生对科学本质的理解，就是指学生通过学习活动形成对科学根本属性的认识。

在教学实践中，教师往往由于自身没有形成全面、深入的科学本质观，科学教育的目标更关注科学知识的传授。传统的科学本质观认为，科学知识是真理，科学知识是按照严格的科学方法产生的，因而缺乏批判的基础。教师受传统科学本质观的影响，把科学看作已经确立的知识体系。教师的科学本质观影响着教师对课堂教学内容的选择，教师在课堂上最关心的是传授更多的科学知识，很容易为学生提供一些结论性内容，而忽略知识发生和发展的背景。教师的科学本质观也影响着教师对学生学习的评价，教师对学生学习评价方面主要侧重于知识的掌握及其应用。在评价标准上，追求答案的唯一性，而忽略对科学本质的理解的评价。因此，教师的科学本质观影响着教师的教学行为，同时教师的教学行为也影响着学生对科学本质的理解。

通过下面这个案例，我们来观察教师的科学本质观在教学实践中是如何影响对学生进行科学本质教育的。

【案例】

### "楞次定律"教学改进的思考

一位教师在进行"楞次定律"的教学时，先做了如下的演示实验：如图5-1-1中的A和B都是很轻的铝环，A环是闭合的，B环是断开的，用磁铁的任一极分别接近A环和B环。当磁极靠近A环时，学生看到A环、B环绕着中心旋转起来。在演示磁极靠近B环前，教师问道："如果将磁极靠近B环，我们会看到什么现象？"学生回答："B环不动。"然后教师做了实验演示，当磁极靠近B环时，学生看到B环稍微动了一下即停止。有的学生就认为B环动了一点，教师追问道："B环动了吗？"刚才说B环动了一点的学生充满疑惑地低声说道："我看到B环动了一点。"此时他身旁的另一个学生说："有可能是插入磁铁时手带起的风吹的B环动了一点。"这时，教师再次演示，并且提高声音问道："B环动没动？"有的学生附和道："没动。"大部分学生不敢言语了。教师顺势问道："为什么不动呢？"由此引入新课，展开了后续的教学。

这样的教学片段在教学实践中并不少见，在该教学片段中，教师按照教科书上

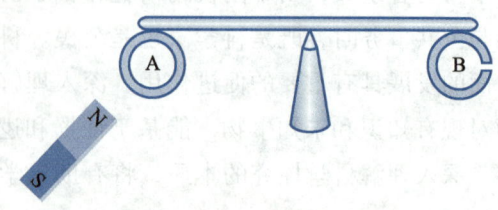

图5-1-1 楞次定律演示实验

课后习题提供的资源及结论，事先就预设磁铁插入 B 环时不动，并且按照法拉第电磁感应定律，由于 B 环断开，不能形成闭合回路产生感应电流，不会受到安培力，因此 B 环不动。所以在实际演示时，虽然发现 B 环动了一点，教师也视而不见，仍按预设进行后续的教学。这反映出教师比较机械的知识本位的科学本质观，浪费了很好的教育契机。

科学讲究证据，科学用于解释和预测。在演示实验中，既然学生发现磁铁插入 B 环时 B 环动了一点，教师就应该尊重实验事实，引导学生进行深入的思考，分析现象产生的原因，进而给出正确的解释。

在这个教学片段中，根据真实的实验现象，教师可以引导学生思考这样几个问题：

(1) 为什么当磁极插入 A 环时，整个装置会转动？

(2) 当磁极插入 B 环时，整个装置也会有微小的转动，说明什么？

(3) 为什么当磁极插入 A 环和 B 环时，整个装置转动的程度会有所不同？

(4) 如何验证当磁极插入 B 环时，整个装置的微小转动不是插入磁铁时手带起的风吹的？

问题（1）引导学生分析磁极插入 A 环时，整个装置转动的原因。建立严密的逻辑推理过程：磁极插入 A 环过程中→A 环中磁通量发生变化→A 环中产生感应电流→A 环中感应电流受到磁铁磁场的作用力→推动装置运动。问题（2）运用类比的分析方法，引导学生分析出虽然 B 环是断开的，无法构成闭合回路产生持续的电流，但在磁极插入时，仍会产生瞬时电流，因此会受到微弱的安培力而使装置产生微小的转动。问题（3）进行对比分析，通过对比进一步确认 B 环出现微小转动的原因。问题（4）引导学生进行严密的分析和逻辑推理，此处要适时地鼓励提出这一问题的学生，肯定学生的质疑精神，同时启发学生思考验证当磁极插入 B 环时整个装置的微小转动，不是由于插入磁铁时手带起的风吹的办法。（可以将磁铁换成同等大小的木块或铁块，控制以相同的插入方式进行实验，观察插入 B 环时整个装置的转动情况。在此也让学生体会实验中，控制变量方法的重要性。）

在此基础上，教师还可进一步引导学生：如何使磁极插入 B 环时，整个装置转动的幅度更小？你想到的办法在生活中有怎样的应用和实际意义？在后续的学习内容中有怎样的体现？

上述这些具有一定开放性的问题，可以提升学生的思维能力，培养学生思维的逻辑性、严密性和全面性，同时也引导学生学以致用，提升实际问题的解决能力，激发学生对后续内容进行预习的兴趣和好奇心。

**案例分析**

从这个案例中可以看到，教师对科学本质的理解和持有怎样的科学本质观，将影响教师对教学目标的预设以及所采取的课堂教学行为。在以知识为本位的科学本质观的指导下，教师无法将引导学生建立正确的科学本质观纳入教学设计体系。长此以往，不仅影响科学知识的教学，更影响学生科学本质观的建立及学生科学素养的发展。

在教学过程中，有了正确的科学本质观的指导，教师还要善于捕捉教育契机，关注课堂生成。例如对上述案例中最后的追问，在学生讨论交流，给出解答的基础上，教师可以给学生如下的解答提示："要使转动幅度更小，在 B 环保持不变的情况下，可以换用磁性更弱的磁铁、减小磁铁插入的速度；在磁铁及插入速度保持不变的情况下，可以使 B 环壁的厚度更薄，这样既可以增大电阻、减小瞬时电流，又可以减少 B 环壁截面内涡流的产生；还可以在 B 环壁的侧面开很多孔，进一步减小涡流的产生。"这样的处理方式，虽然占用了一些教学时间，但是它既能加深学生对法拉第电磁感应定律的理解，又让学生经历控制变量在解决实际问题中的运用，提升思维能力，还为学生后续学习变压器的铁芯、涡流的产生及应用做好了铺垫。更重要的是，这样的教学激发了学生的好奇心和求知欲，肯定了学生的质疑精神，鼓励学生积极思考，敢于提出自己的观点和想法，使他们感受到物理学之美，这远比死板的知识记忆有意义得多。因此，这样的教学看似浪费了时间，其实才应该是物理教学应有的样态，才能体现出物理教学应有的韵味。

有些教师可能会发出这样的质疑："在课堂教学的有限时间内，既要完成物理知识的教学，又要培养学生的物理核心素养，还要关注学生的科学本质教育，这样的任务怎么可能完成？"会产生这样的问题，其原因在于教师将物理学知识、物理核心素养及科学本质在一定程度上割裂开来，或者说是教师还没有形成正确的科学本质观所致。其实，在科学知识学习过程中就蕴含着大量的科学本质教育，这需要教师结合教学实际内容，有意识地将科学本质教育适时地纳入教学目标，并在教学过程中落实到教学行为中。这样不仅能让学生加深对物理知识和规律的深入理解，还有助于培养学生对科学本质的认识，形成正确的科学本质观。

## 二、科学本质在高中物理课程标准及教材中是如何体现的？

即便教师具有较为全面的科学本质观，在教学实践中迫于教学进度和完成教学任务的压力，以及教学时间和科学本质教学资源的不足，也很难直接、必然地将科学本质教育落实到课堂教学实践中。在教学中为了能更好地进行科学本质教育，教师需要了解科学本质在课程标准及教材中的体现。新版课程标准进一步明确了科学本质教育的具体要求，新增"教学提示"和"学业要求"分别对每个模块的科学本质教育给出了教学建议和要求；在学业质量部分，将学生的科学本质表现划分为 5 个水平，对学生自主学习和评价、教师日常教学设计、教育监测与评价均具有指导作用。

高中物理教材在序言及各个章节对科学本质进行了多方位的呈现。在科学知识的本质方面，教材突出了知识的发展背景和过程，注重体现科学知识是不断积累的结果，使学生认识到科学知识是不断发展的，不断有新的观念取代旧的观念，同时认识到即使科学知识发展到现在，仍然存在局限性，并且科学知识有使用范围，如牛顿运动定律适用于宏观低速的物体。对"科学可以解释世界，世界是可以被认知的"，也给出了丰富的实例，如用万有引力定律对潮汐现象进行解释。对"科学是在知识和方法上的统一"的体现也随处可见，如奥斯特把电和磁联系在一起，最终发现了电流的磁效应，从而揭开了电磁学的序幕。在科学探究的本质方面，教材多个章节把科学探究涉及的情境作为教材内容的中心，把重点从科学知识本身转移到科学知识的发展过程上。如研究力与运动的关系，介绍伽利略的理想斜面实验，又如对开普勒研究经历的呈现，再如对库仑扭秤实验的呈现。在科学事业的本质方面，教材中介绍科学进步不断改变人类认识世界的观念，通过介绍科学家的生平事迹和科学思想，让学生了解科学家的贡献及不足，避免迷信权威。教材中有许多科学与社会发展、技术进步的案例介绍，可以带给学生对科学事业的直观感受。教材中有大量关于科学本质的素材，从不同的角度渗透科学本质的丰富内涵，需要教师深度挖掘教材中的丰富内容，结合自己的科学本质观，通过课堂教学有效落实科学本质教育。

需要注意的是，教材中大多数科学本质内容都是在正文、STSE、科学漫步等环节用文本直接呈现的。科学本质的内容以问题形式呈现较少，面对教材中大量呈现的科学本质内容，如果缺少相应的引导和环节设定，学生很难理解文本内容所包含的科学本质，所以在课堂教学中，教师要通过合理的教学设计，融合科学本质问题和物理知识，将教师自身所具备的科学本质观念转换到实际教学中，引发学生对科学本质的文本内容的思考，发现相关科学史中包含的知识和观点，激发创造性思维，落实科学本质素养的提升。

### 三、高中科学本质教育需要关注哪些方面的内容？

关于科学本质的不同论述表明，科学并非仅由科学概念、规律、假说、理论构成的严密的逻辑体系，其内涵是非常丰富的。但是，科学本质的诸多方面是有主次之分的，地位也各不相同。对高中阶段的学生，我们不可能要求他们对科学本质达到与科学家、科学哲学家同等程度的理解，也不应该要求他们对科学本质的各个方面达到同等程度的理解。基于我国学生较为普遍存在的缺乏实证精神、理性精神和批判思维，以及我国教育长期实施的接受式教学的基本情况，高中科学本质教育应重点关注以下几方面的内容：科学知识具有暂时性，但在一定时间内处于稳定状态；科学知识是以经验为基础的，基于对自然世界的观察；科学知识的产生具有主观性；科学知识在一定程度上具有创造性；科学知识与社会和文化有关；科学理论的建构是从观察到推论的过程；科学理论和科学定律的功能以及它们之间的关系。通过有意识的科学本质教育，引导学生对科学本质的实证性、探究性、理性和社会性等几个突出特征有更加深入的认识和理解，从而逐步建立正确的科学本质观。

## 问题解决路径与教学示例

### 一、基于科学探究过程的科学本质教育

学生对科学本质的理解是科学教育的重要目标之一，科学本质素养也是物理学科核心素养的重要内容。对于如何在教学过程中体现物理学的学科本质，过去一般从社

会对人才的需要和学生发展的角度出发，把科学探究看成培养高素质人才和发展学生各种能力的有效手段。毫无疑问，这是必不可少的，也是具有重要意义的。但是，从科学本身来看，它们只是外部原因。科学本质说明，科学不仅是系统的知识体系，更是一种探究活动。对于如何在探究过程中体现物理学的学科本质，教学中往往会存在这样的误区：认为只要经历科学探究的过程，学生就能潜移默化地理解科学本质和物理学科本质。但实践表明，对科学本质的认识和内化是一个非常困难的过程，仅靠潜移默化，效果微乎其微。要能达到课程标准对科学本质的教学要求，教师需要重新思考和审视已有的教学，在教学过程中把自己对科学本质的理解和思考转化为学生的理解。在课堂教学中，教师可以将科学本质的内涵以教学目标或话语的形式呈现给学生，这种显性表达对学生来说是一种观念上的引导；也可以通过教学过程中的问题、讨论等方式让学生直接反思课堂学习内容中所涉及的科学本质，让学生领悟其中科学本质的内涵。科学探究过程是进行科学本质教学的载体，教师要在教学过程中有意识地将科学本质在适当的时候，以恰当的、显性的方式呈现给学生，让学生及时理解其中的内涵。

基于科学探究过程的科学本质教育的设计主线一般为"提出问题→学生思考→设计实验验证→进行实验→评估实验结果→得出结论（明确探究过程中的科学本质）"。例如下面动量定理的教学课堂实录，在动量定理的探究过程中，教师通过明确的引导帮助学生理解其中蕴含的科学本质。

【案例】

## 动 量 定 理

教师展示问题情境：演示两个质量相同的鸡蛋从同一高度同时释放，分别下落到桌面和厚海绵上，两个鸡蛋会出现不同的结果。学生观察实验现象，思考原因。教师提出以下提示性问题：

(1) 实验中碰撞前后鸡蛋的动量是否发生了变化，变化有何特点？
(2) 是什么改变了鸡蛋的动量？

学生思考讨论，提出各自猜想。

学生分析出两个鸡蛋的动量都发生了改变，动量的变化量相同。猜想鸡蛋的动量发生变化和它受到的力有关。

教师：为了研究问题的方便，我们来探究在恒力作用下物体动量变化的相关因素有哪些。

构建模型：如图 5-1-2 所示，在光滑水平面上，一质量为 $m$ 的物体受到水平恒力 $F$ 的作用，经过一段时间 $\Delta t$，物体的速度从 $v_0$ 变为 $v$，试推导恒力 $F$ 与物体动量变化间的关系。

学生基于牛顿第二定律，推理分析，得

$$F = ma = m\frac{v-v_0}{\Delta t} = \frac{\Delta p}{\Delta t}$$

图 5-1-2　物体受力做匀加速直线运动

变形后得　　　　$F\Delta t = \Delta p$

教师引导学生完成总结分析：根据 $F\Delta t = \Delta p$ 可以看出，物体动量的变化既与力的大小和方向有关，又与力的作用时间有关，物理学中把力和力的作用时间的乘积称为冲量 $I$。冲量是标量还是矢量呢？它的方向如何？它的单位又是什么？

学生：冲量是矢量，方向与作用力方向一致，单位为 N·s，1 N·s=1 kg·m/s。

教师：通过推导我们可以得出，物体所受合外力的冲量等于物体动量的变化。这就是动量定理。在上面的推导中，我们所构建的过程中作用力 $F$ 为物体受到的合力，且 $F$ 为恒力。然而，在真实的运动过程中，物体受到的作用力不一定是恒力，例如鸡蛋落到桌面上时鸡蛋所受桌面的作用力就是变力，那么变力作用下物体的动量变化和冲量还满足这样的关系吗？

学生设计实验验证方案。

学生展示、交流的实验方案，最终集中在两个关键问题上：用力传感器实时记录作用力的情况，用光电门记录物体速度的变化进而得到物体动量的变化。然后研究力的冲量与物体动量变化间的关系。

根据学生设计的实验方案，提供如图 5-1-3 所示的实验装置。

图 5-1-3 研究碰撞的实验装置

教师提出实验前需要思考和解决的问题：

(1) 该实验的研究对象是谁？如何记录它动量的变化？
(2) 怎样保证所研究的力是作用过程中物体所受的合外力？
(3) 如何记录力随时间变化的图像？如何由图像求得作用过程中力的冲量？

学生通过讨论，解决以上问题：取小车为研究对象，用光电门记录小车碰撞前后的速度，用天平测出小车质量，就可以求得碰撞前后小车动量的变化；尽量减小小车和轨道间的摩擦，也可以换用气垫导轨上的滑块进行研究；用力传感器实时记录碰撞过程中小车所受的作用力随时间变化的情况，变力在时间上的累积，可以通过微元分割—以恒代变—累积求和（即 $F$-$t$ 图像围成的面积）求解变力的冲量。

学生进行实验，让小车前端装的弹簧圈与力传感器发生弹性碰撞，进行多次实验，采集并分析实验数据，形成实验结论。

弹性碰撞的结果如图 5-1-4 所示，在误差允许范围内，力的冲量等于小车动量的变化。

教师：物体做弹性碰撞时，虽然作用力是变力，但结果仍满足动量定理。那么，物体做非弹性碰撞时满足动量定理吗？如何进行验证？

学生：可以在小车前面的弹簧圈上粘上橡皮泥，再进行碰撞。

非弹性碰撞的结果，如图 5-1-5 所示，在误差允许范围内，力的冲量等于小车动量的变化。

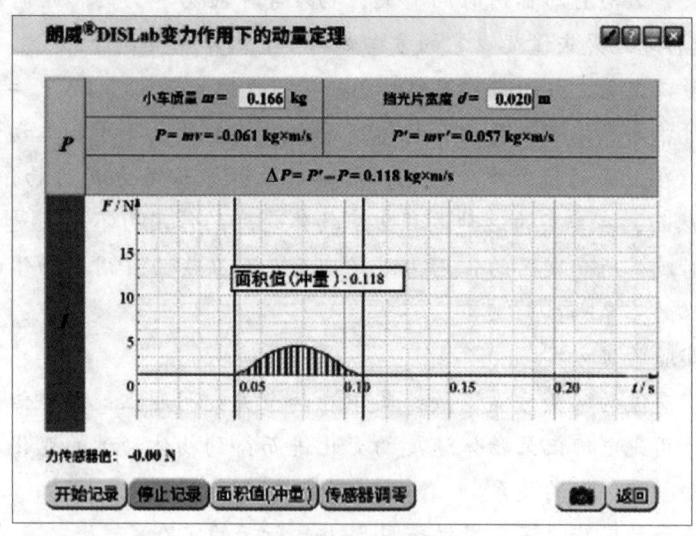

图 5-1-4 弹性碰撞的结果

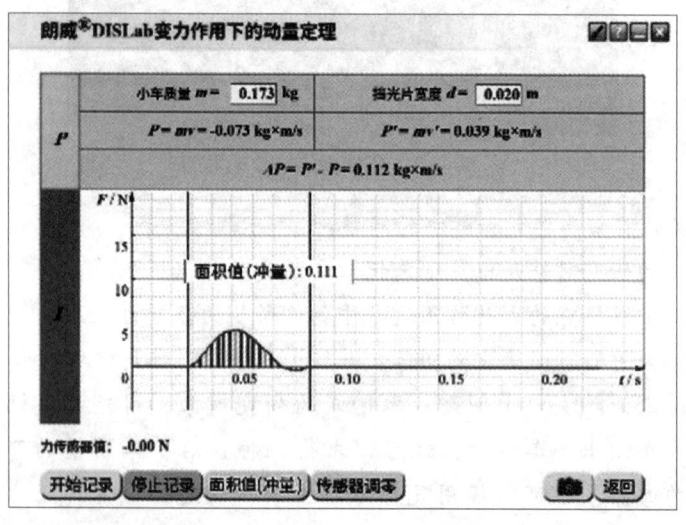

图 5-1-5 非弹性碰撞的结果

教师：通过以上实验可以看出，在变力作用下，无论是弹性碰撞还是非弹性碰撞，动量定理都成立。

教师：同学们能不能用动量定理解释一下为什么这两个鸡蛋的"命运"会有所不同？运用手中的实验器材，如何验证你的分析？这种现象在生活中有怎样的应用？

学生运用动量定理分析两者的区别，由于作用时间不同，因此作用力不同。利用弹射装置，控制碰撞前小车的初速度相同，用小车前端的钢圈和小车后端塑料车身分别与力传感器碰撞，前者相当于加了缓冲装置（类似汽车加了安全气囊）。观察对比两次碰撞力的峰值和作用时间长短，学生对比实验的结果如图 5-1-6 所示，体会生活中对缓冲作用的应用。

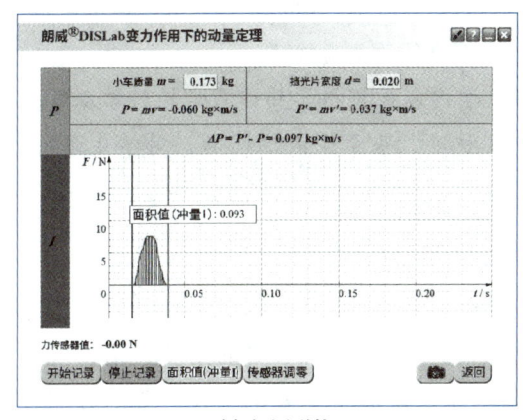 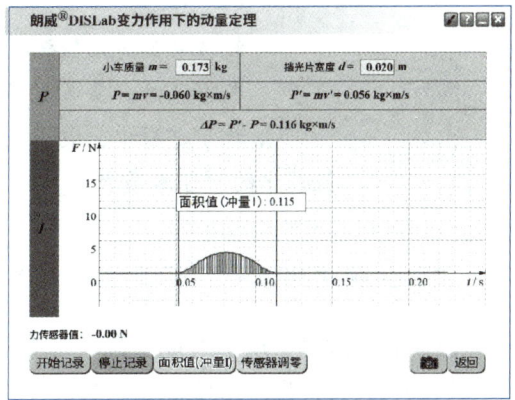

(a) 钢圈碰撞　　　　　　　　　　　(b) 车尾碰撞

图 5-1-6　对比碰撞实验的结果

教师总结：在探究变力作用的动量定理时，同学们的结论是建立在客观实验数据基础上的，所以科学探究的结果可以被认可。回顾整个动量定理的学习过程，我们可以看到，科学研究是对客观事实、科学规律的研究。为了使规律具有普适性，我们在推导物体所受恒力作用的冲量和物体动量变化相等的基础上，进一步探究了变力作用下合力冲量和动量变化的关系，基于实验事实深化和拓展了对定理含义的理解和认识。同时，我们还了解到汽车安全气囊、安全带为什么能降低碰撞时伤亡程度的原理。希望同学们能够学以致用，运用所学知识解释和解决生活中遇到的问题。

（案例提供：骆芳　中国人民大学附属中学）

**案例分析**

上述为动量定理教学中的一个环节，教师通过创设情境和问题，引导学生逐步探究引起动量变化的原因，深入理解冲量、动量变化的概念，建立冲量和动量变化的定量关系。如何在探究过程中渗透物理本质教育，实现学生对物理概念的深入理解？教师要鼓励学生对自己做的探究工作进行深刻的思考：自己到底做的是什么？有什么背景和含义？对结果做出了怎样的分析和解释？如何得出结论？我们从中学到了哪些知识和思维方式？最后，教师还应明确清晰地向学生指出这段研究经历了科学本质的哪些方面，因为完全依靠学生自己领悟到科学本质的方方面面是不现实且低效的，而且容易产生一些错误概念。

**问题解决建议**

物理规律具有普适性，动量定理的使用范围和条件是规律教学中的重点。本案例中，应探究验证变力作用下动量定理是否成立，以及牛顿第二定律和动量定理蕴含的科学本质的区别与联系。

在上述要探究的问题中，学生很难自发地领悟到其中的科学本质内涵，教师通过问题引导和科学本质分析，不仅能帮助学生落实科学本质观，还能帮助学生加深对这些物理概念和规律的深入理解。

小提示

○ 教师要具有比较深刻、完备的科学本质观。
○ 在备课时，要善于根据教学内容挖掘科学知识背后的科学本质。
○ 教学过程中，要根据学生程度，基于生成性问题，对学生进行显性化的科学本质教育。

## 二、基于物理学史的科学本质教育

新版物理教材呈现了大量蕴含科学本质的素材，例如从科学史的角度介绍物理规律发现的背景和过程。这些都是培养学生的科学本质观非常重要的载体。该部分内容在以往的教学中，要么不在课堂中呈现，要么就是把科学史和科学知识教育分割开来，没有充分挖掘科学史内在的教育价值。其实，科学史不仅能帮助学生了解科学知识产生和演变的过程，更重要的是引导学生去思考为什么改变。因此，把科学史融入科学知识的教育过程，有助于学生从科学真实发现的角度了解科学知识是如何构建的。在教学中融入科学史的情境，是一个非常真实而深刻的情境创设过程，教师可以引导学生体会科学家面对问题时的思考和探究方式，了解他们解决问题的历程，进而认识到其中蕴含的科学本质，并学习像科学家一样思考。

基于物理学史的科学本质教育的教学设计和实施流程如图 5-1-7 所示。

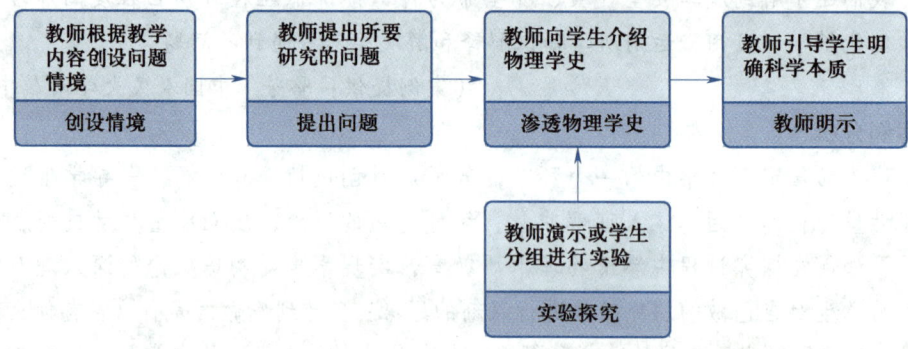

图 5-1-7 基于物理学史的科学本质教育的教学设计和实施流程

例如，在自由落体运动的教学中，教师可以结合物理学史，通过问题设计，帮助学生理解自由落体运动研究中的科学本质。

【案例】

### 自由落体运动

（一）创设情境

1. 教师展示生活中有关落体运动的图片，播放视频。
2. 教师播放物理实验中落体运动的视频，做演示实验等。
3. 教师引导学生思考，举出他们想到的关于落体运动的实例，并给其他同学做展示。

设计意图：在物理课堂开始，从生活实例入手，使教材中抽象的自由落体概念描述变成具体的学生能够感知的实例，有助于学生对落体运动建立初步的概念。同时也为后续建立理想化的自由落体运动模型奠定认知基础，为本节课提供一个良好的开端。

（二）提出问题

1. 教师提问：同学们能否通过观察刚才的运动实例，总结出落体运动具有怎样的共同点？具有怎样的不同点？有可能是什么原因造成的不同？思考后谈一下你对落体运动的认识。

2. 组织学生进行分组讨论。

3. 请每组派一个代表阐述本组的意见，教师进行评价。

4. 教师进行引导并总结。提问：物体仅受重力的作用将做怎样的运动呢？从而引出本节课所要研究的重点问题。

设计意图：先引导学生进行思考与讨论，启发学生的创造性思维，通过对落体运动实例的分析，认识力与运动的关系，认识到落体运动的不同应该是阻力的影响造成的，为探究自由落体运动的性质做好准备。

（三）渗透物理学史

1. 教师向学生讲述有关自由落体运动研究的物理学史，从亚里士多德时代到伽利略时代，重点讲述亚里士多德的观点和伽利略的观点，以及两人不同的研究方法。

2. 教师向学生阐述亚里士多德观点的缺陷及其时代背景。

3. 教师向学生详细介绍伽利略对自由落体运动的整个研究过程。

4. 教师引导学生认识科学本质：人们对自然规律的研究所形成的科学知识并不是一成不变的，它受到研究者的主观认识、研究者所处时代的条件以及所采用的研究方法的影响，因此我们对亚里士多德要有客观公正的认识和评价。

设计意图：通过讲述物理学史，可以让学生了解到人类对自由落体运动的认识过程，体会科学知识不是永恒不变的，是随着时间不断发展和完善的。最后，引导学生学习物理学家坚持不懈的精神、实事求是的科学态度以及推理加实验的科学研究方法。

（四）实验探究

1. 教师引导学生进行分组实验，通过小组合作来探究自由落体运动的性质。

2. 每组派代表展示结果，说明是否符合伽利略的结论。

3. 教师进行评价与总结。

设计意图：教师通过讲授物理学史已经让学生知道自由落体运动的性质，接下来引导学生亲自做实验来验证，通过学生亲身参与物理实验来验证物理结论，让学生体验科学家探究科学知识的过程，体会到其中的乐趣与艰辛，有利于学生理解科学的实践性，进而培养学生正确的科学本质观，同时又能培养其科学探究的能力。

（五）教师明示

1. 教师请同学们回顾一下有关自由落体运动的物理学史，并请一位同学讲述。

学生回答后，教师总结：说得很好，其实人们对科学认识的过程是漫长的，充满艰辛与曲折，是无数科学家在经历了无数次的实验，不断得出结论，再推翻结论，一步一步发现和探索出来的。我们要对科学怀有敬畏之心，向科学家们学习，学习他们不畏艰辛、勇于探索的科学精神和认真严谨的科学态度。

2. 请同学们思考这样的问题：伽利略是怎样证明自己的观点的？这对同学们有什么启发？

学生回答后，教师总结：科学知识不是永恒的，我们要有敢于质疑、不惧权威的精神。我们知道伽利略通过物理实验来证明自己的观点，推翻了亚里士多德的结论。同学们，科学的理论要经过实验的证明，所以我们要重视物理实验，努力增强自己动手做实验的能力。

设计意图：教师在这一环节直接明示，目的是点明本节课的主旨，就是通过自由落体运动的物理学史和自由落体的实验探究，帮助学生形成正确的物理观念，发展学生的科学思维，提高学生的科学探究能力，培养正确的科学态度与责任。

（案例提供：刘颖　北京市第二十中学）

**案例分析**

在上述案例中，教师在构建自由落体模型中，通过实验现象——重量不同的物体下落快慢不同，引发探究影响物体下落快慢的因素。通过分组实验、牛顿管对比实验得出观察结论，在这里不是直接得出规律，而是引入物理学史，教师通过对科学史的系统介绍，尽可能帮助学生还原真实的历史，体验科学家的探索过程，体会科学探究不是一蹴而就的，而是在曲折中不断发展的，体会科学发展的时代局限性。学生通过对伽利略的观点分析，体会科学方法的局限性以及科学与民主的关系；通过伽利略的理想实验，感受创造力和想象力对科学发展的重要性。教师进一步指出伽利略并没有停留在思辨上，而是继续通过实验探究和数学推理探索落体运动的规律。这样的设计极大地促进学生对科学本质观中的认识性、相对性、累积性、局限性、创造性、预见性，以及科学与社会的理解。

由此可见，融入科学史的方式其实是教师引领学生经历科学发展的过程，通过预定的科学教育目标，设计引发学生思考的问题。学生能够进入历史情境，把科学家的思想和方法与当时的时代相结合，体会科学不断发展变化。由于有科学教育目标作为引领，所以在课堂教学过程中，教师能根据学生生成性问题不断引导学生思考讨论，由浅入深地理解科学史中蕴含的多维度的科学本质。

**问题解决建议**

由于需要落实科学本质素养的培养，教师要深入分析物理学史材料，理解材料蕴含的科学本质价值，基于教师对科学本质的理解，设计逻辑清晰、触发学生思考并且能激发学生发表观点的一系列问题。问题的设置既不能太发散，使学生回答起来不能聚焦或者回答起来抓不住重点；也不能太具体，使学生讨论的兴致不高或者不能引发学生反思，这就对教学设计提出了较高的要求。同时，教师在课堂中如何引导和处理学生的生成性问题，从一个具体问题引发到比较抽象的科学本质上，这需要教师有丰富的教学经验和深刻的科学本质观。

**小提示**

◎ 教师要具有全面、深刻的科学本质观。

◎ 对科学本质教育目标要有清晰的认识。

◎ 基于科学史提出能引发学生对科学本质思考的问题。

◎ 对学生发表的观点，要适时进行点拨，帮助学生形成科学本质，这样才能用好物理学史，让学生有所经历、有所感悟，避免课堂节奏零散。

### 5-1 数字资源

5-1-1 动量定理课堂实录

5-1-2 动量定理教学设计说明

5-1-3 动量定理教学设计说明PPT

5-1-4 动量定理教学设计案例

## 5-2 培养学生科学态度与社会责任的载体有哪些？

### 教学关键问题提出

课程标准明确指出，"科学态度"与"社会责任"是"科学态度与社会责任"的要素之一，是指在认识科学本质，理解科学、技术、社会、环境（STSE）关系的基础上逐渐形成的应有的科学态度和社会责任感。"科学态度"是个体对科学对象、科学现象、科学过程、科学事实、科学理论、科学研究所持有的稳定的心理倾向，主要包括好奇心、实事求是、追求创新、合作分享四个方面。"社会责任"主要包括科学伦理和STSE教育两部分内容。科学伦理的要求是应用物理研究和物理成果时，需要考虑伦理和道德价值取向，并能遵循普遍接受的伦理道德规范；STSE教育是理解科学技术本质，理解科学、技术、社会和环境的关系；热爱自然，具有保护环境、节约资源、促进可持续发展的责任感。

党的十八大报告指出，教育要重点培养学生的社会责任感、创新精神、实践能力，这是当今中学生需要具备的三大能力，由此可见国家对中学生科学态度与社会责任教育的重视。但在传统的课堂教学中，这些并不会成为课堂教学的主要教学目标，物理知识是教学的重点。现在教师面临的学科教学任务则是发展学生的学科核心素养，培养学生的科学态度，完善学生的世界观、人生观和价值观，增强学生的社会责任感。

### 教学关键问题分析

科学态度是在理解科学本质、认同科学价值观的基础上对科学精神的追求，是科学精神的外在表现。知识和方法都是可以改变的，但科学态度是永恒的，其核心在于求真、实证、创新。社会责任指在研究和应用科学时，能够在感知客观世界的同时，反思自己应承担的责任，遵循普遍接受的道德规范；能够在重视科学知识与方法的同时，体悟科学、技术、社会、环境之间的密切联系，热爱自然，关心社会，保护环境，节约资源；能够在力所能及的情况下，与他人合作，积极参与社会决策，促进人类的可持续发展。由此可见，物理教学中的"科学态度与社会责任"不是泛泛之谈，它有特定的范畴和明确的指向，同时课程标准对培养目标和评价等级有相关说明。物理学科的科学态度和社会责任具有丰富的内涵和意义，培养学生的科学态度和社会责任对核心素养提升和落实教育"立德树人"根本任务有重要的意义。

**一、课堂教学通过什么载体培养学生的科学态度与社会责任？**

虽然认识到科学态度和社会责任的重要性，但是在实际教学中，教师往往不知如何挖掘科学态度和社会责任的教育价值，或者不清楚什么样的教育素材适合培养学生的科学态度和社会责任。其实科学态度和社会责任所包含的内容已经给了我们一定的提示。课堂教学中涉及科学对象、科学现象、科学过程、科学事实、科学理论等内容，需要教师结合教学内容有针对性地培养学生好奇、实事求是、追求创新、合作分享的态度。结合教学内容渗透对自己、对他人、对社会、对自然的责任的教育。课堂教学是培养学生科学态度与责任素养的主要载体。

### 1. 以科学概念形成、科学规律的探究过程为载体培养学生的科学态度与社会责任

科学态度和社会责任不是单独形成的，是在学生认识自然、理解自然的过程中，伴随物理观念的形成、科学思维的发展、科学探究能力的发展而形成的。中学物理课程除了应该有助于学生学习基本的物理知识与技能，体验科学探究过程，了解科学研究方法外，更重要的是要培养学生探索自然、理解自然的兴趣与热情，认识物理学对科技进步以及文化、经济和社会发展的影响，为学生终身发展，形成正确的世界观和科学价值观奠定基础。比如研究物质运动与变化规律，其目的是使人认识大自然的运行规律，从而遵循自然规律并与自然和谐共处。

### 2. 以实验为载体培养学生的科学态度与社会责任

物理学是一门以实验为基础的科学，物理学的很多重要原理的建立和发展都来源于实验的发现或者通过实验加以验证。实验是中学物理教学的重要内容，也是物理教学重要的方法和手段。由于实验本身是一个严谨的科学过程，要想获得实验的成功，实验的操作、观察、记录、分析都需要学生有严肃认真、实事求是的科学态度，需要学生在探究中合作，在合作中提升。对物理课堂中大量的演示实验，教师要做好示范和引导，无论是操作示范还是误差分析、得出结论都要实事求是。科学态度和社会责任不是空洞的说教，是需要在具体的实践中逐步引导和培养的。实验就是很好的手段和载体。

### 3. 在科学知识的应用中培养学生的科学态度与社会责任

物理知识源于生活，服务于生活。物理知识的应用要充分联系生活实际中的现象和问题，教师引导学生对事物的表象问题进行深层次的思考与探索，可以更好地展示出物理知识与生产生活的关系。通过对生活中应用实例的分析，利用所学的物理知识解决问题，可以强化学生对科学知识的认同感和应用意识。例如学习万有引力的应用时，教师结合我们国家航天事业的发展，创设物理情境，引导学生体会科学与技术之间的关系，培养学生实事求是的科学态度和勇于探索的实践精神；指导学生关注国内外科技发展现状与趋势，培养学生树立正确的科学态度与社会责任。

### 4. 通过物理学史的适时运用，培养学生的科学态度与社会责任

物理学史是人类认识自然界的发展史，包括基本概念、基本规律的探究过程以及物理学家的思维发展和科学方法的形成过程。物理学史蕴含大量的教育史料，具有丰富的育人功能。物理学家在研究过程中对科学的认知、对科学的情感及对科学的探究，在认识自然界的过程中对科学的兴趣、信心，在探究过程中积极实验、努力解决问题等，都值得引导学生在物理学习中加以重视。通过对物理学史的学习，学生可以了解物理知识的来源与发展，知道物理知识的建立和发展与社会实践活动有着密切的关系，自然而然地体会到科学家的求真、实证、创新精神，以及科学发展的艰难历程。

## 二、如何挖掘试题中的科学态度与社会责任的价值？

许多试题注重联系学生生活、现代社会和科学发展，反映当代科技发展的重要成果，充分体现了对学生的科学态度和社会责任的要求。试题中材料的呈现和基于材料设计的问题就像一个微型课题，在考查学生核心知识和关键能力的同时，也考查学生的科学态度和社会责任。学生在解决问题的过程中也进一步了解了科学与技术之间的关系，体会到科技发展、社会进步对生活的影响。

课程标准把科学态度与社会责任划分为五个等级水平，每一个等级都提出了具体要求。其中前三个等级，如坚持实事求是，能与其他人合作，能自觉遵守良好的道德规范，有良好的物理学习兴趣等，比较适合在教学中进行过程性评价。从水平3和水平4中的要求中可以看到，实事求是、坚信真理、关于科学·技术·社会·环境关系等科学态度与责任素养可以通过试题进行评价。鉴于试题评价仍然是当前最为重要的评价方式，不同类型的试题可以用来完成对学生科学态度与社会责任的水平等级评价。

例如，2018年北京高考试题21（5）：

早在16世纪末，伽利略就猜想落体运动的速度应该是均匀变化的。当时只能靠滴水计时，为此他设计了如图5-2-1所示的"斜面实验"，反复做了上百次，验证了他的猜想。请你结合匀变速直线运动的知识，分析说明如何利用伽利略的"斜面实验"检验小球的速度是随时间均匀变化的。

以伽利略的"斜面实验"为背景来研究速度、位移和时间三者之间的关系，科学本质和科学态度等核心素养在该题中都有所体现。伽利略通过上百次的"斜面实验"推翻了延续两千多年

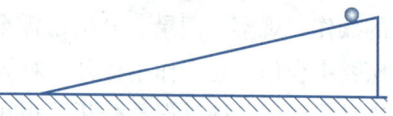

图5-2-1　斜面实验示意图

的有关力与运动关系的结论，使学生体会到科学本身是一个不断发展的过程；同时也反映出伽利略敢于质疑、严谨认真、实事求是、追求真理和持之以恒的科学态度。试题从选材、情境介绍、问题设置全方位落实对学生科学态度的考查。

物理学作为基础自然科学，蕴含着丰富的教育资源。日常教学中，教师可以通过结合人文物理、科技创新发展等素材，结合当下的教学编制校本作业、命制练习题、研发实践性的活动作业等，让学生在解答物理问题的过程中，践行实践和创新意识，体会科学、技术、社会、环境之间的紧密关系，激发学生学习物理的兴趣，引导学生学以致用，在解决实践问题的过程中培养学生的科学态度与社会责任。

## 三、如何基于STSE教育的微项目研究培养学生的科学态度与社会责任？

科学态度与社会责任素养指向严谨求实的态度、探索未知与崇尚真理的精神、正确价值观、强烈的社会责任感、浓厚的探究意识与持久的学习兴趣等方面。其对应的学习内容属于情意类内容。而情意类内容的学习，是学习者基于特定情境任务，通过参与、观察、反思等活动，产生体验、获得感悟，进而内化习得的。它具有明显的内隐性、境遇性、生成性及体验性等特点。因此，物理的情意类内容学习，以情境为先决条件、以活动为基本途径、以体验为学习关键。基于这样的认识可知，科学态度与

社会责任素养的培育，不能依靠简单地灌输或者说教，而是需要在物理学习活动过程中发展，在合作交流中激荡，在反思实践中生成。在教学过程中，教师应结合具体知识，通过一系列活动使学生认识现象背后的原因和规律、知识形成发展的探索历程、科学技术应用及可能带来的风险等，从而在思想和观念上产生冲击，进而获得强烈的情感与体验，建立正确的价值观念。

根据科学态度与社会责任素养的培育机制可知，寓情于境、以境激情，参与活动、获得体验，落实反思、增进内化是培育与发展此素养的关键教学策略。从目前教学实践看，基于STSE教育的微项目学习能很好地体现这一教学策略，而且引导学生通过对社会热点问题的解决，增进学生对科学、技术、社会、环境相互关系的深刻理解，感悟物理科学应用的广泛性，领悟人类活动所应遵循的规则与价值取向，从而发展科学精神和社会责任感，形成正确的价值观。

 问题解决路径与教学示例

### 一、优化教学设计，精心选用教学资源，培养学生的科学态度与社会责任

在课堂教学中，教师首先要设立科学态度与社会责任教育的教学目标，充分挖掘物理学科知识自身的育人价值，注意贴近学生的实际生活，紧密联系社会热点，采用恰当的教学手段，有意识地渗透社会责任教育。

在以往的课堂教学中，教师采用的教学主线是"情境—问题—探究—应用"。现在我们强调，课堂教学要渗透科学态度与社会责任，情境创设要激发学生兴趣，探究要突出学生的真实体验感，应用环节要达成科学态度与社会责任的素养目标。为此，我们对上述教学主线进行了适当调整："创设蕴含科学态度与社会责任的问题情境—提炼需要解决的问题—基于问题展开探究活动—基于问题解决总结概念规律—基于规律应用落实实践创新。"

例如，在静电的防止与利用中，教师通过创设情境激发学生的兴趣和参与度，突出对学生科学态度的培养；在应用环节中，引导学生科学辩证地看待物理科技，培养学生利用物理科技促进社会发展的意识。

【案例】

#### 静电的防止与利用

情境创设1：播放高压电击表演，给同学形成视觉冲击，引发认知冲突。

问题1：金属是导电的，为什么穿着金属外罩的表演者不会被高压电击？

学生猜测表演者的金属外衣可能起到了保护作用。

问题2：放入电场中的金属导体，电场会对导体产生怎样的影响？

思考提示：金属导体的微观结构是怎样的？自由电子怎样移动？自由电子会在什么地方聚集？电子的聚集会出现怎样的结果？最终会出现怎样的现象？

学生思考问题，小组讨论，小组合作分析导体内部的电荷的动态变化，最后展示

说明。

教师总结：自由电子不再定向移动，导体所处的状态叫静电平衡状态。达到静电平衡的时间仅为 $10^{-19}$ s。

问题3：处于静电平衡状态的导体具有怎样的特征？从电场叠加的角度推理论证。

学生运用电场叠加，根据静电平衡的定义，证明静电平衡导体内部的电场强度为零。

问题4：如何通过实验验证处于静电平衡的导体内部场强为零？

学生设计并完成实验：给金属板充电，周围激发电场，悬挂一个轻质带电小球，小球在电场力作用下偏离竖直位置；用金属笼子罩住带电小球，发现小球回到竖直位置，说明金属笼子内部场强为零。

教师总结，进一步强调处于静电平衡的导体内部场强为零，引导学生体会理论推导与实验验证的统一性。

问题5：从电势的角度思考，处于静电平衡的导体具有怎样的特征？

学生从电场力做功和电势能变化的关系出发，论证处于静电平衡的导体为等势体。

问题6：处于静电平衡的导体其电荷分布有什么特点，能否通过实验验证？

情境创设2：演示辉光球点亮日光灯实验，学生参与实验并思考其中的原因。

问题7：你有什么办法能消除辉光球的魔力？

学生分组研讨并提出方案：(1) 把辉光球用金属网罩起来；(2) 把日光灯用金属网罩起来。

学生对两种方案进行实验验证，发现方案(1)的日光灯还是可以被点亮，方案(2)的日光灯不能被点亮。

教师总结：把电学仪器放在封闭的金属壳内，即使壳外有电场，但壳内电场为零，外电场对壳内的仪器不会产生影响，金属壳的作用叫静电屏蔽。我们有时需要运用静电平衡原理来解决问题，比如高压电工作人员的防护服，电缆的金属外壳。但有时静电平衡也会给我们造成困扰，如电梯的金属结构对手机信号有屏蔽作用等。所以我们生产生活中要发挥科学的优势，使它服务生活，也要避免它给生活带来的困扰。

（案例提供：刘颖　北京市第二十中学）

**案例分析**

在上述教学环节中，教师通过情境创设引发问题，引导学生分别进行理论论证和实验验证来解决问题，探究静电平衡导体的特点，为后面的实践应用打下基础。由于静电平衡的过程很抽象，学生看不见，也不能直观地感受到。为了解决这一问题，教师创设了激发学生兴趣、给学生带来认知冲突的情境，围绕着"静电平衡的形成"和"静电平衡的特点"展开了丰富的理论与实验探究。学生的探究活动都是基于问题产生的，问题都是以情境呈现的，学生要探究的科学知识始终与生活科技相关，让学生意识到物理研究是基于观察和实验的具有创造性的工作。教师引导学生小组合作探究、论证分析、交流展示，培养学生实事求是、合作创新的科学态度。教师对静电平衡形成时间的说明，让学生体会静电平衡是可以瞬间形成的，加深对科学与技术之间关系的理解。实践应用部分的情境创设，让学生参与动手实验，在解决问题时体会到科学的实用性。通过实例辩证地说明静电平衡在生活中的利弊应用，引导学生认识到物理研究和物理成果的应用要遵循科学规律，促进社会发展。

🔹 **问题解决建议**

好的问题情境可以使枯燥的物理知识变得生动有趣，教师要创造适合的物理情境，更要注重问题情境的丰富性、趣味性、冲击性。这样的情境创设易于激发学生主动的思考。课堂中物理知识的应用尽可能贴近生活，让学生学有所获，了解物理在生产生活中的应用。

小提示

◎ 教师日常做个有心人，多关注积累与物理相关的生产生活实例。
◎ 根据教学内容，要设定比较明确的科学态度与社会责任的培养目标。
◎ 备课时，要精选教学资源、优化教学设计。

## 二、基于 STSE 教育的微项目学习培养学生的科学态度与社会责任

在实施基于 STSE 教育的微项目学习时，教师首先要结合课程内容，分析学习要求，找准 STSE 结合点。接着，根据主题内容和学习要求，立足生产与生活、能源与环境等社会热点问题，并经处理与加工，把它们设置成需要学生去解决的微项目。然后，精心开发紧扣微项目的学习情境素材，并结合情境素材与学习要求设置学习任务、规划学习活动。在教学实施时，结合情境素材和学习任务，引导学生开展微项目研究，认识物理问题、思考社会问题、开展探究活动。最后，使学生在反思总结的基础上，建立起审视科学、技术、社会和环境关系的视角，增进对 STSE 关系的理解，感悟人类生产生活应遵循的规则与价值取向等，从而培育科学态度与社会责任等素养。

在高中物理必修 3 "能源与可持续发展"一节课中，进行到"能源的开发与可持续发展"这一活动环节时，教师根据 STSE 教育理念，采用学生自主阅读、实践调查（课前）、展示汇报调查成果、小组合作、互动讨论等多样的教学活动，充分利用多媒体进行反馈，收到了较好的教学效果。

【案例】

### 能源与可持续发展

| 任务设计 | 任务结果展示 |
|---|---|
| 阅读课本素材，谈一谈在生产和生活中的常规能源、新型能源有哪些 | 指导学生利用几分钟时间认真阅读"能源的开发与可持续发展"内容，使他们了解常规能源、新型能源的主要种类。学生讨论的结果有煤、石油、天然气、水能、核能、风能、太阳能等 |
| 请小组代表展示一下实践调查成果，简要阐述成果，并说一说丰富的能源对社会经济发展具有什么重要作用 | 学生结合小组的调查情况，用 PPT 展示成果，从成果中收获了喜悦，同时也更加明确能源对社会经济发展的重要作用 |

续表

| 任务设计 | 任务结果展示 |
|---|---|
| 谈谈我国能源的分布特点情况和现状是怎样的 | 结合上述成果展示,学生进一步总结出我国能源的特点和现状:总量丰富,人均贫乏;分布不均,耗能量大;污染严重,效率低下 |
| 讨论能源的不合理开发和利用会带来哪些问题 | 学生开展互动讨论、举例说明:环境污染,温室效应,酸雨,臭氧层破坏,厄尔尼诺,铅化合物污染等 |
| 如何科学合理地利用能源,解决环境污染问题? | 学生分组活动,各组总结发言:积极做好宣传,从我做起,节约利用不可再生能源;大力发展科技,提高能源的利用效率和转化效率;有效防止各种废弃物污染;创新开发利用新能源 |
| 如何实践环保事业,让天更蓝、山更绿、水更清? | 学生讨论,得出结论:改变能源结构,提高能源利用效率;开发和推广清洁能源,减少环境污染;开发使用新能源,减少对矿产能源的使用;坚持可持续发展,注重对各种节能新技术的开发和利用;要从日常点滴小事做起,聚少成多,节约能源 |

这些层层递进的任务性问题设计,很好地渗透了 STSE 教育。学生在问题探究活动中充分发挥了优秀的团队合作学习精神,以及善于收集和挖掘信息、开展分析归纳、形成学习结论等良好学习品质。教师通过有意识地设计任务引导,使学生关注能源问题,自觉关注我国社会发展与能源、环境及民生问题的关系,激发学生的社会责任感。

为了进一步引导学生结合日常生活实际,了解日常生活中家庭能源的消耗情况,结合所学电学知识,教师给学生布置项目研究性任务:常见家用电器待机耗电量情况如何?结合你的研究,你有怎样的建议?

某小组分别对电视机、电热水器和空调的待机耗电量情况进行了研究(图 5-2-2),研究结果如表 5-2-1 所示。

 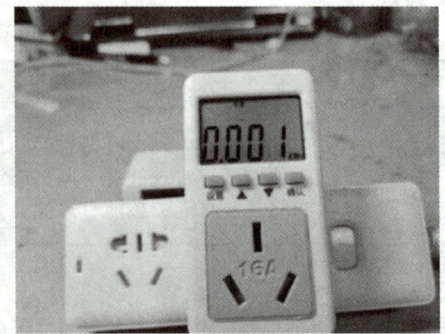

(a) 空调测量待机时间　　　　　　　(b) 空调待机耗电量

图 5-2-2　空调待机耗电量情况研究

表 5-2-1　常见家用电器待机耗电量

| 家 用 电 器 | 监测时间/h | 总耗电量/(kW·h) | 一小时耗电量/(kW·h) |
|---|---|---|---|
| 电视机 | 9.1 | 0.002 | 0.0002 |
| 电热水器 | 5.5 | 0.014 | 0.003 |
| 空调 | 1.1 | 0.001 | 0.0009 |

这三种常见的家用电器一年的待机耗电量为 35.916 kW，北京市大约有 700 万用户，仅这三种家用电器每年待机耗电量就约为 $2.5×10^8$ kW。查阅资料发现，三门峡水电站年发电量为 $1.32×10^9$ kW，由此可见，北京市每年白白浪费的待机耗电量竟然比三门峡水电站两个月的发电量还要多。如果我们按每度电 0.5 元计费，北京市上述用电器待机耗电的电费每年约为 1.25 亿元。

计算下来竟然是这么庞大的数据！而这些数据仅仅是电视机、空调、电热水器三种家用电器，仅仅是在北京一个城市，仅仅是以一年时间来计算的，生活中我们还有很多待机耗电现象，如果有可能全部测量并计算出来，这个数据将是无法想象的。所以注重点滴小事，节约能源，势在必行！

（案例提供：王春梅　北京交通大学附属中学）

**案例分析**

这是"能源与可持续发展"教学中的一个环节，教师通过有效的任务设计，指导学生进行课前调查、资料收集等学习活动。通过课上小组研讨、交流展示等活动，引导学生逐渐了解能源与可持续发展间的关系，了解我国能源的分布以及使用情况，知道我国发展中所遇到的能源方面的困难，根据自己所学的知识，为解决这些困难积极寻求对策，在解决这些问题的行动和思考中，逐渐树立正确的科学态度，自觉承担社会责任。

此教学实践与以往有较大不同，以往的教学实践对该部分内容的教学往往是一带而过，大部分是要求学生自行阅读课本内容，做到了解即可。虽然学生也知道能源对社会发展的重要性，知道我国能源供给所存在的问题，知道节约能源的重要性，但是往往停留在口头层面，缺乏真实数据的支撑，更不能引起心灵的震撼。节约能源，从我做起，从点滴做起，也就难入心灵，仅仅停留在口号上。

为解决以上问题，除了有效的问题设计外，教师还适时运用 STSE 教育理念指导自己的教学实践，设计了"常见家用电器待机耗电量情况调查"的实践活动，通过深入的研究，基于真实的数据统计和分析发现，家用电器的待机耗电真不是个小问题，如果以城市为单位统计，耗电量及经济消耗量都达到惊人的数字！由此，养成良好的用电习惯，"节约能源，从我做起"的号召就可以直达心灵！

🌐 **问题解决建议**

对这部分教学内容，教师之所以这样设计，源于对两个问题的思考：能源与社会发展的关系，为什么能源会影响到可持续发展？我国能源分布及使用情况，我们每个人在节约能源的行动中怎样做出自己的贡献？

中学物理教学中的很多内容与生活实际结合得非常紧密，我们也经常说，物理来源于生活，服务于生活，但是在教学实践中，我们往往更加关注的是物理概念、物理规律，以及它们在解题中的应用。这样不仅降低了学生学习物理的兴趣，让物理学习变得抽象晦涩，也让学生觉得物理好像用处不大、离生活较远。因此，我们在教学实践中，要尽量结合教学的实际内容，拓宽教学视野，从课程的角度来整合教学资源，运用STSE的教育理念优化教学设计，用微项目研究深化学生的物理学习，在学生基于真实情境的问题研究中树立正确的科学态度，逐渐明确自己所承担的社会责任。

小提示

◎ 教师要了解STSE教育的实施原则及操作流程。

◎ 要结合课程内容，在分析学习要求的基础上，找准STSE教育结合点，设置和开发适合的微项目研究。

### 5-2 数字资源

5-2-1 静电的防止与利用课堂实录

5-2-2 静电的防止与利用教学设计说明

5-2-3 静电的防止与利用教学设计说明

## 5-3 如何通过学期大活动培养学生科学态度与责任素养？

### 教学关键问题提出

新版课程标准明确提出："科学态度与责任"是指在认识科学本质，认识科学·技术·社会·环境关系的基础上，逐渐形成的探索自然的内在动力，严谨认真、实事求是和持之以恒的科学态度，以及遵守道德规范，保护环境并推动可持续发展的责任感。"科学态度与责任"主要包括科学本质、科学态度、社会责任等要素。

物理教师对科学态度和社会责任的认知相对一致，但是对科学本质的理解和研究都还处于比较早期的阶段，在实践层面，近年有一些教师发表以物理学史为载体开展科学本质教学实践的文章，但总体上，对于什么是科学本质，没有特别清晰和统一的界定。科学态度与责任素养具有内在属性，往往是隐性的，在常规评价工具中也是不易测量的，不易在短时测评尤其是纸笔测评中外显，但又往往并非孤立，而是在具体知识基础上，在形成"物理观念""科学思维"和进行"科学探究"的过程中建立起来的。目前已出版的新教材对科学本质的呈现更多以隐性形式和方式体现，在显性化方面略显不足，同时，由于评价形式和评价标准也较为单调，科学态度与责任的培养更多带有教师个人色彩，教师的学识和视野在学生科学态度与责任的形成方面起着重要作用。除了课堂教学之外，关于科学态度与责任的培养，是否还有其他有效的实现路径呢？

### 教学关键问题分析

科学态度与责任素养在物理教学的全流程中如何落地是十分重要的问题。我们认为，在物理学史、技术应用、探究实验等领域的教学中，开展科学态度与责任的教学较为适宜。

在研究性学习课程和课外活动中开展真正的基于原始问题的实验，尤其是具有一定探究性和挑战性的实验，能培养学生的科学态度和科学精神，通过适当难度的问题，让学生在探究中获得成功的愉悦；学生在交流合作中发展表达能力，体验和享受合作的成果；学生也能通过物理实验数据的记录和客观分析，体会尊重实验结果与事实，遵循基本的学术道德规范，最终内化成自己在平时学习和生活中的实事求是的精神。

长期以来，以高考和学业水平考试为代表的纸笔评价几乎是学生学习效果评价的不二选择，家庭作业、寒暑假作业和学期测评也都在这种形式指引下开展。诚然，在目前社会发展阶段和教育生态环境下，纸笔评价模式有其存在和延续的合理性和价值，但伴随着以信息技术为代表的教育技术的发展，人们越来越发现，教学需要新的评价形式和模式，这契合了新一轮课程改革的要求，顺应了时代潮流的变革。

## 一、科学本质教学在普通课堂教学中能开展吗？难点在哪里？

国内教育理论研究领域对"科学态度与责任"的引入是没有争议的，但对"科学本质"目前没有统一的理解。我国《义务教育初中科学课程标准（2011年版）》指出："科学知识是人类对客观世界和自身的系统认识，科学知识的形成是一个不断修正的过程；科学是建立在证据和理性思维基础上的；科学是一个开放的系统，科学知识具有相对稳定性，但不是绝对的真理，可验证性是科学知识的重要特征；科学建立在诚信的基础上，崇尚求真务实、坚持真理和创新，也受科学道德和一般社会道德的双重约束。"美国《国家科学教育标准》提出："科学是格物致知的一种路径，其基本特点是以实证为判别尺度，以逻辑作论辩的武器，以怀疑作审视的出发点。"英国学者温·哈伦编著的《科学教育的原则和大概念》一书中，提出了若干科学本身的大概念："科学认为每一种现象都具有一个或多个原因；科学上给出的解释、理论和模型都是在特定的时期内与事实最为吻合的；科学发现的知识可以用于开发技术和产品，为人类服务；科学的应用经常会对伦理、社会、经济和政治产生影响。"在科学本质的内涵研究方面的典型观点，一是以美国休斯敦大学的基亚佩塔（Chiappetta）为代表，主张科学本质是知识体系、研究方法、科学思维方式、科学与技术的相互作用；二是以美国科学教育专家莱德曼（Lederman）等为代表，认为科学是认识论、是科学知识及其发展过程中固有的概念和价值。莱德曼认为，中小学科学教育应该让教师和学生理解那些达成共识、没有争议的科学本质特性。这些特性包括：

（1）科学知识具有暂时性：科学知识并不是客观的绝对真理，新的理论和观察会对科学知识提出新的挑战，科学知识的变化是不可避免的。

（2）科学知识以观察经验为基础（科学知识的实践性）：科学知识以对自然界的观察为基础，所有科学知识都依赖实验或观察的证实。

（3）科学理论与定律的区别：科学定律和科学定理是不同类型的科学知识体系，两者不能相互转化，理论不能成为定律。

（4）科学观察是有理论负载的：科学以观察和推理为基础，科学观察是指通过人的感觉或科学仪器而直接获得关于客观世界的信息，科学推理则是对观察到的现象的解释。

（5）科学知识包含人类的创造力和想象力（科学知识的创造性）：科学知识是人类智慧的产物，科学研究的整个过程需要人类丰富的想象力和创造力。

（6）科学知识会受到社会、文化的影响：科学的产生与社会实践的需要紧密相连，科学知识会受到政治、经济、哲学、宗教等社会文化因素的影响和渗透。

（7）科学研究方法的多样性：并非所有的科学家都遵循固定的标准程序进行科学研究，他们创造了归纳、演绎、分析、比较调查、实验等各种不同的方法进行科学研究。

（8）科学的主观性和客观性：科学追求客观和精确，但科学的"偏见"是不可避免的；科学研究会受到科学家个人的知识背景、信念和经历等主观因素影响，从而得到不同的结果。

国内，郭玉英、梁永平、袁维新、张静等大学研究学者，喻白军、曹宝龙、田成良等教研员、教育部课程教材研究所姚建欣等对科学本质的特征开展了一些研究工作，还有一些中学物理教师对此开展了一些教学实践。

科学本质教学显然不能独立于知识方法教学之外，但是在特定的一些知识内容教学（特别是物理学史类内容）前，可以就某些重要特征很好地开展教学，甚至是具有整体规划性的教学。例如，在自由落体运动的教学中，通过伽利略对自由落体运动的研究，可以从亚里士多德的"重的物体先落地"的观点、时间测量精度的局限，体会"科学知识会受到社会、文化的影响"；通过伽利略对落体运动的速度变化规律的猜想，从速度随下落高度均匀增加到随时间均匀增加，体会"科学的主观性和客观性"，"认识到物理研究是一种对自然现象进行抽象的创造性工作（水平4）"。

再以"科学的暂时性"教学为例。在必修2部分，经典力学局限性的教学涉及广义相对论的部分（这一部分内容实质可以认为是自由落体运动的继续），爱因斯坦提出等效原理时所使用的"思想实验"是重要的科学思维方法，其理论预言如引力红移、水星近日点的进动等现象，与观测结果能很好地符合，而牛顿引力理论只能做出部分解释。在选择性必修1部分的常规课程"原子结构"单元中，原子模型的发展历程：枣糕模型→核式结构模型→玻尔模型→量子力学的电子云模型，符合课程标准"认识到物理学是人类认识自然的方式之一，是不断发展的，具有相对持久性和普适性，但同时也存在局限性（水平5）"。

科学本质的特征在不同的知识载体中能体现的侧重点不尽相同，有时可能在某一点上特别突出，有时可能包含多个特征，例如原子结构部分除了极其鲜明地体现"科学的暂时性"以外，"枣糕模型"最初被称为"葡萄干布丁模型"，后来也称为"西瓜模型"。"核式结构模型"最开始提出时称为"行星模型"，其电子运行规律的图景也在不断修正。光谱学规律的发现及玻尔对此的猜测性解释更是精彩绝伦。这些内容都非常好地体现了"科学的主观性和客观性"以及"科学知识的创造性"，都是可以在课堂教学中落实的。

通过以上分析，我们不难得出结论："科学态度与责任"的教学，毫无疑问，可以通过课堂实施。但是，它不能成为常态课的主流，尽管获得的是发展性素养，而赖以支持的还是以科学知识为载体的素材。

从教学实践看，普通的课堂教学中能够开展科学本质教学，目前存在以下一些难点：第一，在课时与选科走班机制方面，从新课程实施情况来看，教师普通感到物理教学课时紧，高质量完成核心知识与核心方法的教学都有一定难度，而选科走班机制需要各选学选考科目联动排课，进一步加剧了课时限制；第二，在课程标准要求和教材所选取的素材中，适合进行以科学本质教学为主题的素材并不多，而且类型相对单薄，主要是典型实验探究和物理学史；第三，目前学业水平评价的主流形式还是纸笔测试，花费在科学本质教学的宝贵课堂时间很难在评价体系中得到结果或成果体现，影响到一些教师进行科学本质教学的积极性；第四，大量物理骨干教师受我国传统教学中强调"思""悟"、重视"启""发"观念的影响，更加侧重隐性化教学（然后由学生去领悟），在科学本质教学中较少思考科学本质的系统深入的、有更明显正向引导作用的显性化教学，考虑课时问题，较为贴合实际的做法往往是在某教学环节结尾或课堂总结中加以呈现。另外，物理教师对科学本质的理解水平和积极性也会影响其在常态课的实施。

## 二、对科学态度与责任素养的学业评价的开展现状如何？难点在哪里？

在课程实施或同步练习中，教师可以通过一些问题对学生进行过程性评价，例如，"虽然能量是守恒的，但是我们却要面对'能源危机'，请利用物理术语对此进行解释。为了解决能源危机，目前在发展核能发电与水力发电等相关产业，请分别讨论核能发电和水力发电的优点和缺点"，通过学生回答的情况可以大致考查"依据普遍接受的道德与规范认识和评价物理研究与应用的水平和保护环境并推动可持续发展的责任感"。但是，科学态度与责任素养具有隐性化特点，不太容易量化，加上前面所提到的课时、教材、教师自身因素等条件的限制，导致在纸笔测试形式的终结性考试、升学考试等闭卷评价中，其有效检测识别的难度相对其他素养的测试更大。

过往的高考或学业水平等级测试在这方面做过少量尝试，以北京高考为例，曾经命制过清洁能源、大连激光、北京同步辐射光源、航天科技等体现国家和地域特色的科技成就和可持续发展理念的选择性试题，这里给出几道近年在高考或学业水平等级测试中考查科学态度与责任素养的试题。

**例1** 对科学本质的考查

（2013年北京高考20题）以往我们认识的光电效应是单光子光电效应，即一个电子在极短时间内只能吸收到一个光子而从金属表面逸出。强激光的出现丰富了人们对光电效应的认识，用强激光照射金属，由于其光子密度极大，使一个电子在极短时间内吸收多个光子成为可能，从而形成多光子光电效应，这已被实验证实。图5-3-1为光电效应实验装置示意图。用频率为 $\nu$ 的普通光源照射阴极 K，没有发生光电效应，换用同样频率 $\nu$ 的强激光照射阴极 K，则发生了光电效应；此时，若加上反向电压 $U$，即将阴极 K 接电源正极，阳极 A 接电源负极，在 K 和 A 之间就形成了使光电子减速的电场，逐渐增大 $U$，光电流会逐渐减小；当光电流恰好减小到零时，所加反向电压 $U$ 可能是下列的（其中 $W$ 为逸出功，$h$ 为普朗克常量，$e$ 为电子电荷量）（　　）

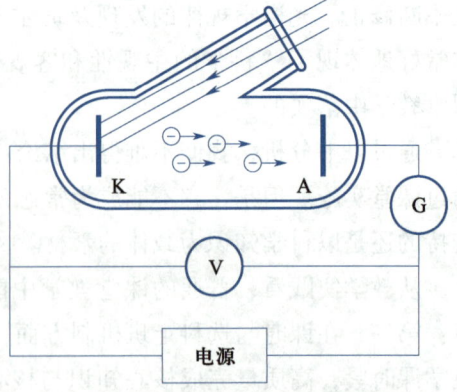

图5-3-1 光电效应实验装置示意图

A. $U = \dfrac{h\nu}{e} - \dfrac{W}{e}$  B. $U = \dfrac{2h\nu}{e} - \dfrac{W}{e}$

C. $U = 2h\nu - W$  D. $U = \dfrac{3h\nu}{e} - \dfrac{W}{e}$

**分析：**要解决此题，学生需要具备能量观念，包括光电效应方程和反向截止电压的功能转换：加上反向电压，当反向电压增大至 $U$，光电流消失，说明光电子到达正极前其动能变为零，而后反向加速，由动能定理得 $-eU = 0 - E_{k\max}$。在科学态度与责任素养方面，学生需要认识到科学本质的内涵，明确物理学是人类认识自然的方式之一，是不断发展的，具有相对持久性和普适性，但同时也存在局限性。具体来说，学生要想很好地解决此问题，需要深刻理解课内所学的经典的单光子光电效应（一个电子只吸收一个光子），同时也需要意识到物理学是不断发展变化的，在这样的素养指导下，按照题目所提供的信息，现场理解在强激光条件下可能还存在多光子光电效应（一个电子在短时间内吸收多个光子）。频率为 $\nu$ 的普通光源照射阴极 K 不能发生光电效应，说明一个光子的能量 $h\nu < W$，其能量不足以使电子跃迁到无限远，即产生光电子。用同样频率为 $\nu$ 的强激光照射阴极 K 发生光电效应，说明短时间内电子吸收了多个（至少两个）频率为 $\nu$ 的光子，设其吸收了 $N$ 个（$N$ 为大于等于 2 的正整数——量子化）频率为 $\nu$ 的光子，由爱因斯坦的光电效应方程可知，光电子的最大初动能为 $E_{k\max} = Nh\nu - W$。

**例 2** 对科学态度的考查

（2014 年北京高考 19 题）伽利略创造的把实验、假设和逻辑推理相结合的科学方法，有力地促进了人类科学认识的发展。伽利略理想斜面实验如图 5-3-2 所示，小球从左侧斜面上的 $O$ 点由静止释放后沿斜面向下运动，并沿右侧斜面上升。在斜面上先后铺垫三种粗糙程度逐渐降低的材料时，小球沿

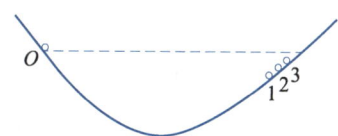

图 5-3-2　伽利略理想斜面实验示意图

右侧斜面上升到的最高位置依次为 1、2、3。根据三次实验结果的对比，可以得到的最直接的结论是（　　）

A. 如果斜面光滑，小球将上升到与 $O$ 点等高的位置

B. 如果小球不受力，它将一直保持匀速运动或静止状态

C. 如果小球受到力的作用，它的运动状态将发生改变

D. 小球受到的力一定时，质量越大，它的加速度越小

**分析：**要解决此题，学生不仅要具备较强的科学探究素养和较为扎实的物理观念素养，更要在证据和数据基础上做出基于证据和数据的结论。这要求学生具备严谨认真、实事求是和持之以恒的科学态度，具备已内化的尊重实验结果与事实，遵循基本的学术道德规范的实事求是的精神。

总体上，对科学态度与责任素养的考查基本处于隐性考查，也难以进行有效的量化研究。

目前阶段，我们能看到的国内实施的评价方式中，还有大学自主选拔试题（包括保送、自主招生、强基计划等）的一些尝试值得我们关注。多数学校的自主选拔分为

两道程序：初试和复试。初试基本都还是纸笔测试（或以选择题为主的机考），与上面所述的纸笔测试在形式上没有太大差别；而复试中，大多数学校采用面试，在面试时有些物理问题就能较好地考查学生的科学态度与责任素养，比如，有大学在自主选拔面试时，让学生描述鸭子在湖面上划水时的水波形状，并讨论鸭子滑水所包括的进一步信息，如根据鸭子划水的水波估测湖水的深度，就可以非常好地测试学生的科学态度，尤其是"探索自然的内在动力和学习和研究物理的内在动机"，如果平时没有探索自然的兴趣，缺乏观察与思考，则很难高质量地完成这类问题。在科学态度与责任方面的评价，我们也能看到大学自主选拔在这方面所做的尝试。

**例3  对科学态度与责任的考查**

某大学《关于2019年春季学期大学物理实验暂停教学活动的通知》称，多年以来，物理实验教学中心持续收到同学关于"单摆测重力加速度"这一基础物理实验的反馈，主要反映问题为实验测量数据与本地理论值相比显著偏大。针对此问题，2018年年底，物理实验教学中心、地球科学与地球、空间科学学院组织勘探活动。经勘探分析，确认重力加速度测量值偏大因东四教学楼地表下一千米范围内储藏有大量金矿导致。因矿藏采集需要，东四教学楼本月起实行全面封锁，2019年春季学期大学物理实验暂停教学活动。

已知实验室中单摆摆长测量精度为 $0.01\,\text{mm}$，时间的测量精度为 $1\,\text{ms}$，地球的半径为 $6400\,\text{km}$，地球表面的重力加速度约为 $10\,\text{m/s}^2$，请根据以上数据评估金矿的大小，在此基础上给出你对上述通知所述事件可信度的评价。

**分析：** 例3要求学生从物理学角度判断通知所述事件的可信程度，考查"依据普遍接受的道德与规范认识和评价物理研究与应用"的社会责任，这需要以严谨认真、实事求是和持之以恒的科学态度为支撑，要求学生具备水平4甚至水平5对应的能力。

下面再给出近年一些教研人员命制的考查科学态度与责任素养的试题案例。

**例4  对社会责任的考查**

小李用图5-3-3（a）所示的器材研究AA型电池的寿命。他将灯泡和电池及开关相连，并用电压传感器测量灯泡两端的电压。

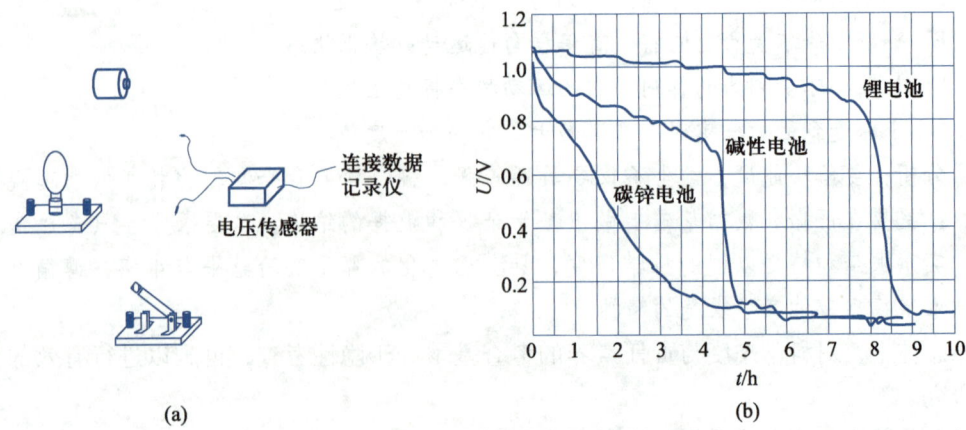

图5-3-3  电池的伏安特性曲线

小李分别用碳锌电池、碱性电池和锂电池进行实验。图 5-3-3（b）显示了使用不同电池时，灯泡两端的电压随时间的变化。（当灯泡两端的电压高于 0.6 V 时，灯泡才能发光。）

（1）商家宣称：若使该灯泡发光，锂电池的寿命是碱性电池的 5 倍。此说法是否正确，为什么？

（2）表 5-3-1 为不同电池种类及其售价信息，假设三种电池都只使用一次，请问哪种电池的成本高。事实上，碳锌电池和碱性电池是一次性使用的电池，而锂电池是可重复使用的充电电池，从经济与环境两方面考虑，你认为选用哪一种电池更合理？请说明理由。

表 5-3-1　不同电池种类及其售价

| 电池种类 | 每节电池售价/元 |
| --- | --- |
| 碳锌 | 1.5 |
| 碱性 | 3.8 |
| 锂 | 25.0 |

**分析：** 例 4 涉及对学生的"科学本质"和"科学·技术·社会·环境关系"认识水平的考查。前者主要体现在（1）问，要求学生注意利用数据和证据确认商家的宣传对于实验结果的严重夸大，属于对科学态度的考查；后者主要体现在（2）问，需要学生从科学·技术·社会·环境关系角度，结合数据进行分析，属于对学生社会责任的考查。

例 3 和例 4 相比传统纸笔测试的评价方式可以更好地测试学生的科学态度与责任素养，但在目前的各类测试中还不占据主流，而且很少在中学教学实践中使用。

总体来说，目前的学业评价囿于纸笔测试的主流模式，很难深入有效地进行科学态度与责任素养考查，素养培养的常见途径为例题、练习等模式，对科学态度与责任素养的培养很难达到课程标准所期望的深度和高度，更为重要的是，科学态度与责任素养绝不能通过做几道练习达到培养目的。科学态度与责任素养的评价研究还有很大的空间。

### 三、为什么说学期大活动是培养科学态度与责任素养的有效方法？

在课堂教学实施中，培养科学态度与责任素养在宏观和微观层面存在一定的困难，目前阶段在学业水平评价方面也遇到一些瓶颈。但科学本质教学是物理教学中非常重要的一个维度，也是对学生终身发展大有裨益的，如何更为有效地落实培养目标成为一个重要问题。结合实践，我们认为，学期大活动是培养科学态度与责任素养的有效方法。我们所说的学期大活动，包括单元活动、模块活动、假期活动、研究性学习课程、选修或课外活动。总体来说，这些大活动几乎不占用物理课堂的教学课时，能够拓展更为丰富的科学态度与责任素养培养素材、更为多元的科学态度与责任素养评价路径，能够改善和强化教师的认知水平和实践动力，能够在现有的合格考和等级考的评价框架体系下帮助学生更加深入地理解科学本质，更好地认识科学·技术·社会·环境关系，逐渐形成能持久探索自然的内在动力。将学期大活动与科学探究相结合，培养学生严谨认真、实事求是和持之以恒的科学态度，不盲从，不迷信权威，遵守道德规范，增强保护环境意识和可持续发展的责任感。单元大作业、模块大作业、假期大作业仍然会占用一些时间，有些学校、教师或学生可能会有花费时间和精力的顾虑，但在现实条件下，这些活动能照顾到全体学生。另外，以研究性学习和物理竞赛（PT）为代表的活动，面向的对象范围较小，但可以进行较为深入、系统的科学态度与责任素养培养。例如，新能源的研究与技术设计应用，近年出现的"快链""光须""泡泡晶体""牛顿摆""循环摆"等国际青年物理学家竞赛（IYPT）赛题，这些挑战性项目能培养学生的科学态度和科学精神，促进保持和提升求知欲；在研究性学习答辩和宣讲以及 PT 辩论、讨论和研讨中，发展表达和思辨能力，体验和享受合作的成果。学生在研究和实践中如实记录、客观对待所获取的实验数据，在文献引用、成果表达中体会尊重实验结果与事实，遵循基本的学术道德与规范，通过这些独特的实践经历，能更好地在日常学习和生活中坚持实事求是的科学精神。

 问题解决路径与教学示例

在前面的分析中已经提到，学生对物理知识（主要是概念和规律）的建构形成过程往往需要在教师引导下完成，就目前大多数学校每周 2~3 课时的现实条件，教师往往难以有动力在这一素养的培养上花时间，不少学生也因课业负担问题不愿投入很多。一些学校和老师认识到科学态度与责任素养对学生终身发展和国家人才培养、公民科学素养提升的重大意义和价值，结合教学现实条件，除了在物理学史教学和课内实验探究活动中注意渗透科学态度与责任素养的培养，也在实践中设计单元（模块）教学设计单元（模块）任务来提升学生科学态度与责任素养，在寒暑假作业中设计能提升兴趣、发现科学、观察科学、学以致用的实践作业，除此之外，还利用研究性学习和校本选修课程基于真实问题情境，培养学生科学探究素养、科学态度与责任素养。下面结合案例重点分析科学态度与责任素养的培养。

### 一、通过精心设计单元大活动实现科学态度与责任素养的培养

单元大活动设计需要考虑学生已有的知识，为了活动能够有效有序开展，教师在组织这类活动时应注意将重点放在任务指引的设计、评价机制的设计和交流评价活动的实施上。

【案例】

**电磁感应单元大活动：设计电磁炉的使用说明书和销售宣传文案海报**

一、活动目标

1. 通过调研、体验、观察电磁炉的使用，体会物理学作为物质科学广泛存在于生活生产中。

2. 通过小组合作设计文案，充分发挥创造力和想象力，提升合作意识，发挥小组成员的优势。

二、学习资源

（一）网络、家庭、校园资源使用建议

1. 利用网络资源查找电磁炉工作原理的相关文献、购物网站的宣传页面。

2. 通过实际操作了解家中的电磁炉（若没有，可以去商场体验电磁炉试用品）。

3. 咨询教师、利用图书馆等回顾必修和选修内容中的电磁感应的相关知识。

（二）参考建议

一份电器使用说明书，需要考虑很多因素，包括外观设计介绍，产品功能及对应的操作办法，故障说明，使用的注意事项等。

销售宣传文案，可以介绍电磁炉的使用场景，与其他食物加热工具的多维度对比的优点，及相比过去产品的升级变化。除此以外，还可以介绍产品的核心功能使用方法，产品保养，产品外观及售后等。

三、程序指导

1. 创建小组：组建3~5人的任务小组，选出组长并明确分工。
2. 调研阶段：通过观察、访谈、网络等资源体验、观察电磁炉使用。
3. 使用说明书设计：根据身边容易找到的器材，明确设计原理。
4. 宣传文案设计：完成海报设计。
5. 汇报交流：制作PPT，展示汇报小组成果。

四、评价指标

评价由小组自评和组间互评两部分组成。具体评价量表可以参考表5-3-2。

表5-3-2 "电磁感应"单元大活动评价量表

| 评价项目 | 评价要点 | 得分 |
| --- | --- | --- |
| 小组合作<br>（20分） | 成员分工明确（10分） | |
| | 每个人对研究都有贡献，有明显的协作（10分） | |
| 体验、观察调研<br>（20分） | 多种渠道调研电磁炉及使用（5分） | |
| | 调研结果有翔实记录（5分） | |
| | 调研结果有分析整理（10分） | |
| 使用说明书设计<br>（20分） | 电磁炉工作的原理正确，分析过程规范（5分） | |
| | 测量数据列表翔实，分析正确（5分） | |
| | 采用多角度分析数据（5分） | |
| | 能够运用原理充分解释数据，对数据误差有一定的分析（5分） | |
| 销售宣传设计<br>（20分） | 文案及海报版面清晰、层次分明（3分） | |
| | 内容呈现一目了然、吸引人（4分） | |
| | 采用多维度进行介绍（8分，其中基准3分，每多一个维度增加1分） | |
| | 能够运用原理充分解释数据，对数据有形象生动展示分析（5分） | |
| 小组汇报<br>（20分） | PPT呈现生动，有创新（6分） | |
| | 汇报人仪态大方，语句清晰，口头表述流畅（7分） | |
| | 小组成员能准确回答同学或教师提问，且有理有据（7分） | |

### 五、完成时间和提交内容

1. 在"电磁感应"单元内容学习结束后,一周内向物理教师提交作业。
2. 作业内容包括两项:电磁炉的使用说明书和销售宣传文案海报电子版。

(案例提供:李志刚　中国人民大学附属中学)

### 案例分析

上述案例中,电磁感应单元大活动的设计,期望培养学生的科学态度,激发较强的学习和研究物理的兴趣,能做到实事求是,在合作中能尊重他人,形成探索自然的内在动力。评价项目中观察调研、说明书设计、销售宣传文案设计涉及对科学·技术·社会·环境关系的认识,旨在通过对比不同品牌说明书的注意事项,研究电磁炉功能,进一步深化理解以电磁感应为主的物理知识,促进学生形成在一定的规范和标准基础上评价物理研究和应用,认识到科学共同体中相互交流与合作、启发碰撞的重要性,增强自觉遵守科学规范、尊重科学规律的信念,体会科学本质的一些特征。

---

小提示

◎ 教师可以遴选优秀的使用说明书条款,用于命题和练习题的设计,增强学生的获得感。

◎ 也可以鼓励学生进一步联系厂家技术支持部门和销售部门等,提出改进优化方案。

◎ 还可以在作业设计上更大胆些,让学生进一步提出电磁炉的新用途或新功能。

## 二、通过精心设计必修模块大作业实现科学态度与责任素养的培养

在新课程体系下,高中物理分为三个必修模块、三个选择性必修模块、三个选修模块,每个模块之间有一定的关联,而模块内部也有紧密的内在逻辑与联系。一般模块结束往往对应期中、期末等阶段,因此可以结合过程性评价安排必修模块的大作业。

【案例】

必修模块大作业:绿色城市项目

### 一、任务目标

1. 通过调查估计由交通出行引起的尾气排放量,体会和研究人类交通出行活动中的能量流动,体会物理与实际生活的紧密联系,认识能源问题与人类社会的密切关联。

2. 通过对交通出行活动中能量流动过程的实践观察和体验,采用调查研究、走访、查阅资料等方式收集信息并设计表格、处理数据,加深对能量流动规律的感性认知,提升环境保护意识和环保行动力。

3. 体会科学本质的基本特征,提升科学态度与责任素养。

## 二、任务资源和任务清单

（一）网络、图书馆、校园资源使用建议

1. 利用网络数据库、图书馆等获得合适的资源（如查找与主要交通工具出行方式相对应的尾气排放因数、绿色出行可行方案）。

2. 选定合适的研究对象（自己或家人）和合适的时间段，做好出行相关数据记录。

3. 阅读高中物理教材或查找相关文献进一步了解能量流动（转化和转移）过程的规律特点，认真学习和思考其分析方法。

（二）任务清单

1. 设计表格，粗略记录研究对象在一段时间（如一周或一个月）内所有的出行数据。

2. 利用网络数据库、图书馆进行文献调研、咨询专业人士或设计实验找到与出行方式（如公共汽车、飞机、大巴、地铁、步行、骑自行车等）相对应的尾气排放因数。

3. 选择某一天记录出行数据，同时记录这一天的能量流动。画出对应的能量流动图。

4. 按照各种出行方式，将研究对象所有的出行距离列出来（可统一设计记录到数据表格中），将研究对象每周的出行距离乘以尾气排放因数进行汇总，并以图表展示。

5. 根据你所记录及计算出的碳排放量，评估研究对象出行的"绿色程度"，并完成以下任务：

（1）给自己或家庭成员提出合理化的绿色出行建议，或列出降低尾气排放总量的建议清单；

（2）制作宣传绿色出行的海报。

6. 班级交流汇报并组队在校园做小型绿色出行宣传展览活动。

## 三、任务程序指引

1. 准备阶段：明确项目总任务、完成方案、各任务完成的时间节点。

2. 文献调研与方案设计：利用网络数据库、图书馆进行文献调研，找到与你目前的出行方式相对应的尾气排放因数，设计实验表格和实验方案；

3. 调查记录：记录你或家庭成员在一段时间（如一周或一个月）内所有的出行数据（可以考虑借助手机定位和行程记录App等）。

4. 数据处理阶段：完成数据处理、尾气排放图、能量流动图和调查报告文本、宣传海报、PPT制作，注意时间节点。

5. 汇报展示阶段：以PPT形式展示汇报小组成果，并在校园做小型绿色出行宣传展览活动。

## 四、任务评价指标

评价由小组自评和组间互评两部分组成。具体评价量表可以参考表5-3-3。

表 5-3-3 "绿色城市项目"评价量表

| 评价项目 | 评价要点 | 得分 |
|---|---|---|
| 任务实施方案设计（20 分） | 实施方案整体评价（可行性、科学性）（10 分） | |
| | 图表设计（合理性、可视化）（10 分） | |
| 任务实施情况（20 分） | 出行数据记录清晰（5 分） | |
| | 排放因数的调查或实验设计数据记录翔实（10 分） | |
| | 能量流动图展示清晰，结构合理，基本包含了所涉及的主要的能量（5 分） | |
| 任务数据处理（20 分） | 测量数据列表翔实，分析规范正确（10 分） | |
| | 采用多角度分析数据（5 分） | |
| | 能够清晰流畅明了地解读数据（5 分） | |
| 小组汇报和宣传活动（20 分） | 对任务实施方案设计与实施的表述清晰，实施过程有照片或视频记录（5 分） | |
| | 汇报人或宣传演讲人仪态大方，语言表达流畅清晰（5 分） | |
| | 小组成员能准确回答同学或教师的提问，且有理有据（5 分） | |
| | 小组宣传展览活动组织安排有序，成员参与度高（5 分） | |
| 协作创新（20 分） | 创新性（实验设计方案、调研过程、能流图、绿色出行建议、宣传海报等）（10 分） | |
| | 实际宣传效果（绿色出行建议、宣传海报）（5 分） | |
| | 团队协作（宣传活动中的分工情况、默契程度）（5 分） | |

五、完成时间和提交内容

1. 在开始学习"机械能守恒定律"的前一周设计好初步实施方案，本章学习（大约持续 3~4 周）结束时向物理教师提交作业。

2. 任务成果提交清单：绿色出行建议、宣传海报、制作的 PPT。

（案例提供：李志刚　中国人民大学附属中学）

**案例分析**

在上述案例中，教师着重引导学生通过对自己或家人的调研，亲身实践，动手计算，设计海报，体会能量流动，关注能源和人类可持续发展的议题，旨在通过调研和记录不同出行方式的能量流动情况，理解现实社会中一些交通和能源政策，通过具体的实践调研体会像能量这样抽象的物理概念所满足的物理规律的客观性，增进对科学本质的理解，加深对科学·技术·社会·环境关系的认识，增强保护环境、节约资源的意识，提升可持续发展的理念。作为学期活动，需要学生花的时间相对较少，符合教学实际。实践证明，在培养"科学态度与责任"素养尤其是社会责任方面是切实可行的。

小提示

◎ 能源议题是一个宏大的议题，教师在设计学期大活动时注意切入点的选择要大小适中。

◎ 考虑本校本地学生的实际情况，对于交通工具，也需要看具体情况，比如有的地区有大规模风电开发，就可以设计风能方面的活动；有的学校离水电站近，可以联系相关单位的科普部门，设计水力发电方面的活动。

### 三、通过精心设计寒暑假实践活动实现科学态度与责任素养的培养

单元大作业或模块大作业的活动设计，仍然会占用一些时间，有些学校、教师或学生，可能仍会有一些时间和精力消耗上的顾虑。寒暑假对于很多学校来说，是一个可以加以利用的较长时间，其特点是学生的时间相对较多，而且个性化突出，因此，在活动设计上，要结合学生的假期活动特点，活动项目需要注意可选择性，并具有一定程度的开放性。例如可以开展科普阅读，实验测量，与娱乐、旅游、体育等生活实际紧密关联的一些实践活动。为了活动有效开展，教师可以备课组集体分工、组织，同时应注意活动前的指导设计和活动后的交流设计。

【案例】

**寒暑假大活动：游乐场中的物理或测量（寒假）**

完成一次实践作业，根据实践活动的工作量、难易程度等因素自主决定独立或小组合作（原则上每组不超过5人）进行，实践作业署名不超过小组合作成员范围。以下为可选择项目：

（1）完成一次游乐场中的物理调研活动，可以小组合作完成一个调研报告，调研报告包括：项目简介，蕴含的物理原理，实践活动记录（照片或视频）。

（2）利用身边的常见器材（如手机、日常生活用品、文具等）完成一次高一上学期所学的物理量（如加速度、速度、位移、质量、力等）的测量。可以考虑日常活动中的重力加速度、交通工具、文体活动等，也可以进行文献调研，鼓励选择独创性的测量项目、对象或方法。

本次实践作业将以合适的方式展评，优秀作业予以表彰，特别优秀的作业（如在项目、方案中有创新性、深刻独到的见解等），物理备课组将给予特别奖励。

阅读教材，争取在教材中的相应位置标记出自己经阅读思考后的疑问（问题），提升自己的批判性思维能力。

（案例提供：李志刚　中国人民大学附属中学）

**案例分析**

寒暑假大活动设计，旨在帮助学生提升对科学·技术·社会·环境关系的认识，逐渐形成探索自然的内在动力，产生较强的学习和研究物理的内在动机，促进和提升科学态度。在下一学期开学初，教师组织表彰交流展示活动，活动分为两个部分，一是集体展示和微信公众号展示及表彰，二是各班级展示交流。交流环节的设计是为了

给学生提供观点碰撞的平台，学生可以在观点碰撞和交流中更加积极主动地参与活动，从而进一步提升社会责任感。

小提示

◎ 活动如果是以备课组共同组织的话，需要组内教师共同体合作设计，因此需要提前做好规划并集体讨论，增强活动设计的包容性，为后续活动的开展提供便利。

◎ 假期活动开展期间，因客观条件限制，教师对学生进行指导相对不便，但还是要有所指导，包括进度上的适时提醒，以及下学期开学前要积累的重要资料。

### 四、通过研究性学习活动实现科学态度与责任素养的培养

研究性学习活动能给学生提供较大的自由度，使学生可以充分发展交流与合作能力，发挥创新能力。例如能源方向的研究性学习活动，重点是让学生在关注可持续发展的过程中，结合学校和自身已有条件进行研究，从而达到深度培养"科学态度与责任"素养的目的。

【案例】

#### 学校研究性学习活动安排

中国人民大学附属中学研究性学习活动是为期一年的课程，每周安排两节课，设置在高二年级。

1. 高一下学期，学校确定研究性学习教师人选，由教师给出方向指引并做宣讲，学生选定研究性学习方向。

2. 高二上学期，第1个月，各研究性学习方向的教师进行研究性学习研究基本技能、方法和研究方向选题等基础方面的介绍，学生逐步确立感兴趣的方向；第2个月，学生调研，确定选题，撰写文献综述；第3个月，学生进行开题报告；第4个月，正式进入研究阶段。

3. 高二下学期，第1个月进行中期汇报；第2个月到期中继续研究的包括论文撰写和资料整理的后期工作；第3个月完成组内结题答辩汇报；第4个月进行全校性的统一答辩展评环节，答辩委员会由各研究性学习方向指导教师、校外大学教师、区教研员等组成，同时进行演讲活动和优秀课题年级集中展示。

4. PT大活动是研究性学习活动的延续，研究内容上限定IYPT对应年度的17道开放性研究类问题的范围，在流程上稍有调整，主要是需要安排更大量的时间设计和完成实验。除此之外，还会安排组织校内的PT交流与展示活动，活动参照IYPT的组织形式展开，分为正方、反方、评论方（可能根据参与小组的数量还会设置观摩方），通过辩论和评论的方式，以获得积分的形式，展开比赛交流。

**案例分析**

从最初提出想法到查阅文献，再到实验研究，教师全程参与指导和见证，学生利用课余时间做实验，乐此不疲。通过对学生在研究方面的相对系统的（初级）指导，

包括研究的基本方法、基本规范等,学生能够在通用研究方法学习思考的基础上评价他人实验方案,翔实记录研究过程,规范记录实验数据,在这一过程中深入地感悟实事求是的精神,尊重和接受实验结果与预期的不一致,也感受到团队合作的重要性,学生在科学态度与责任素养方面能得到全方位的培养。

以 IYPT 活动规则和形式为基础展开的 PT 大活动,主要面向对物理感兴趣的学生,这类学生往往物理基础较为扎实。因此,在活动设计上,主要考虑对科学态度与责任素养高阶水平的培养,包括科学本质中科学研究共同体的特点、理论与定律的区别、尊重客观事实、科学的创造性和想象力等,以及深度塑造严谨认真、实事求是和持之以恒的科学态度,期望学生通过交流能自觉抵制违反实事求是的行为,在合作中既能主动参与活动又能发挥团队作用;在进行物理研究和应用研究成果时能自觉遵守基本的学术道德与规范。

### 问题解决建议

开展 PT 活动需要教师具有较高的科研能力和指导水平。PT 活动有别于传统的纸笔竞赛,其活动主要以研究、论、辩、评方式在限定时间内展开,因此,需要教师投入很多额外的时间和精力,否则效果可能会大打折扣。

将物理教学放在学校的大课程体系下思考会有新的视角。学校可以考虑与化学、生物学、通用技术教师组建团队,开展跨学科联合指导,这样有助于学生拓宽视野。

## 5-3 数字资源

5-3-1 寒暑假大活动及学生作品示例

5-3-2 研究性学习大活动论文示例 1

5-3-3 研究性学习大活动论文示例 2

5-3-4 RYPT(人大附中青年物理学家竞赛)宣讲材料

5-3-5 RYPT(人大附中青年物理学家竞赛)辩论交流环节节选

# 单元 6　关于核心素养评价的关键问题

## 6-1 导向学科核心素养的作业设计策略有哪些？

### 教学关键问题提出

新版课程标准凝练了物理学科核心素养，对实验版课标中的知识与技能、过程与方法、情感态度与价值观三维目标进行了整合，围绕着核心素养的落实，精选、重组课程内容，明确内容要求，指导教学设计。同时，新版课程标准还研制了学业质量标准，明确了学生完成本学科学习任务后，学科核心素养应该达到的水平，描述了不同水平学习结果的具体表现，引导教学更加关注育人目的，更加注重培养学生学科核心素养。

值得关注的是，新版课程标准没有再提及高考物理考试大纲，而是将课程标准和学业质量标准的学习要求进行整合，提供评价需求。学业质量标准既是指导学生自主学习和评价、教师开展日常教学设计、命题与评价的重要依据，也是高中学业水平考试命题的重要依据。（学业质量水平体现在物理观念、科学思维、科学探究、科学态度与责任四个方面。）改进高中物理教学应依据基于核心素养的学业质量水平体系，从课堂目标的建立、课堂教学的实施、学生评价改革与学生作业改进等几个方面，全面落实培养学生学科素养的课程理念，促进学生学业质量的全面提升。

因此，如何在现有的物理知识教学体系上通过学生评价改革与学生作业改进等方面促进学生学业质量的全面提升，是当前物理教学研究与实践迫切要解决的问题，是我们面临的新的要求和挑战，也是教师义不容辞的职责。那么，如何在作业设计中落实学科核心素养？物理观念的形成、责任的担当、科学思维以及问题解决能力的提升，这些都可以通过完成作业的过程来实现吗？物理学科核心素养中的科学思维和科学探究都是在学生的学习过程中得以不断提升的，那么作业的设计又应如何来充实这一过程呢？

### 教学关键问题分析

在传统教学观念中，作业是学生掌握和巩固书本知识的重要途径，也是教师督促、检查学生学习效果的重要手段。通过作业可以反馈学生对课堂教学内容的掌握情况，检验教师的教学效果，使学生进一步巩固、掌握物理概念和物理规律。随着学业质量评价标准发生巨大的变化，评价转变为以促进学生物理学科核心素养提升和学习能力提高为目的，传统的作业设计已无法满足这一需求。因此，教师应从学生发展的角度出发，通过作业设计，使学生在完成作业的过程中，在掌握知识内容的基础上，逐步提高科学推理和分析能力，知道做任何判断都要有证据，知道怎样去寻找证据，而不是断章取义、似是而非，提升运用物理观念、物理规律、物理方法分析实际情境的能力，具备提出问题、解决问题的能力等。

## 一、在作业原有功能的基础上，素养导向的作业可以拓展哪些功能？

要设计能促进学生学科素养养成和发展的作业，教师要充分考虑传统作业存在的问题，打破固有模式，针对需求和问题做整体性的改进。作业不仅可以帮助学生理解、加深、巩固所学知识，还可以将有限的课堂时空向课外延伸。完成作业的过程，是学生离开课堂时空后的自我学习过程，教师的参与较少，学生可以在完成作业的过程中，开展一些动手活动，查阅更多的资料，拓展学习内容，对所学内容进行更深入的思考，实现自主学习。学生还可以组成课外活动小组，在完成作业的过程中，养成合作学习的习惯。此外，作业可以为学生提供更多表达交流的机会。通过适切的作业设计，让学生在思考问题的过程中，形成自己的观点，并有表达交流这些观点的机会。由此可见，作业是自主学习的主要时空、合作学习的重要途径、表达交流的有效平台，这些都大大拓展了作业的功能。为发挥作业的这些功能，可以设计将学生完成作业的过程从静态转变成动态，由全部独立转变为部分合作，通过这些改变，使核心素养的培育从课堂延续到课外。从这个意义上来说，作业起到的作用不容小觑。

## 二、素养导向的作业设计有哪些具体策略？

教师在进行作业设计时，首先要创设与教学相关的尽可能贴近真实生活的问题情境。创设真实情境是作业生活化的有效途径，它使教学和完成作业的过程更贴近现实生活，更加突出体验。从严格意义上讲，真实问题情境有别于一般物理情境，要尽量保证情境的真实性，它应当是自然界及社会生产生活中未经抽象和加工的典型现象。考虑到学生的认知水平和知识建构过程的实际情况，社会生产生活中的事物或现象仍需要经过教师适当的处理加工，但其真实问题的本质不应改变。基于真实问题情境的活动类作业，有助于学生形成物理建模等科学思维，有利于培养学生的解决实际问题的能力。例如，教师用比赛照片创设问题情境。

如图 6-1-1 中，两名运动员正在进行激烈的沙滩排球对抗赛，左侧球员扣篮，右侧球员拦网，结果球落到了右侧球员界内。请你分析一下两名运动员和球之间存在哪些作用力，将这些作用力根据大小排序，并说明你排序的理由。

图 6-1-1 沙滩排球对抗赛

教师在设计作业时可以提出开放或半开放的问题，作业的答案并不能通过网上查到，答案也并不唯一，要求学生有独立的思考和见解，并呈现学生表述思考的过程，让学生在运用所学知识的过程中，养成严谨、严密的科学思维习惯。作业设计还可以尝试引导学生社会责任的形成。例如，要求学生设计一个适合残疾人使用的轮椅的斜面通道。学生通过调查轮椅的质量、坐轮椅人的舒适速度等，运用物理知识进行合理的设计，并由此产生社会责任感。再如向学生介绍科学家的贡献，引发学生思考社会、生命、理想等有关话题。

在作业中，应对学生提出表述的要求，可以是简短的文字叙述，也可以是撰写方案或小论文、制作 PPT 或展板等，这对培养学生运用科学或物理语言有逻辑地表述自己的观点有很好的促进作用。由此可见，作业除了是自主学习的主要时空、合作学习的重要途径，还是表达交流的有效平台，这些都会导向学生学科核心素养的提升。

学生还可以在课外组成活动小组，在完成作业的过程中，养成合作学习的习惯；在思考和解决问题的过程中，运用科学思维形成观点，切实加强问题解决能力，提升物理学科核心素养等。此外，教师还要设计小组合作评价量规，为小组活动的有效开展提供评价依据。

为避免活动类作业流于形式，教师要设计相应的汇报交流课，作为作业必不可少的一个环节，也可以用它代替传统意义上的"单元复习课"。在这一环节中，通过对作业的交流将整个单元的知识串联起来，在提升学生物理观念的同时，培养学生的口头表达能力。在汇报交流课上，学生以小组进行作业展示，其余小组作为评价方对展示作业根据评价量规进行评价。在展示方完成展示后，评价方基于对该小组活动的认识，提出问题，展示方予以回答，可以加强学生辩证地看待问题的物理思维及逻辑表述能力，从不同方面落实学科核心素养的培养。

不同的物理知识作为学科核心素养培养的载体，有其适切的对象，也即某一物理知识概念或物理规律的教学，可能更适合形成某方面的物理观念，体现某种特定的思想方法，形成某方面的科学态度。因此，在作业设计时，首先要对整个教学单元进行整体设计、系统体现，再根据单元中每节内容的特点，将单元教学目标合理分解至每一课时，根据每一课时分目标设计适切的作业，这样有利于整体处理好教授知识和培养素养之间的关系。

 问题解决路径与教学示例

物理学科核心素养主要由物理观念、科学思维、科学探究、科学态度与责任四个方面构成。这四个方面涵盖了学生经过物理学习后，在知识结构、综合能力、思想品格等方面应获得的发展，既有独立的要求，又相互融合内化为学生的认知与精神内涵的一部分。优质的作业题应能促进学生在巩固理解知识的基础上，提高能力，养成良好的品格。

## 一、设计启发性问题，引导学生从理解物理知识上升至形成物理观念

物理观念是从物理学视角形成的关于物质、运动与相互作用、能量等的基本认识，是物理概念和规律等在头脑中的提炼和升华，是从物理学视角解释自然现象和解决实际问题的基础。

物理观念不等同于物理知识，是学生在对物理概念、规律理解的基础上，对客观世界形成的一种认识和看法。显然，只会背几条物理定律、解释一些简单的生活现象，都不足以使"认识"上升为"观念"，观念应是在经历学习的基础上形成的一种思想上的总结。以往的教学偏重学习的经历，缺少后续的总结、深化，学习的结果往往会停留在知识层面。

在"牛顿运动定律"教学中，教师通常比较注重在课堂上让学生经历物理学思想方法的学习，但作业却常常偏向检验对规律的记忆、理解和运用规律对现象的解释，这些虽是观念形成的基础，但离形成观念尚有距离。为了帮助学生进一步形成观念，教师可以通过启发性问题，引导学生进行更深入或更广泛的思考。

【案例】

### "牛顿第一定律　惯性"课后作业

作业目标：知道伽利略斜面理想实验，感受理想实验的科学方法。

学生在学习牛顿第一定律时已经了解到，是伽利略首创了理想实验。提问：

① 什么是理想实验？

② 理想实验和真实实验的区别有哪些？

③ 理想实验虽然不是真实实验，但对物理学的发展同样起到了不小的推动作用。查阅资料，了解物理学发展史上还有哪些较著名的理想实验，结合这些资料，请你谈谈理想实验是如何起到对物理学发展的推动作用的。

**案例分析**

理想实验是物理学中重要的思想方法，因为它将科学实验与逻辑推理结合起来，从而能更深刻地反映自然规律。教材上仅通过介绍伽利略的斜面理想实验，对理想实验进行了说明："理想实验又叫想象实验，它以可靠的事实为基础，突出主要因素、忽略次要因素，通过抽象思维深刻揭示自然规律。"仅靠这段文字，学生很难在思想方法层面上对理想实验产生真正的理解。传统作业中也较少有关于理想实验的习题。

本题设计了层层递进的三个问题，特别是第三个问题，让学生跳出书本，通过查阅资料，拓宽知识面，从而对这种思想方法产生更深入的理解。

## 二、设计基于真实情境的问题，引导学生在解决实际问题的过程中形成科学思维

科学思维要求学生从物理学视角对客观事物的本质属性、内在规律及相互关系进行认识，具体表现为能够将实际问题中的对象和过程转换成物理模型；能够对综合性物理问题进行分析和推理，获得结论并作出解释等方面。因此要帮助学生形成良好的

科学思维习惯，作业设计应以解决真实问题为载体，引导学生养成缜密严谨的分析能力和品格。

【案例】

## "牛顿运动定律"单元作业设计

1. "牛顿第一定律 惯性"课后作业（部分）

（作业目标：能用牛顿第一定律和惯性的概念解释简单的实际现象。）

2017版《上海市道路交通管理条例》第三十七条规定，机动车乘坐人在配有安全带的座位就座时，应当使用安全带。如违反规定，将对机动车乘坐人处警告或者20元至50元罚款。请你用牛顿第一定律和惯性的概念解释这一规定的必要性（可以使用互联网搜索与安全带相关的信息）。

2. "牛顿第二定律"课后作业（部分）

（作业目标：理解力是使物体运动状态改变的原因；理解力是产生加速度的原因。）

如图6-1-2所示分别是火箭发射过程与青蛙跳跃过程中的瞬间。

(a) 火箭发射　　　　(b) 青蛙跳跃

图6-1-2

（1）这两个例子中，物体的运动状态是如何变化的？变化的原因是什么？

（2）火箭启动时的推力远远大于青蛙蹬地产生的推力，但火箭的质量也远远大于青蛙的质量，所以火箭启动时的加速度不一定就比青蛙跃起时的加速度大。这一分析有道理吗？

3. "作用与反作用　牛顿第三定律"课后作业（部分）

（作业目标：能分析具体情境中的作用力和反作用力。）

（1）图6-1-3是一架喷气式飞机，从图

图6-1-3　喷气式飞机与空气的相互作用力

中你能获得以下哪些结论？（　　）

A. 飞机正在降落

B. 引力使飞机中的气体从开口喷出

C. 气体喷出时产生的力使飞机向前运动

D. 空气阻力使飞机的加速度减小

(2) 请简述你得出这些结论的依据：_____
_____。

(3) 图 6-1-3 中的 $F$ 和 $F'$ 分别为飞机受到空气的推力和阻力，两个力没有相互抵消的原因是：_____。

4. "牛顿运动定律的运用"课后作业（部分）

一辆高速行驶的 F1 赛车与一架静止在发射场的航天飞机，两者运动状态较难改变的是_____，你判断时依据的物理规律是_____，你判断的逻辑过程是_____。

### 案例分析

上述习题分布在单元的各节中，均要求学生运用课堂上学到的物理规律来解释或解决具体情境中的问题。在本单元设计的作业中，有实际情境的习题占大多数，这些习题均要求学生写出分析的具体过程，有利于学生在运用规律时进一步理清思路，运用科学规范的语言表述。

在课堂教学中，面对不同发展水平的学生，教师很难做到关注每位学生，只能尽可能面向平均水平的学生。而课后作业却能在一定程度上弥补课堂教学的不足，让每位学生都能充分思考、表达，体现出作业不可替代的优势。

## 三、设计小组合作活动，为科学探究能力的形成提供充分的时空

培养学生的科学探究能力是物理教学的重要目标之一。但在实际教学中，教师常常感叹课堂时间有限，要学习新知识，要进行科学探究，还要进行适量的练习反馈，根本来不及。这一矛盾始终困扰着教师，在实际教学中，教师往往压缩甚至舍弃学生进行科学探究的时间。

这一矛盾可以通过设计课后探究活动作业，予以一定解决。但这样的作业需要精心设计，避免难以操作或流于形式。探究活动作业以长时的、由小组合作完成更为切实可行。此类作业能较好利用学生的课外时间，并促进学生动手操作、查阅资料、小组合作学习等能力的提升。

【案例】

#### "牛顿运动定律的运用"课后作业（部分）

作业目标：能联系运动学的规律用牛顿第二定律解决具体的实际问题。

活动主题：设计一个适合残疾人使用的轮椅斜面通道。

同学们已经完成了牛顿第二定律课时的学习，请你们根据所学习的知识为本校图书馆大门到路面（落差约为 1.2 m）设计一个适合残疾人使用的轮椅斜面通道。你们需

要制作一个斜面模型，找出一个最适合轮椅通过的斜面坡度，研究斜面的倾角对斜面坡道的使用有何影响。

以小组为单位设计方案，寻找合适的材料制作一个斜面通道模型和轮椅模型；选择合适的工具、辅助材料等进行实验测量；在汇报交流课时展示你们的斜面通道作业，并配以清晰完整的 PPT 或展板来说明你们的设计原理和特点。请大家积极准备！

作业要求：

1. 设计一斜面通道，选择你们认为最合适的斜面倾角范围，并阐述你们的理由。设计还应包括尺寸、材料等的建议。

（提示：可从安全性、降低材料成本、实用性、适用于大多数轮椅车等角度考虑。）

2. 选择合适的材料和工具制作斜面通道模型和轮椅车模型，并进行实际测量以验证方案的可行性。

（提示：实验室可以提供木板、小车、直尺、传感器等一些基本的器材，也可自行寻找各类工具。）

3. 写下你们的设计方案，包括：斜面通道的简易设计图，轮椅在通道上通过时测得的一些必要数据（可用模型数据代替），设计的可行性分析等。

4. 制作汇报、交流、展示时所用的 PPT 或展板。

5. 汇报交流时以 PPT 或展板等形式展示设计作业，并使轮椅车在通道上安全顺利地行驶，完成现场互动提问。

6. 在制作以及活动过程中请注意安全。

7. 本次作业使用表 6-1-1 所示的量规进行评价。

表 6-1-1　评价量规与对应目标

| | 评价项目 | 具体评价标准 | 评分 | 对应目标 |
| --- | --- | --- | --- | --- |
| 作业内容 | 设计方案（文本） | 1. 设计原理<br>2. 设计说明（有尺寸、材料说明，有斜面倾角范围的说明，并多角度阐述理由） | | 1. 能联系运动学等规律用牛顿第二定律解决具体的实际问题<br>2. 能画出物体的受力示意图 |
| | 模型数据测量 | 1. 测量出轮椅模型通过斜面的时间，到达地面时的速度等数据<br>2. 斜面通道模型和轮椅车模型均较接近实际情况 | | 1. 能联系运动学的规律用牛顿第二定律解决具体的实际问题<br>2. 培养科学实践精神，能科学测量并分析数据，找出影响结果的因素 |
| 交流展示 | 交流展示方式 | 用清晰完整的 PPT 或展板等展示作品 | | 能对方案设计、活动过程和结果进行分析、评估和解释 |
| | 交流展示效果 | 1. 汇报交流时逻辑清晰，语言表达流畅<br>2. 能回答现场互动提问 | | 1. 能用规范的物理语言阐述物理问题<br>2. 能关注问题与结果间的差异，有从中发现新问题的意识 |

总得分（平均值）_____

说明：评价量规中每项评分从高到低分为：5分（非常好），4分（比较好），3分（较一般），2分（有欠缺），1分（需努力）。总得分为每项得分的平均值。

**案例分析**

不同于传统的作业习题，这道作业题设计了丰富的作业内容：有培养学生社会责任感、学以致用的活动主题；有指示明确、引导适度、切实可行的作业要求；有给予明确要求、保证活动质量的评价量规，并对汇报交流的形式和要求给予了具体的说明。

在整体单元作业中，类似的活动作业还有2个，但难度和需花费的时间各不相同（此活动难度最大）。考虑到"牛顿运动定律"单元的总体教学时间5~6周（每周两课时），每小组5~6人，平均每位学生的每天活动时长约为10分钟，还是可以接受的。

对活动类作业设计的汇报交流课，可以代替传统意义上的"单元复习课"，通过对活动作业的交流将整个单元的知识串联起来。

与传统作业习题相比，活动类作业的优势不言而喻，不仅可以设计丰富的探究活动，在活动中提高学生的探究能力，还可以通过活动培养学生合作学习、表达交流的能力，对活动作业的评价也是开展过程性评价的良好契机。

## 四、设计人文类话题，对学生的科学态度和社会责任产生长远影响

在物理课堂上，教师很少有时间与学生聊聊科学家的生平轶事，谈谈物理学家的人生困惑，更不用说和学生讨论科学的两面性、科学与人的关系等颇具哲学意味的话题。即便偶有涉及，也很难让每一位学生畅所欲言，表达自己独特的个人见解。而其实对这些话题的深入探讨，恰恰对学生形成科学观有着不可忽视的作用。正确科学观的养成，比物理知识的掌握，对个体的影响更深远、更重要。

上海科学技术出版社2007年版的教材在"牛顿运动定律"单元中设计了"从牛顿到爱因斯坦"一节，正是基于人类探寻运动规律的历史，充满了科学家坚韧不拔、认真严谨的科学精神，牛顿和爱因斯坦两位科学巨匠，其充满传奇、矛盾的人生，包含着丰富的教育元素。但与教材配套的练习并未设计该节作业，大部分教师也认为该节内容无法练习，仅需阅读了解即可。

探究活动富含科学精神和社会责任的教育教学素材，在有限的课堂时间内，很难引发学生对科学、社会、个人，乃至对理想、人生、责任这些重大命题深入思考。而将课堂延伸的作业设计正是解决这一问题的有效途径。

【案例】

**"从牛顿到爱因斯坦"课后作业（小组作业）**

下面共有6个话题（限于篇幅，本案例中仅列出其中3个话题），并补充了一些相关材料。请阅读下列补充材料，也可自行查找资料，选取任一个话题展开讨论，写下自己的观点，并汇报交流。

作业要求：小组共同确定话题，就话题展开讨论，查找资料，梳理观点，达成共识，写成一篇小论文。

**话题1**：爱因斯坦对原子弹的看法前后不一致，我们应如何对待科学技术的发展？

**材料**：1939年8月2日，爱因斯坦出于对人类命运的极大关注，写信给罗斯福总统，建议美国务必抢在法西斯德国之前制造出原子弹。

1945年8月，美国先后在日本的广岛、长崎投下两颗原子弹，加速了日本法西斯的投降，但对无辜平民的伤害也同样令全世界震惊。爱因斯坦陷入了巨大的痛苦之中，自认为一生最大错误就是建议研制原子弹。他痛心地说："早知如此，我宁可当个修表匠！"

**话题2：**请你谈谈物理学发展与人类文明发展之间的关系。（可以从物质文明和精神文明两方面加以阐述，希望你有独到的见解。）

**材料：**在物理学的萌芽时期，由于社会生产力低下，人们往往通过观察自然现象，凭借直觉猜测，辅以思辨来解释现象，总结经验。故物理知识包括在自然哲学中。这一时期，与社会实践密切相关的力学首先得到发展，造就了古埃及、古希腊等璀璨的古代文明。天文观测应用于航海贸易，播下了西方商业文明的种子。

在经典物理学时期，伽利略用望远镜进行天文观测，直接颠覆了"地心说"的宗教基础，而伽利略的实验研究的思想方法宣告了科学时代的真正到来，成为各个学科研究的思想工具。随着牛顿定律与万有引力定律的发现，自然规律不再是不可知的神秘领域，研究自然规律、掌握自然规律、运用自然规律，除了将人类从农业文明带入工业文明之外，更使得渺小的人类在大自然面前第一次挺起了胸膛。科技发展引发了思想、文化、政治、艺术等各个领域的变革。

从奥斯特、法拉第到麦克斯韦，电磁理论的发展又将人类带入电气时代，生产力的发展反作用于生产关系，进而影响到政治经济的方方面面。

19世纪末，物理学的一系列重大发现，使经典物理学遭遇危机，从而引发现代物理学革命。因生产技术的发展，大型、精密仪器的研制及物理学思想的变革，物理学理论高速发展，研究对象由低速到高速，由宏观到微观，并深入宇宙深处和物质结构内部。相对论和量子力学的建立，奠定了现代物理学的基础。1927年以后，量子场论、原子核物理、粒子物理、天体物理和现代宇宙学迅速发展。物理学向其他学科推进，产生一系列新学科，为现代科技提供了新思路和新方法，引发了人们对物质、运动、时空、因果律等物理学理论乃至生命现象的认识的巨变。

以量子力学为基础，伴随着信息论、控制论等数学工具的发展，催生出电子技术和计算机等新时代的产物，使人类文明进入信息时代。

而就在当下，智能手机、区块链技术的发展正以人人都能感知到的速度，迅速改变着我们的生活习惯、商业模式……

**话题3：**你同意爱因斯坦对"生存的意义或目的"的看法吗？请分享你对理想的看法？

**材料：**爱因斯坦在《我的世界观》一文中表达了自己的信仰。

要追究一个人自己或一切生物生存的意义或目的，从客观的观点来看，我总觉得是愚蠢可笑的。可是每个人都有一定的理想，这种理想决定着他的努力和判断的方向。就在这个意义上，我从来不把安逸和享乐看作是生活目的本身——这种伦理基础，我叫它猪栏的理想。照亮我的道路，并且不断地给我新的勇气去愉快地正视生活的理想，是善、美和真。要是没有志同道合者之间的亲切感情，要不是全神贯注于客观世界——那个在艺术和科学工作领域里永远达不到的对象,那么在我看来,生活就会是空虚的。人们所努力追求的庸俗的目标——财产、虚荣、奢侈的生活——我总觉得都是可鄙的。

### 案例分析

该作业同样也为小组作业,之所以设计为小组合作完成,是因为这些话题都需要和同伴讨论交流。学生在讨论的过程中,才能对问题产生深入的思考,并形成观点。此外,作业的时空延伸,也使学生能更广泛地查找资料,用以支撑自己的想法和观点,并给予更多的思考时间。

相信在这样的讨论交流中,学生对科学本质的认识会逐渐加深,对科学、技术、社会与环境的关系的理解会更加深刻,在此基础上,才能逐渐形成科学态度和社会责任感。

由于四个学科核心素养之间的关联性,一道优质的作业题往往包含学科素养的几个方面或各个方面,并不仅限于其中之一,只是为了方便表述,前面分别从学科素养的四个方面进行介绍。在进行作业设计时,也并不局限于从某一素养的角度基于知识进行专项设计,而是在整体理解学科核心素养内涵的基础上进行整体设计。

 小提示

◎ 教师在设计作业时,要基于真实情境创设启发性问题。
◎ 设计小组合作完成的单元活动类作业,并配以汇报交流环节。

### 6-1 数字资源

6-1-1 探究活动作业及学生活动案例

6-1-2 牛顿运动定律单元作业设计案例

## 6-2　如何通过学习活动评价促进学生学科核心素养的形成？

### 教学关键问题提出

学习活动是指学习者以及与之相关的学习群体（包括学习伙伴和教师等）为了完成特定的学习目标而进行的操作总和，学习活动是学习者身心发展的源泉。

新版课程标准明确指出高中物理课程的基本理念，提出应引导学生自主学习，提倡教学方式多样化。高中物理课程通过创设学生积极参与、乐于探究、善于实验、勤于思考的学习情境，培养和发展学生的自主学习能力。有效的学习活动可以引导学生理解物理学本质，形成科学思维习惯，增强科学探究能力和解决实际问题的能力。新版课程标准实施至今，教师在教学中对指导学生开展学习活动投入了极大的热情，普遍感受到课程改革给教学注入了新的活力。但学习活动并非越热闹越有效。有些学习活动目的不明确，活动流于形式，且不面向全体；活动结束，学习内容也随之结束，缺乏有效的学习活动评价。教师要不断思考：新课程改革推行至今，如何使导向学科核心素养的学生活动真正落到实处？如何使学生活动的开展能做到面向全体，且能真正有效地提升全体学生的核心素养？

### 教学关键问题分析

评价是教育过程中教师、教育管理人员、学生等经常进行的一种活动。评价的实质是一种价值判断活动，即按照一定的标准，通过系统收集有关信息，对师生通过教学活动而产生的发展变化及构成变化的各种因素所进行的价值判断活动。评价的最终目的是实现教育价值的增值。导向学科核心素养的学习活动，如果没有与之匹配的活动评价，则可能会浮于表面，不仅不能有效地促进学科核心素养的提升，还可能增加学生额外却无效的学习时间，长此以往会让学生对活动产生排斥心理。

课程标准中指出，高中物理课程重视以评价促进学生的学习与发展，重视评价的诊断和激励功能，致力于创建一个目标明确、主体多元、方法多样、既重视结果又重视过程的物理课程评价体系。体现最新的教育观念，与新课程理念相适应的多元化、多样化评价能促进学生学科核心素养的形成。

#### 一、学习活动评价应包括哪些内容？

教师在设计学生学习活动的时候首先要思考一项完整的学生学习活动应涵盖哪些

环节。我们应从活动前的准备、活动展示和活动结束的反思等环节进行思考。活动前的准备环节，要依据课程标准，从提升学生核心素养的目标出发，确立活动目标、活动内容之外，还要依据此提出明确的活动评价标准。活动评价并不是仅呈现在评价活动环节中，因为活动评价的具体内容可以给学生开展活动提供明确的导向，提前给出评价要求能更好地指导学生活动，通过评价使学生活动始终围绕主题目标。活动的展示环节，评价方和被评价方都可以根据评价的具体要求评价活动的达成度，被评价方还可以在活动结束后进行反思性自我评价。活动结束后的反思环节有助于学生将物理概念和规律上升到物理观念，更全面地促进学生的思维发展，并使其更好地具备科学态度和责任意识。

评价的内容要多样化，要为学生的成长和发展提供空间。评价的内容要以学生发展为本，既要有助于学生理解物理概念和规律，并在此基础上提高应用概念和规律解决问题的能力，又要有助于学生科学思维和探究能力的培养，还要兼顾学生科学态度与责任的形成，让学生对物理、对科学始终保持好奇心和求知欲，从而全面提升学生的物理学科核心素养。活动开展过程中的评价内容，主要包括以下几个方面。

### 1. 物理观念

物理概念和规律是学生活动开展的基础，学生在活动过程中理解和应用概念、规律，了解概念、规律的产生及发展，形成物理学的基本思想和观点。学生通过活动能更好地促进概念和规律在头脑中的提炼和升华，从物理学视角、用物理学的语言，解释活动中的物理现象。

### 2. 科学思维

学生在纷繁的信息中会产生疑问和困惑，通过科学思维，用明确的科学语言将疑问表述成需要研究的问题，并从不同角度获得问题的解决途径。评价学生在活动过程中外显出来的思维过程，通过评价鼓励学生大胆探索、积极思考，从而激发学生的思维潜能，培养具有创新意识的学生。

### 3. 科学探究

评价应关注学生的整个活动过程，要真实、有效地记录学生在探究过程中的表现，为评价提供可靠的依据。关注学生在这一过程中是否能够自主地提出研究问题，是否能够设计探究方案，是否掌握了物理学科科学探究的基本方法，是否具有一定的创新意识等。

### 4. 科学态度与责任

发现社会现象和自然现象存在的一些问题，通过活动过程进行解释、说明并在一定程度上解决问题，这是活动赋予学生的宝贵品质。通过评价倡导这种解决问题的态度，激发学生的探究精神和社会责任意识也是评价的一项重要功能。

## 二、学习活动评价有哪些具体的设计策略？

首先，每个活动应设计相应的评价量规，引导学生开展活动，保证活动质量。量规既是最终评价的依据,也是学生开展活动的指导和依据,因此应在活动开展前提供给学生。具有较高可操作性的活动评价量规应该包括评价项目、具体评价标准、对应目标以及评分等。在活动评价下引导学生开展活动,对学生的活动有明确的导向,有利于切实有效并全面地提升学科核心素养。

其次,学习活动可以是小组合作形式的活动,通过设计"小组分组方案"和"小组合作学习活动评价表",可以更有效地促进合作学习活动面向小组全体成员。学习小组是合作学习活动最基本的组织单位。学生在小组活动中不仅能收获知识,提升能力,学会相互协作与分享,学会与同学交往,而且可以发展多元化的思维方式,掌握更多解决问题的思路和方法,从而发挥出个体的潜能,提升学生的自信心。小组合作的学习活动并不是简单地让几个学生在一起,如果没有明确的分工,即使活动再热闹也只是流于形式,缺乏实效性。小组中如果学生参与度不均衡,可能会导致部分学生在活动中消极被动,不积极主动参与,没有真实体验活动过程。这样的活动无法做到使全体学生受益。为保证小组合作活动的质量和效果,设计"小组分组方案"和"小组合作学习活动评价表",引导学生开展合作学习活动是必要的举措。

##  问题解决路径与教学示例

物理教学过程中,活动评价要关注学生的全面发展,不仅要关注学生的物理观念的形成情况,更要关注学生在活动过程中的科学思维、科学探究能力以及科学态度与责任的发展。只有这样,才能培养出适应时代发展的、身心健康的、具有创新意识和科学思维的高素质人才。

物理教学过程中关于活动的评价内容前面已经进行了阐述,需要注意的是,从评价的内容出发,还需要不断具体化和不断量化。下面就通过内容和形式来细化活动评价,面向全体学生,引导学生开展活动,在评价的过程中真正提升学生的学科核心素养。

### 一、通过设计评价量规,引导学生开展学习活动

下面是学生在完成了"牛顿运动定律"单元中"牛顿第三定律"的学习后,教师设计的一项学生活动。这项学生活动除了包括活动内容和活动要求之外,还提供了活动评价量规及对应的活动目标,对评分标准也有一定的说明,以此指导学生开展活动。

【案例】

#### "牛顿第三定律"学生活动

**活动内容:** 亲爱的同学们,你们已经完成了牛顿第三定律章节的学习,请你们根据所学习的牛顿第三定律制作一辆牛顿滑板车。要求在不使用任何形式的电力、引力,不推也不拉的情况下,利用作用力和反作用力让它能够在地面上至少运动

1.5 m 的距离。

以小组为单位设计方案，寻找合适的材料制作滑板车，在汇报交流课时展示你们的滑板车作品，并配以清晰完整的 PPT 或展板来说明你们的设计原理和特点。

**活动要求：**

1. 制作一辆滑板车，你的车子必须：

（1）通过利用作用力和反作用力向后推其他物体而使滑板车向前运动。

（2）滑板车的运动不依靠任何形式的电力、引力或直接施加的推力、拉力等。

（3）至少使其能在地面上运动 1.5 m 的距离。

2. 选择合适的材料和工具制作滑板车。

3. 测试你们的滑板车，确保它能在地面上正常行驶，可以进一步修改设计方案，使滑板车尽可能运动更长的距离，并记录它在地面上运动的距离。

4. 写下设计原理（包括滑板车的简易设计图，对滑板车进行受力分析等）。

5. 制作汇报交流展示时所用的 PPT 或展板，必须包括：设计原理、设计图（含滑板车受力分析）、设计特点。

6. 汇报交流时以 PPT 或展板等形式展示设计作业，并使滑板车在教室地面上行驶至少 1.5 m 的距离，完成现场互动提问。

7. 在制作以及活动过程中请注意安全。

活动评价量规如表 6-2-1 所示。

表 6-2-1　活动评价量规

| | 评价项目 | 具体评价标准 | 评分 | 对应目标 |
| --- | --- | --- | --- | --- |
| 活动内容 | 活动设计方案（文本） | 1. 设计原理<br>2. 设计图（含滑板车受力分析）<br>3. 设计特点 | | 1. 能在具体情境中分析作用力和反作用力<br>2. 能画出物体的受力示意图<br>3. 增强创新意识 |
| | 活动成品（滑板车） | 利用作用力和反作用力使滑板车运动起来<br>并在地面上运动尽可能远的距离（至少 1.5 m） | | 能利用作用力和反作用力驱动滑板车 |
| 交流展示 | 交流展示方式 | 用清晰完整的 PPT 或展板等展示作品 | | 能用 PPT 等形式对方案设计、活动过程和结果进行分析、评估和解释 |
| | 交流展示效果 | 1. 汇报交流时逻辑清晰，语言表达流畅<br>2. 能回答现场互动提问 | | 1. 能用规范的物理语言阐述物理问题<br>2. 能关注问题与结果间的差异，有从中发现新问题的意识 |

总得分（平均值）_____

说明：评价量规中每项评分从高到低分为：5 分（非常好），4 分（比较好），3 分（较一般），2 分（有欠缺），1 分（需努力）。最终总得分为每项得分的平均值。

在发布活动内容与评价量规后，学生开展了一定的学生活动。活动内容包括撰写活动设计方案的文本及制作活动成品。学生根据具体评价标准撰写活动设计方案的文本，首先根据已学的物理知识从动力学的角度使小车前进，对车进行受力分析，并说明设计的独特之处。这样能促使学生在具体情境中分析作用力和反作用力，对物体间的相互作用有一定的认识；能对物体间的相互作用进行分析，在分析的基础上，做出合理的推理；能科学地观察相互作用现象，根据现象提出可以通过科学探究解决的问题；能根据探究的问题，在适当引导下设计和实施科学探究方案，获得准确的数据；能对获得的数据进行整理，得到物体间的相互作用；能撰写简单的报告，陈述探究的过程和结论；能认识到物理研究是建立在观察和实验基础上的，是人类认识自然、解释自然的一种途径与方式，是逻辑推理与想象相结合的产物，是不断发展的。

学生能够依据活动前教师提供的评价量规开展活动，活动目标明确，活动过程紧扣量规中的评价标准，较好地达成了对应的活动目标。

## 二、通过设计小组合作活动评价表，在合作活动中面向全体

学生活动包括以小组合作形式展开的活动，下面是"牛顿运动定律"单元中的小组合作活动的分组方案和活动评价表，不涉及具体的活动内容和活动要求，对整个单元中的小组合作活动均适用。

【案例】

### 小组合作活动分组方案

1. 以 5~6 人为一组，组成研究小组，小组合作活动均由该组成员共同完成。

2. 小组首先选出一名组长，合作活动由组长负责，每位成员仅负责一项小组合作作业。

3. 小组活动由组长与组员协商分工，每位同学均应承担一定的任务，且轮流负责作业的展示交流，小组成员的参与度将作为小组作业评价的重要指标。

4. 活动交流课将对本单元所有的小组合作作业进行交流展示。鉴于课堂时间有限，每组同学只选择本组作业的 1~2 项进行交流展示。除交流作业外，其余作业也将提供给其他组同学进行评价。

5. 汇报交流课时，可使用 PPT、展板、实物等方式展示作业，并回答现场互动提问。

6. 小组成员在合作完成各项活动时，尽量做到分工合理。组长应做好沟通协商工作，其他组员应积极参与作业的每个环节并主动承担一定的任务。每位组员在小组活动中应善于倾听、接纳他人的意见并完善自己的观点，尽力营造和谐互助的合作学习氛围。表 6-2-2 为小组合作活动评价表。

表 6-2-2　小组合作活动评价表

| 活动名称 | | | | |
|---|---|---|---|---|
| 负责人 | | 组员 | | |
| 评价项目 | 评价等级 | | | |
| | 好 | 一般 | 需改进 | |
| 每位组员均承担有一定的任务 | | | | |
| 组员均认真投入，团队合作性较好 | | | | |
| 每位组员均参与交流展示的活动 | | | | |
| 总体评价 | | | | |

小组合作活动分组方案指导学生进行分组和确定组长。在某一单元的学生活动中，每位学生最多只能担任一次组长，组长和组员分工明确。在活动过程中，通过小组活动评价表进行小组内成员间的互评，确保评价基于真实的情况。该分组方案和小组合作活动评价量表能充分调动学生的活动积极性，为学生提供一个轻松、自主的活动环境，使每位学生都有较多机会发表自己的看法，能充分利用自己的创造性思维，对同一问题形成不同答案，自主发挥的空间更为广阔。另外，小组成员相互帮助，人人参与动手实践，在活动中发现、探究物理学科的奥秘，可以提高学习兴趣，使学生的内在需要得到满足，可以激发他们的参与意识，并使他们在合作学习中得到愉悦的情感体验。

合作学习活动的评价是一个较为复杂的系统。一方面，由于合作学习活动的形式多样，每种活动形式的指标体系有所不同。另一方面，合作学习活动除了传统的评价指标体系外，合作技能和技巧的介入也增加了合作学习活动评价的复杂性。从整体上说，有效合作学习活动的评价策略应该是多元化的，包括教师评价、学生群体（合作学习小组）评价、学生个体评价三个方面。对小组合作学习的合作过程、展示状态、课堂反馈等环节分别从这三个方面展开，能有效推进小组合作学习，促进学生学科核心素养的提升。

### 三、活动开展过程中的多元评价

学习活动离不开教师的有效评价。在活动中，教师的适时参与和引导对达成高质量的活动成效至关重要。如果一味强调学生的自主探究、自主活动而放任自流，学生的活动最终可能流于形式，探究水平、思维水平、表达和交流能力的提高也就无从谈起。教师除了活动前要精心设计活动评价量规及小组合作活动评价表之外，在活动过程中要密切关注学生的行为与反应，观察学生在活动过程中的对话与交流，要有意识地对活动的各个环节进行质疑，以激活学生的思维，指出学生逻辑上的问题，揭示矛盾，从而激起学生的认知冲突。特别是在科学探究素养上，可以通过评价学生提出科学问题、获取证据、做出解释、表达交流等能力的发展水平来提升学生的科学探究素养，即能否分析相关事实或结论，提出并准确表述可探究的物理问题，做出有依据的假设；能否制订科学探究方案，选用合适的器材获得数据；能否分析数据，发现其中规律，形成合理的结论，运用已有物理知识进行解释；能否撰写完整的实验报告，对科学探究过程与结果进行交流和反思。这些都是日常课堂教学过程中很难全面实现的。

此外，在合作学习活动中，每个学生都为小组发展贡献一己之力，每个小组成员都与其他成员合作，推动了小组的进步与发展。因此，合作学习活动在评价上主张对学习小组进行评价。合作学习小组评价可以分为组内评价和组间评价。

组内评价是评价的一个重要部分，也是合作学习活动不可或缺的一个环节。填写小组合作评价表，充分体现了学生评价的自主性，是学生通过小组评价提高小组组员活动参与度与小组凝聚力的一个重要的措施。小组根据合作评价表，就小组讨论情况、小组成员参与的情况、小组合作中存在哪些不足以及如何改进等进行广泛的讨论，总结经验提出改进意见。

学生作为学习活动的主体，在已参与学习活动的基础上，对其他同学的学习活动展示可能有自己独到的见解。例如，本书教学关键问题6-1中提及的一项学生活动：设计一个适合残疾人使用的轮椅斜面通道。有的小组研究了不同品牌的轮椅并借来了轮椅，测得轮椅车在通道上通过时的一些必要数据，结合自身体验撰写了作业报告。也有的小组制作了坡道和轮椅模型，试着使用自行设计的独特的S形坡道来控制轮椅行进的速度，以保障残疾人在无人陪伴时下坡的安全性。在活动的展示交流环节，学生倾听其他小组的活动汇报，思考并提出疑问，进行了别开生面的组间评价。比如有学生提出疑问：某组在对轮椅运动进行建模时，受力分析是否全面，轮椅在行进的过程中受到的应该是滚动摩擦，能否简单地使用我们所学的滑动摩擦力来代替，是否会给数据带来较大的误差？也有学生提出疑问：某组自行设计的S形坡道，如何从动力学角度解决转弯处的卡壳问题？在这项活动作业中，学生根据评价量规开展活动，评价量规使学生明确了研究方向，在一定程度上提高了学生的科学探究素养，增强了学生的创新意识和解决实际问题的能力。同时，从残疾人的感受出发设计坡道，使学生充分认识到应该关爱社会弱势群体，提高了学生的社会责任意识等。

在活动过程中，有的学生通过实地走访发现老式小区由于环境条件的限制，建造坡道的空间有限，导致所建坡道过陡。因此，他设计了一种手动轮椅可控防退部件，通过对现有市场上的手动轮椅进行简单的改造，实现上坡时轮椅不倒退，提高使用轮椅的安全性，该同学还因此在上海市科技创新大赛斩获佳绩。在活动结束之后，该学生对活动进行了自我评价。

通过实地采访，我观察到轮椅使用者在上坡时的种种尴尬及危险现象，进而引发思考，确定尝试改善手动轮椅的使用安全。

首先，我收集了目前轮椅使用情况的有关数据，包括手动轮椅和电动轮椅分别的保有量、使用人群的情况、售价等信息，进行对比分析，用以确定研究这项内容的必要性。其次，我明确了设计目标，提出设计标准和总体构思。我还到轮椅店实地观察手动轮椅，并向店员询问销售情况，对准备改装的地方如螺丝、车身结构等细节拍照，为改装提供依据，以确定所设计结构具有普遍应用价值，而不是为某些特定型号定制。我采购了鱼跃 H062 型手动轮椅，使用 SolidWorks 绘图软件，对其进行 3D 建模。在建模过程中，我发现手工轮椅可以改装的空间非常小。由于我设立了不改变轮椅原有结构的原则，齿盘、棘爪及手柄在局限的空间内如何有效布局成为难题。经过多次尝试不同的方案，不断研究各部件的尺寸及位置关系，不断完善构思，我最终找出合理布局。然后，我据此确定了较详细的方案，画出示意图，进行受力分析，查阅相关资料，得出尺寸、材料等参数；与加工厂家进行零件明细设计的沟通，委托零件加工。在零件交付后，我在轮椅上进行安装调试，并根据调试结果提出零件调整需求。在多次调整后，成功安装样机，进行实地测试，验证其功能。最后，我将整个研究过程撰写成论文。

学生自评可以使学生进一步梳理活动过程，通过评价反思活动过程，提升自我认知、建立自信、思考活动过程中的不足之处。从实践中提炼科学探究的方法，这往往是课堂教学活动无法实现的。

有效的活动评价必须有良好而积极的活动生态环境。和谐、平等、尊重、信任、理解和宽容的评价氛围，可以使学生和教师之间产生一种积极的相互依赖关系，可以给学生带来安全感。来自教师的肯定和同伴的鼓励可以使学生获得心理上的支持、知识上的启迪，使学生的思维更加活跃，探索热情更加高涨，对提升学生的学科核心素养会更有成效。

小提示

◎ 在学习活动中设计导向核心素养的多维评价量规。
◎ 在学习活动过程中开展教师评价、学生群体（合作学习小组）评价、学生个体评价等多元评价。

## 6-2 数字资源

6-2-1 单元学习活动
评价案例：设计
残疾人无障碍通道

6-2-2 评价性活动
设计案例：匀变速
直线运动规律

## 6-3 如何编制指向学科核心素养的评价试题？

### 教学关键问题提出

评价的方式和方法是多种多样的，从评价的时间上看，有终结性评价和形成性评价（或过程性评价）。比如学生在完成高中物理必修课程的学习后，可参加用于高中毕业的学业水平合格性考试，或者在完成高中物理课程的学习后，可参加高等院校招生考试。以上两种考试都属于终结性评价，它们依据课程标准对学生的学科核心素养进行考查，具备评价的价值判断功能。终结性评价的考试是在学习进行一段时间后进行的，而且考试的次数有限，不能及时全面地反映学生存在的问题。而教育说到底是为了学生的发展，在实施教学的过程中，需要通过各种方式，包括对学生的检测来收集证据，真正认识学生的学习表现，来促进教学和学习。也就是说，我们在日常教学中实施的评价，应该更重视评价对学习的反馈和促进功能。

以往的试题评价中，教师往往更重视评价的诊断功能，却忽视了教学与评价的有机联系，评价是为了更好地诊断，更好地促进学生发展。因此，教师在编制评价试题时始终不能忘记这个目的与初衷，既要客观全面地诊断学生核心素养的发展状况，又要促进学生全面而富有个性地发展。那么，指向学科核心素养的评价试题与传统评价试题有哪些区别？如何在评价试题中体现课程标准所划分的核心素养水平？有哪些指向学科核心素养的命题路径呢？

### 教学关键问题分析

学生物理学科核心素养的发展是一个自我建构、不断发展的过程，在这个过程中，师生都需要及时、可靠的信息来了解学生物理观念、科学思维、科学探究、科学态度与责任的发展状况。深刻领会物理学科核心素养的内涵，借助科学的评价方法，是实现学科育人价值的重要手段。

#### 一、指向学科核心素养的评价试题与传统评价试题在功能上有何不同？

许多教师会把往年的考试试题直接拿来作为日常教学的评价试题，觉得专家们反复打磨的试题，肯定是极富价值的，理应让同学"见见世面"。出现这种状况主要是因为教师对评价的功能认识不足，混淆了过程性评价与终结性评价。

同样是指向核心素养的考查，终结性评价的主要功能是区分与选拔，它侧重考查学生是否已经达到了学业质量标准中某一素养的水平要求,却并不关注学生为什么没有达到要求,思维的障碍出现在哪里。而要获得这些信息,对学生用终结性评价试题进行评价,显然是不合适的。

另外,在传统的评价试题里,选择、填空等题型较为常见,其答案大多是标准化的。教师较难通过学生的回答来发现他们在物理观念、科学思维等方面存在的问题,以及所达到的素养水平。如果不能精准地捕捉到有效的反馈信息,也就无从反思并调整教学策略,教与学的效果就大打折扣了。

指向学科核心素养的评价试题,其主要目的在于促进学生学习和改进教师教学。基于此,适切的评价试题应该不但能够充分体现学生在运用物理观念解决问题时,其科学思维和科学探究所呈现的水平,更重要的是可以体现其水平背后的原因。而这是传统试题所不具备的。

## 二、如何在评价试题中体现课程标准所划分的物理学科核心素养水平?

评价是日常教学活动的重要组成部分。物理学习评价应围绕物理学科核心素养的具体要求,创设真实而有价值的问题情境,采用主体多元、方法多样的评价方式,客观全面地了解学生物理学科核心素养的发展状况,深入检测学生是否通过学习形成正确的物理观念,是否掌握了科学思维和科学探究的一般方法,是否具有科学的态度和社会责任。下面通过举例说明如何在评价试题中体现学科核心素养水平。

**例1** 表 6-3-1 所提供的是某品牌电动自行车的一些主要技术参数。

表 6-3-1 某品牌电动自行车的一些主要技术参数

| 项 目 | 参 数 |
| --- | --- |
| 最高车速 | 30 km/h |
| 蓄电池工作电压 | 36 V |
| 一次充电耗电量 | 0.6 kW·h |
| 质量 | 40 kg |
| 一次充电连续行驶里程 | 50 km |
| 充电时间 | 8 h |
| 电动机效率 | 75% |
| 最大骑行噪声 | 62 dB |

有一质量为 60 kg 的人骑该电动自行车在水平路面上以 6 m/s 的速度匀速行驶,受到的阻力是人与车总重的 0.02 倍,重力加速度 $g=10\ \text{m/s}^2$。

(1) 若以这一速度连续行驶 10 min,问电动机至少做功多少?

(2) 求行驶过程中通过电动机的电流。

(3) 若摩托车 100 km 耗油 2.5 L,每升汽油 4.65 元,家庭用电每度电的费用是 0.52 元,每天骑行 50 km,请你利用以上信息,通过计算比较电动自行车与摩托车的日常使用成本。

**分析**：该题解答过程如下。

（1）电动自行车受到的阻力为

$$F_{阻} = 0.02G = 0.02mg$$
$$= 0.02 \times (40\,\text{kg} + 60\,\text{kg}) \times 10\,\text{N/kg} = 20\,\text{N}$$

因为匀速行驶的电动车受到的阻力和牵引力是一对平衡力，所以 $F = F_{阻} = 20\,\text{N}$；牵引力做功的功率为

$$P = Fv = 20\,\text{N} \times 6\,\text{m/s} = 120\,\text{W}$$

行驶 10 min，电动机对自行车做的功为

$$W = Pt = 120\,\text{W} \times 600\,\text{s} = 7.2 \times 10^4\,\text{J}$$

电动机至少做的功为

$$W_{总} = \frac{W}{\eta} = \frac{7.2 \times 10^4\,\text{J}}{75\%} = 9.6 \times 10^4\,\text{J}$$

（2）电动机消耗的电能为 $W_{总}$，通过电动机的电流为

$$I = \frac{W_{总}}{Ut} = \frac{9.6 \times 10^4\,\text{J}}{36\,\text{V} \times 600\,\text{s}} = 4.44\,\text{A}$$

（3）摩托车骑行 50 km 的成本为

$$C_{摩} = \frac{2.5\,\text{L}}{100\,\text{km}} \times 50\,\text{km} \times 4.65\,\text{元/L} \approx 5.81\,\text{元}$$

电动自行车一次充电耗电量（即消耗的电能）为 0.6 kW·h，行驶 50 km 的成本为

$$C_{电动} = 0.6\,\text{kW} \cdot \text{h} \times 0.52\,\text{元}/(\text{kW} \cdot \text{h}) \approx 0.31\,\text{元}$$

因此，电动自行车的日常使用成本远小于摩托车的日常使用成本。

该题的素养水平分析如表 6-3-2 所示。

表 6-3-2　试题素养水平分析

| 内容 | 涉及的主要素养 | 质量水平分析 |
| --- | --- | --- |
| 恒力做功，电流做功，能量 | 物理观念中的"运动及相互作用观念"，能量观念 | 能根据运动状态，求出牵引力的大小，运用能量观念解决简单的实际问题，达到水平 3 |
| | 科学思维中的"建立模型"，"科学推理" | 能在问题情境中，提取相关信息，建立物理模型；运用简单的分析与综合、抽象与概括、比较与分类等思维方法，对问题从定性和定量两个角度做出分析和推理，达到水平 4 |
| | 科学态度与责任中的"社会责任" | 认识到物理研究与应用会涉及社会规范问题，了解科学、技术、社会、环境之间存在的相互影响与相互制约的关系，达到水平 2 |

从以上示例可以看出，要在评价试题中体现物理学科核心素养水平，教师应该认真参考课程标准中的学科核心素养水平划分，在情境中挖掘相关的考查内容，编制合理的评价指标。通过这样的试题，教师可以发现学生在解决问题时体现出何种素养水平，并在他们解答过程中寻找逻辑的断点，进而对症下药，改进教学。

### 三、有哪些指向核心素养的命题路径呢？

命题工作是一项具有很强的专业性和创造性的工作，需要教师深入研究高中物理课程标准，熟悉和准确把握课程标准中所规定的内容要求；将核心素养水平与内容要求联系起来，通过合适的内容及其要求反映学生的素养水平。那么，合适的内容来自哪里呢？

前文说，许多教师由于混淆了评价的功能，把终结性评价的试题直接用来做日常评价，或者常用一些结构良好的客观题来考查学生，这些做法都较难起到真正的反馈作用。我们可以在传统评价试题的基础上进行改变，就可以"点石成金"，将它们成功"激活"！

**例 2** 如图 6-3-1 所示为高速路上某一"区间测速"的标牌，该路段全长 66 km，全程限速 100 km/h。一辆汽车通过监测起点和终点的速度大小分别为 95 km/h 和 90 km/h，通过测速区间的时间为 30 min。下列说法正确的是（　　）。

A. 66 km 指的是位移

B. 100 km/h 指的是瞬时速度

C. 该车一定超速

D. 该车不一定超速

图 6-3-1 区间测速标牌

**分析：** 本题需要明确位移与路程、平均速度与平均速率的定义，并通过求出平均速率来判断车辆是否超速。需要学生知道区间测速的原理和平均速率的计算方法，正确区分平均速度和瞬时速度的关系。该题还有一定的现实意义，提醒学生驾车行驶一定要确保交通安全，不要超速行驶。但由于题型所限，它无法具体考查学生做出选择的依据，无法评价其观念水平、能力水平，难以从中得到准确的反馈。我们可以以这个情境为基础进行改编。

改编后的题目为：

如图 6-3-1 所示为高速路上某一"区间测速"的标牌，该路段全长 66 km，全程限速 100 km/h。一辆汽车通过监测起点和终点的速度分别为 95 km/h 和 90 km/h。如果该车通过测速区间的时间为 40 min，请判断该车是否存在违反交通安全法规的行为，并说明理由。

**分析：** 把选择题改成判断题并要求说明理由，就能体现学生的思维过程了，并且把 30 min 改成 40 min，这样是否超速就成了不确定的答案。同学在推理及表述的过程中，就能表现出不同水平。

根据运动学公式，测速区间的全程平均速度大小为

$$\bar{v} = \frac{s}{t} = \frac{66}{\left(\frac{40}{60}\right)} \text{ km/h} = 99 \text{ km/h}$$

$$\bar{v} < 100 \text{ km/h}$$

行驶过程中，虽然平均速度小于限速，但无法确定任意时刻的瞬时速度是否存在超过限速。所以，车辆可能一直没有超速，也有可能行驶过程中存在瞬时速度超过限速的情况。

该题的素养水平分析如表 6-3-3 所示。

**表 6-3-3 试题素养水平分析**

| 内　容 | 涉及的主要素养 | 质量水平分析 |
| --- | --- | --- |
| 平均速度与瞬时速度 | 物理观念中的"运动及相互作用观念" | 能用平均速度的公式解决实际问题，达到水平 2 |
| | 科学思维中的"科学推理" | 能根据计算结果和实际情境，从逻辑推理中获得结论并做出解释，达到水平 3 |
| | 科学态度与责任中的"社会责任" | 实际情境中涉及交通安全法规，能感悟遵守法规的重要性，达到水平 2 |

对这道选择题进行改编后，我们选择了三所不同水平学校（市示范学校、区示范学校、普通中学）、不同水平的学生进行了测试，测试结果如图 6-3-2 所示。从该小题的测试结果可以看到该题对学生层次的区分情况良好，能较好地反映学生的素养水平。

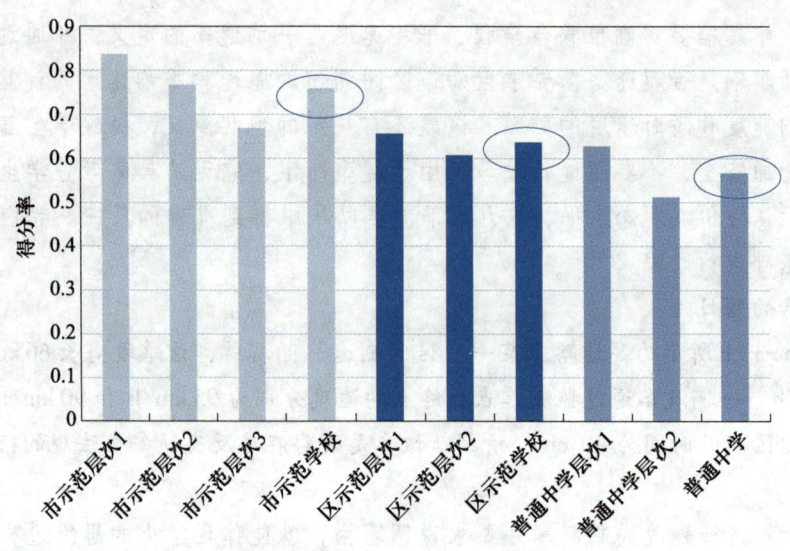

图 6-3-2　不同层次学校、不同层次班级的得分率

除了在已有评价试题的基础上进行改编，教师还可以挖掘生活情境、科技前沿探索中的物理问题，来编制新的评价题目。学生运用物理知识解决实际问题能力的高低，只有在真实情境中解决问题时才能表现出来。因此，做生活的有心人，经常从物理学的视角去观察和思考，就一定会找到合适的情境作为评价的载体。

##  问题解决路径与教学示例

### 一、重视评价的反馈功能，优化课堂教学

通过前面的分析，我们知道试题评价具有反馈功能。那么，教师应该积极收集试题评价所反馈的信息，而不应总是基于经验地进行分析和授课。教师在教学过程中往往更关注题目的得分率，如果得分率较低，就会把这道题当作重点进行分析，但分析的过程多数是教师自己思路的再一次展示，并没有真正关心学生的问题症结所在，这样的教学效果通常会大打折扣。

正如世界上没有两条完全相同的河流，每个学生都是鲜活的个体，都具有独到的见解，但在教师眼中很基础、都应会的内容也有可能会是某个学生想不通的"坎"。这时候就特别需要教师利用试题反馈的信息，帮助学生迈过去。

**例 3**　总质量为 80 kg 的跳伞运动员从离地 500 m 的直升机上跳下，经过 2 s 拉开绳索开启降落伞，如图 6-3-3 所示为跳伞过程中的 $v$-$t$ 图，试根据图像求（$g$ 取

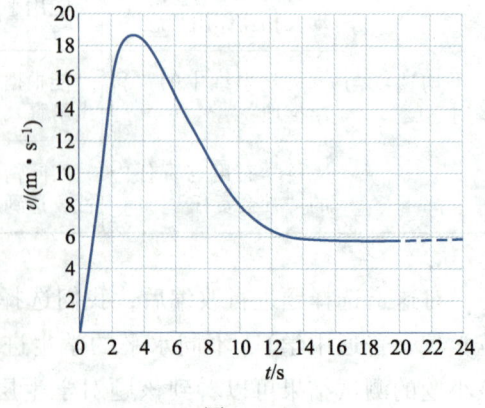

图 6-3-3

$10 \text{ m/s}^2$）：

(1) $t=1$ s时运动员的加速度和所受阻力的大小。

(2) 估算14 s内运动员下落的平均速度。

(3) 估算运动员从飞机上跳下到着地的总时间。

**分析**：从图6-3-4的整体得分率来看，这道题的年级得分率75.2%，班级得分率85.56%，似乎没有跟踪的必要。但在得4~8分的6位同学中，有3位同学都没有正确利用图像法计算复杂运动的位移，从图6-3-5的典型错误进一步来看，这位同学在第(2)问中利用图像来解决问题，但没有正确理解"图像所围面积"的物理意义，这是不是解题时不仔细所造成的呢？我们继续观察她在解决第(3)问时的思路，可以发现她并未把前14 s内物体所发生的位移与图像之间建立起真正的关联。这就需要教师帮助她尽快补上这个短板。

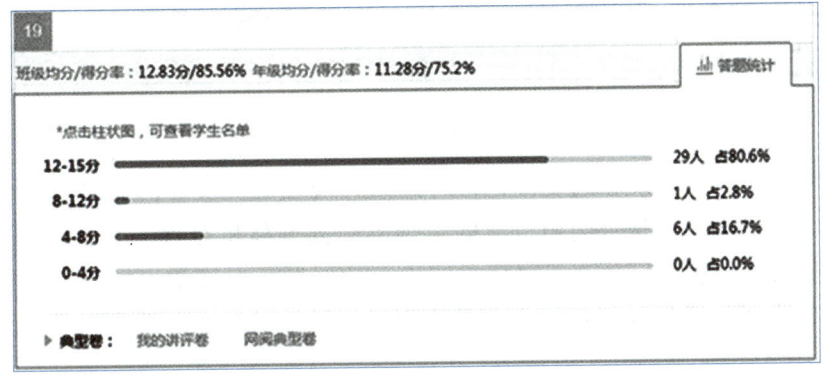

图6-3-4　整体得分率

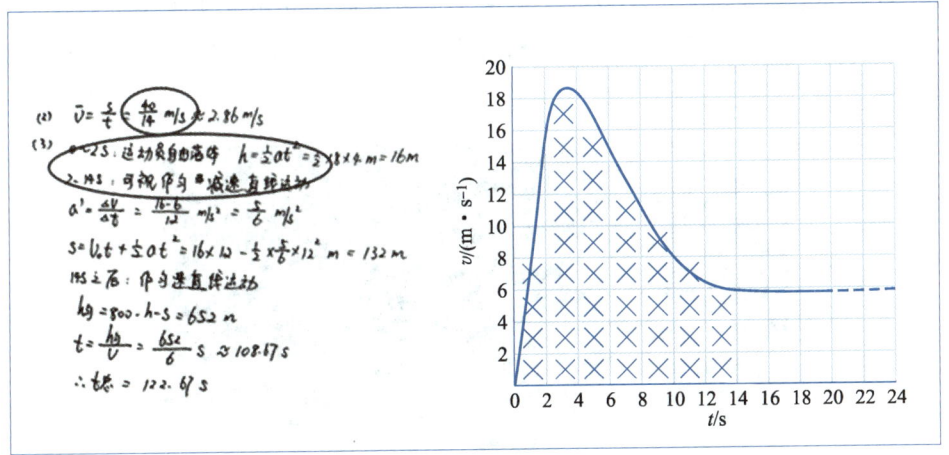

图6-3-5　典型错误（例3）

教师积极捕获了反馈信息，在课堂的设计中重点关注了以下三个环节：

(1) 匀变速直线运动的$v$-$t$图像的物理意义。

(2) 如何利用$v$-$t$图像解决一般变速运动问题？

(3) 如何利用图像解决物理问题？如变加速运动的速度变化、变力做功、电磁感应中的电量等问题。

💡 问题解决建议

评价的目的是指向学生核心素养的提升，仅仅利用评价试题的得分率来反映学生的掌握情况，这本身就背离了阶段测试的初衷。所以教师要透过错误的表面，去观察、思考学生发生错误的本质，并从学科核心素养的角度进行错误归因，然后"对症下药"，才能收到事半功倍的效果。

只有这样才能发挥评价试题指向学生核心素养提升所具有的反馈功能，更好地实现学科育人的目标。

小提示

◎ 教师要充分重视评价试题反馈的信息。
◎ 从学科核心素养的角度，分析学生存在的问题。
◎ 搭建学习支架，帮助学生突破思维障碍。

## 二、依据课标的核心素养水平划分，编制富有情境的评价试题

学生物理学科核心素养的提高，最终还是体现在解决实际问题时是否会用物理的视角去观察和建模，是否会用科学的思维方法去解释和判断，是否能运用恰当的科学方法探究和分析。因此，编制真实情境下的试题，考查学生解决实际问题的能力，能比较全面地反映其物理观念、科学思维、科学探究、科学态度多方面素养的发展水平。

**例4** 如图6-3-6所示，汽车以100 km/h的速度行驶于高速公路上的平直车道内。驾驶员突然发现前方100 m处发生了交通事故，在不宜变换车道的情况下随即紧急制动。若汽车刹车性能良好，则可在5 s内刹停。试分析该汽车是否会发生交通事故。

图6-3-6 车距确认提示牌和辅助线

《中华人民共和国道路交通安全法实施条例》规定：机动车在高速公路上行驶，车速超过100 km/h时，应当与同车道前车保持100 m以上的距离；车速低于100 km/h时，与同车道的距离可以适当缩短，但最小距离不得少于50 m。根据上述计算，分析这一

条例的制定依据。

**分析**：本题中可以将汽车紧急刹车看作是匀减速直线运动减速至零的过程，先根据已知条件，求出汽车刹车过程中的加速度 $a$，然后根据位移公式求出该过程中汽车的刹车距离。本题的解题方法并不唯一，既可以用匀变速运动的公式进行计算，也可以利用 $v$–$t$ 图像解决问题。

解法一：先根据题意，画出分析示意图，如图 6-3-7 所示。

图 6-3-7 ················ ① 画分析示意图

假设汽车在 5 s 内的刹车过程可以近似看作一段匀减速运动过程，比较汽车的制动距离与 100 m 的大小关系，就能判断是否会发生交通事故。················ ② 表述分析过程

制动加速度　　　　　$a = \dfrac{v_t - v_0}{t}$

制动距离　　　　　　$x = v_0 t + \dfrac{1}{2} a t^2$ ················ ③ 选择合适的规律

$$v_0 = \dfrac{100}{3.6} \text{ m/s} \approx 27.78 \text{ m/s}$$

$$a = \dfrac{0 - 27.78}{5} \text{ m/s}^2 \approx -5.56 \text{ m/s}^2$$

$$x = 27.78 \times 5 \text{ m} + \dfrac{1}{2} \times (-5.56) \times 5^2 \text{ m} = 69.4 \text{ m}$$

$$x = 69.4 \text{ m} < 100 \text{ m}$$ ················ ④ 进行必要的数学运算

所以不会发生交通事故。················ ⑤ 解答

解法二：根据已知条件，可画出汽车 $v$–$t$ 图像如图 6-3-8 所示。

$$x = \dfrac{1}{2} v t = \dfrac{1}{2} \times \dfrac{250}{9} \times 5 \text{ m} \approx 69.4 \text{ m} < 100 \text{ m}$$

故不会发生交通事故。

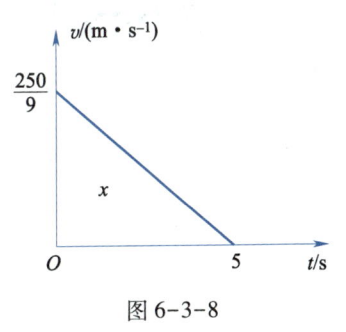

图 6-3-8

讨论（参考）：例题中求得的制动距离为 69.4 m，与交通法规中要求的车距相差比较大，原因是其中假定驾驶员发现突发情况立即采取措施，而实际上驾驶员需要短暂的反应时间，在这段时间内车辆依旧以原车速行驶，如果考虑到驾驶员的反应时间，示例中汽车的停车距离还会增加。因此，在高速公路上车速超过 100 km/h 的汽车应当与同车道前车保持 100 m 以上的距离，是具有科学依据的。

该题的素养水平分析如表 6-3-4 所示。

表 6-3-4　试题素养水平分析

| 内　　容 | 涉及的主要素养 | 质量水平分析 |
| --- | --- | --- |
| 匀变速直线运动规律 | 物理观念中的"运动与相互作用观念" | 能运用匀变速直线运动的公式和图像解决具体的问题，达到水平 2 |
| | 科学态度与责任中的"社会责任" | 能结合计算结果和实际情境，分析交通安全法规的制定依据，认识法规制定的科学性，感悟遵守法规的重要性，达到水平 2 |

◆ 问题解决建议

编制评价试题的时候，可以结合学生比较熟悉的生活场景，也可以在适当引导的前提下，给出科技前沿发展的情境或问题。学生在把真实的问题转化成物理模型时，需要理解情境中所蕴含的物理观念，并运用所学的科学方法去解决问题。这既是培养目标，也是重要的评价手段。

把需要考查的素养要求融入真实的情境，同时设计不同发展水平的评分标准，可以更精准地反映学生的能力水平。

小提示

◎ 注意真实情境的科学性。
◎ 在情境中渗透对学生学科核心素养的考查。
◎ 依据课程标准中的学科核心素养水平划分设计评分标准。

## 6-3　数字资源

6-3-1　电动自行车中相关问题的解决

6-3-2　分段建模

6-3-3　安全驾驶问题

## 郑重声明

高等教育出版社依法对本书享有专有出版权。任何未经许可的复制、销售行为均违反《中华人民共和国著作权法》，其行为人将承担相应的民事责任和行政责任；构成犯罪的，将被依法追究刑事责任。为了维护市场秩序，保护读者的合法权益，避免读者误用盗版书造成不良后果，我社将配合行政执法部门和司法机关对违法犯罪的单位和个人进行严厉打击。社会各界人士如发现上述侵权行为，希望及时举报，我社将奖励举报有功人员。

反盗版举报电话　　（010）58581999　58582371
反盗版举报邮箱　　dd@hep.com.cn
通信地址　　北京市西城区德外大街4号　高等教育出版社法律事务部
邮政编码　　100120

### 读者意见反馈

为收集对教材的意见建议，进一步完善教材编写并做好服务工作，读者可将对本教材的意见建议通过如下渠道反馈至我社。

咨询电话　　400-810-0598
反馈邮箱　　zz_dzyj@pub.hep.cn
通信地址　　北京市朝阳区惠新东街4号富盛大厦1座
　　　　　　高等教育出版社总编辑办公室
邮政编码　　100029